U0465228

基于学科大概念的

高中语文

单元整体教学 实践案例

段志双　黎　俊　韩玉珏　编著

中央民族大学出版社
China Minzu University Press

图书在版编目（CIP）数据

基于学科大概念的高中语文单元整体教学实践案例 / 段志双，黎俊，韩玉珏编著 . -- 北京：中央民族大学出版社，2025.2. -- ISBN 978-7-5660-2446-6

Ⅰ . G633.302

中国国家版本馆 CIP 数据核字第 20241VR833 号

基于学科大概念的高中语文单元整体教学实践案例

编　　著	段志双　黎　俊　韩玉珏
责任编辑	罗丹阳
封面设计	舒刚卫
出版发行	中央民族大学出版社
	北京市海淀区中关村南大街 27 号　　邮编：100081
	电话：（010）68472815（发行部）　传真：（010）68933757（发行部）
	（010）68932218（总编室）　　　　（010）68932447（办公室）
经 销 者	全国各地新华书店
印 刷 厂	北京鑫宇图源印刷科技有限公司
开　　本	787×1092　1/16　印张：16.5
字　　数	304 千字
版　　次	2025 年 2 月第 1 版　2025 年 2 月第 1 次印刷
书　　号	ISBN 978-7-5660-2446-6
定　　价	85.00 元

版权所有　翻印必究

《基于学科大概念的高中语文单元整体教学实践案例》
编写委员会

组织编写： 贵州师范大学附属中学

编　　著： 段志双　黎　俊　韩玉珏

编写人员：（以姓氏笔画为序）
　　　　　　王蔌梅　史学玲　向友谊　胡丹凤　徐国芬　彭鸿萍
　　　　　　穆淑芳　魏志鑫

编写组成员简介

◎ 段志双，贵州大学中国古代文学硕士研究生，贵州师范大学附属中学一级教师。贵州省普通高中学业水平考试命题智库专家，贵州省普通高考优秀评卷教师，全国中小学教师资格考试贵州省面试考官，主持或参与完成多项省级、校级课题研究，担任《大概念统领下的学科教学（体系建构与整校实践）》副主编，发表《学科大概念统领下的高中语文单元整体教学策略》《张溥〈汉魏六朝百三家集题辞〉文体辨析》等多篇论文。

◎ 黎俊，贵州师范大学附属中学语文高级教师，贵阳市"骨干教师"，贵阳市"优秀教师"，贵州省、贵阳市高三适应性考试命题教师，贵州省普通高考优秀评卷教师，贵州师范大学"师德先进个人"，贵州师范大学"优秀教师"。获贵阳市第三届优质课评比三等奖、第四届优质课评比二等奖；撰写的教学论文、教学设计获国家级二等奖及省级一、二等奖；参与并完成国家级课题一项，省级课题一项；指导学生参加第二十届"语文报杯"全国中学生作文大赛获一等奖；指导青年教师参加2023年贵阳市"阳明杯"青教赛获一等奖，指导青年教师参加贵阳市2023年语文优质课评选获二等奖。

◎ 韩玉珏，华东师范大学硕士研究生，贵州师范大学附属中学一级教师，贵州师范大学"优秀教师"。多篇论文获贵州省教育科学院、贵州省教育学会教育教学科研论文评选一等奖、二等奖等，获贵阳市信息技术优质课比赛二等奖，参与完成多项省、市级课题，多次承担市级示范课。

◎ 穆淑芳，贵州师范大学附属中学高级教师，"贵阳市基础教育专家库"专家，贵州省、贵阳市高三适应性考试命题教师，贵阳市期末质量监测考试、教育质量监测考试命题教师，贵州师范大学"优秀教师"。获贵阳市第五届优质课评比一等奖、教育部重点课题研讨会暨第三届全国"语文教坛新星杯"课堂教学大赛高中组一等奖；参与并完成国家级课题一项；撰写的教学论文、教学设计多次获省级一、二等奖；指导青年教师参加贵阳市2023年语文优质课评选获二等奖。

◎ 王菽梅，贵州师范大学硕士研究生，贵州师范大学附属中学一级教师。撰写的教学论文、教学设计在贵州省教育科学院、贵州省教育学会组织的教育教学科研论文及教学设计评选中多次获一、二等奖，参与并完成省级课题一项，多次承担贵州省及贵阳市示范课，多次指导学生在省、市级征文比赛中获得奖项。

◎ 胡丹凤，贵州大学硕士研究生，贵州师范大学附属中学二级教师。获2022年第五届贵州省微课应用暨竞赛活动一等奖，多次指导学生在省、市级征文比赛中获得奖项。

◎ 向友谊，西南大学中国现当代文学硕士研究生，贵州师范大学附属中学二级教师。获2023年贵阳市优质课比赛二等奖，多次指导学生参加省级比赛并获奖，参与并完成校级课题研究两项，研究成果获贵州师范大学附属中学校本课题优秀成果一等奖。

◎ 史学玲，贵州师范大学中国古代文学硕士研究生，贵州师范大学附属中学二级教师。从教以来，坚持将自己的教学实践提炼转化为文字经验，撰写的教育教学科研论文及教学设计多次获一、二等奖。

◎ 彭鸿萍，西南大学中国现当代文学硕士研究生，贵州师范大学附属中学语文一级教师。任教以来，积极进取，乐学善思，尊重并耐心地对待每一位学生，深受学生喜爱。撰写的教育教学科研论文及教学设计多次获得省级奖项，参与《大概念统领下的学科教学（体系建构与整校实践）》编写工作，多次参与省、市级课题研究，多次辅导学生在省级征文比赛中获得奖项。

◎ 徐国芬，贵州师范大学硕士研究生，贵州师范大学附属中学二级教师。担任备课组组长，参加并完成校级课题两项，认真钻研教育教学方法，在"贵州省教师教学技能大赛——第六届（2023）中小学教师微课应用暨竞赛活动"中荣获二等奖。指导学生参加省级征文比赛并获奖。曾获学校"优秀班主任"称号。

◎ 魏志鑫，贵州师范大学中国古代文学研究生，贵州师范大学附属中学二级教师。

序

癸卯年寒露，贵州师范大学附属中学语文组的教师们将《基于学科大概念的高中语文单元整体教学实践案例》的书稿送于我审阅，并邀请我写一篇序。本书的作者都是在普通高中从事基础教学实践工作的青年教师，他们根据亲身的教学实践经验，融合当前新课改的教学理念，用集体的智慧将其思考与实践编写成书，在教改的前沿进行了积极有益的探索。品味这沉甸甸的智慧结晶，犹如寒露时节流过的一股清泉，附中青年教师们探索前行的铿锵身影仿佛就在眼前，作为一名长期工作在基层的教育人，我深受鼓舞、欣然为序。

"学科大概念"是当前新课改背景下的重要关键词，要转变以往传统教学中学科知识碎片化的教学模式，至关重要的突破点就在于确立学科大概念、实现课程内容结构化。本书在这一视角下，有许多可圈可点之处。首先，理论阐述与教学实践紧密结合。全书阐述了基于学科大概念的单元整体教学模式的理论建构，择取统编版高中语文教材中的五个自然单元展开实践教学，并撰写案例设计。其次，本书倡导的教学理念具有较强的科学性和前沿性。书中的教学研究与案例设计，在单元整体教学中闪耀着"学科大概念"的思维光芒，教师们以敏锐的专业感知力，寻找到新课改下对新教材有效解构的切入口，在更新教学理念的同时开展了有益的行动研究。最后，青年教师们对"大概念"的教学模式提出了独到的见解。在层级建构中，语文学科的特殊之处在于教材中自然单元的语文要素和人文主题的双线组元结构，语文要素在转化为"大概念"的表述中，本身就缺乏一定的明确性，再加上单元人文主题融入，这就使得语文学科在单元整体教学中创建层级大概念时变得困难重重。然而，附中的教育同人们在设计课时大概念时，立足于学科核心素养和学习任务群的内在要求，大胆创建了指向单元人文主题的独立课时大概念，颇具新意，令我深受启发。

陶行知说，教师要有开辟精神和实验精神。时在寒露，寒生露凝，菊有黄华，《月令七十二候集解》中说："九月节，露气寒冷，将凝结也。"贵州师范大学附属中学的青年教师们就犹如这个时节中的寒露，寒气逸生、晶莹剔透，四逸的寒气是青年教师们的苦心经营,是青年教师们在当前新课改背景下探索前行中的写照。我相信,只要他们与时俱进,以开辟的精神和实验的意志,持续研究并付诸实践,未来一定还会产出更多更好的成果。

  是为序。

癸卯年寒露

目 录

第一章 基于学科大概念的单元整体教学模式建构 ……………………………… 001
  第一节 基于学科大概念的单元整体教学理论阐述 ………………………… 003
  第二节 基于学科大概念的单元整体教学模式建构 ………………………… 008

第二章 必修（上册）第七单元教学研究与案例设计 ……………………………… 015
  第一节 单元整体教学设计 …………………………………………………… 017
  第二节 课时大概念Ⅰ教学设计示例 ………………………………………… 019
  第三节 课时大概念Ⅱ教学设计示例 ………………………………………… 027
  第四节 课时大概念Ⅲ教学设计示例 ………………………………………… 034
  第五节 课时大概念Ⅳ教学设计示例 ………………………………………… 043

第三章 必修（下册）第一单元教学研究与案例设计 ……………………………… 055
  第一节 单元整体教学设计 …………………………………………………… 057
  第二节 课时大概念Ⅰ教学设计示例 ………………………………………… 059
  第三节 课时大概念Ⅱ教学设计示例 ………………………………………… 071
  第四节 课时大概念Ⅲ教学设计示例 ………………………………………… 079
  第五节 课时大概念Ⅳ教学设计示例 ………………………………………… 085

第四章 必修（下册）第五单元教学研究与案例设计 ……………………………… 093
  第一节 单元整体设计 ………………………………………………………… 096
  第二节 课时大概念Ⅰ教学设计示例 ………………………………………… 098

第三节　课时大概念Ⅱ教学设计示例……………………………… 110
　　第四节　课时大概念Ⅲ教学设计示例……………………………… 120
　　第五节　课时大概念Ⅳ教学设计示例……………………………… 125

第五章　选择性必修（上册）第四单元教学研究与案例设计 ………… 139
　　第一节　单元整体教学设计………………………………………… 141
　　第二节　课时大概念Ⅰ教学设计示例……………………………… 143
　　第三节　课时大概念Ⅱ教学设计示例……………………………… 156
　　第四节　课时大概念Ⅲ教学设计示例……………………………… 171

第六章　选择性必修（下册）第三单元教学研究与案例设计 ………… 183
　　第一节　单元整体教学设计………………………………………… 185
　　第二节　课时大概念Ⅰ教学设计示例……………………………… 187
　　第三节　课时大概念Ⅱ教学设计示例……………………………… 193
　　第四节　课时大概念Ⅲ教学设计示例……………………………… 204
　　第五节　课时大概念Ⅳ教学设计示例……………………………… 212
　　第六节　课时大概念Ⅴ教学设计示例……………………………… 218

基于学科大概念的单元整体教学实践课例 …………………………… 227

参考文献 ………………………………………………………………… 246

后　记 …………………………………………………………………… 248

第一章

基于学科大概念的单元整体教学模式建构

随着《普通高中语文课程标准（2017年版2020年修订）》的颁布和推行，学科大概念的提出以及学科核心素养和学习任务群的面世让高中语文教学面临巨大挑战。课程标准中的相关要求和学习任务群的构想，需要在教学实践中对教材单元进行整体设计方能实现。基于学科大概念的单元整体教学是落实学科核心素养、有效解构学习任务群、实现课堂教学转型的有效路径。

第一节　基于学科大概念的单元整体教学理论阐述

理论撰写：段志双

基于学科大概念的单元整体教学是相对于传统单篇教学而言的一种新型教学方式。从语文学科来看，本书提出的基于学科大概念的单元整体教学指的是一种以教材单元为基本依据的，融合学科核心素养和学习任务群要求的，以学生在学习活动中通过自主合作探究等方式获得学科知识概念性理解为目的，以学科知识逻辑全面整合单元内部学习内容，并适度延伸至单元外部学习资源的整合式教学方式。下面试从三个方面对这种教学方式进行阐述。

（一）大概念的生成性和迁移性

大概念的英文名为"big idea"。其中，"big"并不是指事物体积、面积、数量、程度等方面的浩大或广大，而是指复杂事物中起着支撑或关联事物各部分的核心；"idea"不同于"concept"，"concept"一般用于表达某种比较抽象的同时又能明确定义或描述的事物，而"idea"则指向某种无法明确定义或描述的事物。从课程建构的角度来看，大概念是居于学科核心的概念，是在对复杂事物进行深入分析和全面把握的基础之上提炼而成的核心概念。刘徽教授从如下几个方面对大概念的基本特点进行了概括："（1）有一定的抽象性，是来自具体生活现象的概括；（2）不是一个事实，而表现为一种观点，可以不断被论证和讨论；（3）反映了专家的思维方式，其答案是多元的、变化的。"[①] 大概念是一种抽象的观念，但并不是固定不变，而是可以进行多元的建构，是解读课程内容并进行课程建构的关键所在。

大概念是基于学科事实性知识之上的抽象概括。大概念的确立在实施单元整体教学中起着根本的建构作用，是开展单元整体教学的第一步。相比其他学科（主要是理科），语文学科大概念的确立因其课程内容设置的模糊性和不确定性而显得难

---

① 刘徽.深度学习：围绕大概念的教学[J].上海教育，2018（18）.

度更大，但大概念的提取标准与其他学科仍有相通之处，那就是大概念的生成性和迁移性。判断确立的大概念是否合理的重要依据就是看所提取的大概念是否有生成新知识的能力。换而言之，知识的生成性和迁移性是判断大概念建构是否合理的重要依据。大概念是基于对学科本质的深度理解和对学科教学价值进行的理性追问。

大概念的生成性和迁移性是在当前教育面临的严峻形势下得以彰显的。人工智能时代，学生将面对各种层出不穷的复杂问题和真实情境，教育最终要让学生学会在真实情境中解决问题。真实情境中的问题往往是复杂多变的，没有现成方案的，这就需要学生能够创造性地运用专家思维来解决。专家思维的核心特征是"创新"，而创新的机制是"迁移"。"迁移"可分为两种情形，"当新任务与原任务相似时，称为'低通路迁移'，当新任务与原任务不相似时，称为'高通路迁移'"[1]。低通路迁移的特点是迁移路径往往是从具体到具体，因此只能在具体的相似的两者事实之间建立简单的关联，也就是我们理解的"刷题"逻辑。相对而言，高通路迁移的方式是从具体的事实中得到抽象的概括，然后由抽象的概括再回到具体的事实，因此能够促成复杂认知结构的形成，这种迁移方式指向的是深度"理解"，而"大概念"就是理解的核心。

基于学科大概念的生成性和迁移性特点，语文学科在提炼大概念时尤其要注重对学科课程标准、学科核心素养以及相应学习任务群进行深入解读。一是关注课程标准。课程标准是课程教学最基本的依据，凝聚着最为精要的知识结构，是梳理和提炼大概念的重要来源。二是聚焦学科核心素养。学科核心素养是学生通过学科学习而逐步形成的正确价值观、必备品格和关键能力，因此，在提取大概念时，可以根据学科核心素养确立大概念的主体内容。三是解读学习任务群。学习任务群是学科课程标准和核心素养在架构课程体系、确立语文课程内容的具体凭借和体现。关于这种自上而下的大概念的提取方式，刘徽还阐述了其他几种路径："自上而下的提取可依据课程标准、学科核心素养、专家思维、概念派生等几个方面进行。"[2]

相对于自上而下的提取方式，大概念的提取也可以通过自下而上的路径展开。所谓自下而上提取大概念，实际上就是对教材自然单元进行全面而深入的解读。教材自然单元的设置不仅包括单元选文，同时也包括单元导语、选文学习提示以及单元学习任务或单元研习任务。教材自然单元是教学实施的主体内容，是课程标准、

---

[1] 刘徽.大概念教学：素养导向的单元整体设计[M].北京：教育科学出版社，2022：36.
[2] 刘徽."大概念"视角下的单元整体教学构型——兼论素养导向的课堂变革[J].教育研究，2020（06）.

核心素养以及学习任务群的具象形式,直接承载着编者的编写意图。单元导语中有关于单元学习内容的概括性语段,直接指向整个单元的学习方向和学生需要达成的能力要求。课后学习提示中有关于课中选文学习的关键内容,是课内选文单篇阅读或多篇联读的重要依据。而尤其需要注意的是单元学习任务或单元研习任务,这里的学习任务或研习任务是以学科课程标准和学习任务群要求为依据,综合整个单元课文而创设的任务,通观教材,不难看出,单元学习任务的设置并不是建立在单篇甚至单课的基础之上,而是将教材单元作为整体进行的整合式学习设计。

总之,语文学科大概念的确立相对复杂,但大概念的提取标准仍然是确定的,必须在学科知识上具备生成性和迁移性。这一特性也决定了确立大概念既需要准确把握课程标准、核心素养和学习任务群的精义,同时也要对教材单元进行全面、深入的解读。

(二)单元的整体性和开放性

基于学科大概念的单元整体教学区别于传统的单篇、零碎化的教学,在教学过程中,单元整体教学以学科大概念作为课程设计的基础和依据,精准把握整体与部分之间的密切关系,将教材单元作为一个整体进行教学设计,实施教学活动,并展开教学评价。因而,整体性是单元整体教学的基本特征,但整体性并不是一个封闭的结构,而是一个开放的体系,整体性和开放性两者互相补充,相融于单元整体教学之中。这种互相补充、彼此相融的关系主要体现在单元整体教学的教学设计和教学实施上。

从教学设计上来看,基于学科大概念的单元整体教学突破了以往的对教材单元选文的单篇式的、孤立式的解读,而是将教材单元的所有选文,在兼顾教材单元中课的构成的基础上,从整体上对教学内容进行整合,确立单元大概念,并在大概念的统领下,确立单元教学目标和学习目标,并依据一定的学科知识逻辑或学科艺术逻辑对教学内容进行有机建构,突出学习重点,有序而系统性地安排教学,使学生在语文学习活动中凭借单元大概念和课时大概念的导向作用,对学习目标的认知由模糊不清变得脉络可辨。当然,单元整体教学设计上的整体性除了体现在整体性地整合教材单元的全部选文之外,还体现在对与教材单元相关的单元导语、选文学习提示、单元学习任务或单元研习任务,以及相关学习任务群、学科核心素养和课程标准的综合性整合。

基于学科大概念的单元整体教学中教学设计的开放性主要体现为教学方式和教学内容上的兼容性。教学方式上的兼容性指的是在单元整体教学中,围绕大概念而进行的群文阅读整合教学,并非唯一的选择。实际上,在学习活动的展开中,为了强化学生对大概念的理解，对单元选文进行单篇精读教学往往不可避免。单篇阅读是获得对大概念初步认知的前提，多文本的群文阅读是深化对大概念理解的必要过程，多文本的群文阅读之后仍将走向单篇阅读，最终的单篇阅读是检验大概念的终点。也就是说，基于学科大概念的单元整体教学在教学方式的选择上既有多文本的群文整合教学，同时也有单篇精读教学，只是围绕大概念进行的单篇阅读在学习目的上会变得更加明确。可以说，单元整体教学主要经历从单篇到多篇再回归单篇这三个主要过程，并且最终的单篇阅读也不一定要在课堂上完成，也可以在课堂之外得以实现，最终转化为学生文本阅读的一种关键能力。

　　教学方式上的兼容性还体现在由此形成的课堂形式的多样化。基于学科大概念的单元整体教学将课堂教学视为一个开放的形式。在教学实施中，无论是自主阅读课、讲解分析课，还是活动实践课，都被引入单元教学的课型范畴。教师不仅是传统的学科知识传授者，更是学习活动的设计者、引导者、对话者和参与者。通过建构层级有序的单元知识内容和相应的学习活动，引导学生以一种自主探究研习的方式进行单元整合式学习，教师提供相应的学习策略指导，鼓励学生发表自己的见解，并对已有知识和结论进行质疑，倡导师生之间的平等对话。在开放的课型中，尤其是活动实践课的引入，完全打破了传统的课堂知识讲解的模式，将语文课堂延伸到真实的生活之中，将语文学科导向跨学科的融合建构之中。

　　教学内容上的兼容性指的是在单元整体教学中，围绕大概念进行的多文本群文整合，并不局限于教材自然单元中的选文，还可以走向跨单元、跨学年甚至跨教材的多文本整合。基于大概念的单元整体教学中的单元"既可以是教材中的一个或多个自然章或自然单元组合成的单元，也可以是围绕大概念、将支撑大概念理解的相关学习内容重新组织架构成的学习单元"[1]。在教学活动过程中，只要是能够促进学生对大概念理解的文本，无论是在教材之中的，还是在教材之外的，都可以而且应该成为单元整体教学中进行文本整合的对象。

（三）教学的探究性和主体性

　　从学生的学习端来看，相较于传统的语文教学，基于学科大概念的单元整体教学更加注重学生在学习活动过程中学习方式上的独立性或合作性探究，强调学生在教学过程中主体能动性的发挥和探究性学习能力素养的形成。

　　学习任务群是在课程标准中出现的被高度关注的关键词之一。可以说，学习任

---

[1] 刘艳萍，章巍.学科大概念统领下的单元整体教学之整校探索[J].中小学管理，2021（07）：27-31.

务群既是教学中落实学科核心素养的承载体，也是教学中进行语文实践活动的具体内容和方向。课程标准中对课程结构有明确阐述："以语文学科核心素养为纲，以学生的语文实践为主线，设计语文学习任务群。"换而言之，学科核心素养和学生的语文实践活动是设计语文学习任务群的基本依据和导向。

因此，单元整体教学在进行教学设计时，也不再将教师端的教学目标作为课堂教学的推进方向，而是把学生端的学习目标作为课堂教学引导的重要依据和学习评价的重要标准。通过创设学习情境，设置学习活动，培养学生学习的探究性和主体性，这是实现学科核心素养和有效解构学习任务群的内在要求。

一是学习任务群中学习任务的设定和学习资源的整合的要求。单元整体教学对学习任务群的解构要求以学习任务为导向，整合相关的学习资源。一方面，学习任务的设定并非为教师的教学而设定的，而是围绕学生的学习而确立的。另一方面，在对单元学习资源的整合方面，虽然教师会根据相应的学习资源明确学习任务和方向，但在任务的引导下对学习资源展开深入的学习则需要学生以独立或合作的方式完成。

二是学习任务群中学习情境的创设和学习实践的展开的要求。单元整体教学会根据学生的学习任务创设真实的学习情境，并设计学习活动。情境的创设并不局限于学科的知识情境，同时也包括现实生活中真实情境，如辩论赛、演讲、读书交流等。情境的创设使语文学习从课内延伸到课外日常生活，同时学习活动的设计也因为活动方式而使语文学习附加上很强的实践特征，加强了语文与其他学科的相互联系。

总之，无论是学习任务的设定、学习资源的整合，还是学习情境的创设、学习实践的展开，单元整体教学不再强调传统教学中教师端的知识性输出，而是凸显学生端经由教师的引导，依托学习情境，在课堂内外，自主开展学习实践活动，获得对学科大概念的深入理解和认知，最终有效地实现知识的迁移。而学生独立式或合作式的对学习任务及其延伸的问题的探究，以及主体能动性的调动，是进行单元整体教学的必然路径。

第二节　基于学科大概念的单元整体教学模式建构

理论撰写：段志双

基于学科大概念的单元整体教学是以教材单元为基本单位对学习资源进行综合性整合设计的教学模式。围绕着单元大概念，这一教学模式在教师端注重教学设计上整体性与开放性的融合，在学生端注重学习方式上探究性和主体性的发挥。实施单元整体教学，主要从以下两个方面进行建构。

（一）大概念的层级建构

就学科知识体系建构而言，大概念有层级之分，在教学实践中，大致可分为三个层级，分别是学科大概念、单元大概念和课时大概念。层级大概念的确立是使课程内容结构化的依据和条件，是进行单元整体教学的首要前提和基础。

学科大概念有广义和狭义之分。广义的学科大概念指的是凡是从学科教学出发而设定的教学核心概念都属于学科大概念；狭义的学科大概念指的是从学科宏观层面出发的，能够揭示学科本质属性的概念。本书在阐述单元整体教学中所说的学科大概念指的是狭义的学科大概念，它是单元整体教学中层级最高的大概念，直接揭示语文学科最本质的内容。从狭义的学科大概念的界定来看，语文学科的学科大概念不是一成不变的，并且通常不直接以文字的方式呈现在课程标准以及教材单元之中，它的建构需要在综合分析课程标准、核心素养以及学习任务群的基础上方能确立。换言之，学科大概念在很大程度上就是基于对学科核心素养，以及学习任务群内容的解读与阐述。

以必修（下册）第六单元为例，该单元属于"文学阅读与写作"学习任务群，课程标准对该任务群的学习目标和内容表述如下："旨在引导学生阅读古今中外诗歌、散文、小说、剧本等不同体裁的优秀文学作品，使学生在感受形象、品味语言、体验情感的过程中提升文学欣赏能力，并尝试文学写作，撰写文学评论借以提高审美鉴赏能力和表达交流能力。"简而言之，此任务群旨在引导学生对四类体裁文学作品的阅读与写作，具体到教材单元，就是针对小说的阅读鉴赏和写作，再结合课程标准及核心素养的相关要求，该单元的学科大概念可以确立为"小说阅读与写作"。

单元大概念是学科核心素养和学习任务群在教材单元组建中的具体落实与体现。单元大概念的建构除了需要对教材单元所属学习任务群进行分析之外，还需要深入把握教材单元"人文主题"和"语文要素"双线组元的结构特征，同时也要注意体现大概念的迁移性和生成性。例如，必修（上册）第六单元的人文主题为"学习之道"，单元选文为《劝学》《师说》《反对党八股》《拿来主义》《读书：目的和前提》《上图书馆》等，但显然人文主题"学习之道"并不能成为本单元的单元大概念，因为它并不具备语文学科知识的迁移性和生成性功能，而根据该单元的所属学习任务群"思辨性阅读与写作"以及语文要素，可以将该单元的单元大概念设定为"议论要有针对性和概括性"。

课时大概念是对单元大概念在课时教学中的进一步细化和分解。课时大概念的建构，一方面要考虑与单元大概念的衔接，另一方面则需要全面把握单元导语、单元选文、选文学习提示以及单元学习任务或单元研习任务等相关内容。通过综合分析，然后围绕单元大概念有所选择地确立课时大概念。例如，在必修（下册）第六单元中，单元选文遍及古今中外的小说，既有现实主义作品，如《祝福》《林教头风雪山神庙》《装在套子里的人》等，也有现代主义作品，如《变形记》等。以单元大概念为依据，该单元可以设定"小说的写实与写意"为其中一个课时大概念，引导学生理解现实主义小说和现代主义小说在实现对社会人生观察与批判时艺术风格上的异同。在实施"小说的写实和写意"课时大概念教学时，也并非纯粹地探究小说中的写实艺术和写意艺术，而是在理解小说的写实和写意的基础上，认知现实主义小说和现代主义小说的艺术特征，进而明确写实与写意只是小说创作上表现出的不同的艺术形式，而在艺术目的上则是相同的，那就是实现对社会人生的观察与批判。总之，课时大概念教学建构始终以确立的单元大概念为前提和依据。

表1-1 "必修（下册）第六单元"大概念层级建构

学科大概念	单元大概念	课时大概念
小说阅读与写作	小说通过对社会人生的观察与批判使读者获得理性思考和认识	Ⅰ.社会环境支配人物命运 Ⅱ.个性化的人物语言 Ⅲ.小说的写实与写意 Ⅳ.小说写作以实现对社会人生的观察与批判为艺术目的

值得注意的是，由于教材单元"人文主题"和"语文要素"的双线组元结构，教材单元的编选很大程度上突破了传统的以文学作品体式等语文要素为依据的组元方式。因此，在进行大概念的层级建构时，课时大概念有时会相对独立于单元大概念，这也是切合学科核心素养和学习任务群的内在要求的。下面以选择性必修（上册）第二单元为例，阐述单元整体教学中的层级大概念的建构。

该单元集中学习中国先秦诸子散文，选文包括《〈论语〉十二章》《大学之道》《人皆有不忍人之心》《〈老子〉四章》《五石之瓠》《兼爱》等篇目。从学习任务群建构的角度来看，该单元既属于"中华传统文化经典研习"学习任务群，同时也属于"思辨性阅读与表达"学习任务群。选文涉及儒家、道家和墨家的经典作品，思想深刻，风格各异。该单元的学习目标主要在于增强对中国文化之根的深入理解，同时提升思辨性思维品质。

表 1-2 "选择性必修（上册）第二单元"学习任务群目标和内容

学习任务群	学习目标和内容
中华传统文化经典研习	引导学生通过阅读中华传统文化经典作品，积累文言阅读经验，培养民族审美趣味，增进对中华优秀传统文化的理解，提升对中华民族文化的认同感、自豪感，增强文化自信，更好地继承和弘扬中华优秀传统文化
思辨性阅读与表达	引导学生思辨性阅读与表达，发展实证、推理、批判与发现的能力，增强思维的逻辑性和深刻性，认清事物的本质，辨别是非、善恶、美丑，提高理性思维水平

根据课程内容中"中华传统文化经典研习"学习任务群和"思辨性阅读与表达"学习任务群的教学定位，结合该单元的六篇经典文本的选文内容，该单元教学可以设定"中华传统文化经典的思辨性阅读"为学科大概念。在学科大概念统领下，本单元重点学习先秦时期诸子百家中的儒家、道家和墨家的思想内涵和思辨性说理方式，并将单元大概念确定为"先秦儒、道、墨三家的思想魅力和说理艺术"（表1-3）。需要注意的是，课时大概念中还确立了"文言虚词的运用规律"这一课时大概念，这既是对单元研习任务的把握，也是学习任务群对课程内容的内在要求。

表 1-3 "选择性必修（上册）第二单元"大概念层级建构

学科大概念	单元大概念	课时大概念
中华传统文化经典的思辨性阅读	先秦儒、道、墨三家的思想魅力和说理艺术	Ⅰ.先秦儒、道、墨三家的思想内涵 Ⅱ.先秦诸子的说理特征 Ⅲ.文言虚词的运用规律

需要补充的是，在实施基于学科大概念的单元整体教学中，大概念的层级建构主体可分为学科大概念、单元大概念和课时大概念三个层级。但在现实的教学实践活动中，指向单个课时大概念的学习往往并非在单个课时之内就能完成的。通常情况下，围绕单个课时大概念的学习常常需要二至三个课时才能达成学生对课时大概念的全面理解，因此在教学实践中，有时还需根据教学所需要的课时数量对课时大概念进行学科知识小概念的分解。但无论怎样对课时大概念进行分解，所分解的小概念都是基于课时大概念的，抽象于具体事实性学科知识的，并具备生成性和迁移性特征的概念，从而最终实现学科知识的结构化建构。

（二）学习活动的模式建构

如果说大概念的层级建构是进行单元整体教学的前提和基础，那么学习活动的模式建构就是进行单元整体教学的具体落实和分解。学习活动的一端指向大概念的层级建构及其在教学实施中的转化，另一端则对应着学生在学习过程中进行自主探究的具体课程内容。

从教材单元中大概念的层级建构到单元学习活动的设计，进行单元整体教学需要对大概念进行转化。大概念是抽象概括出来的独立于学科事实知识之外的学科概念，学习活动的设计不是大概念的直接呈现，而是从单元整体出发，对与大概念相关的学科事实知识进行重构和整合，实现大概念在单元学科事实知识文本群上的具象转化。大概念必须以学科事实知识作为支撑。

在单元整体教学的学习活动设计中，实现大概念的具象转化主要从确立核心问题和设计核心任务两个方面展开。

首先是核心问题的确立。学习活动以问题探究的方式展开，核心问题是单元整体教学中最重要的问题，是单元大概念在学科知识上问题式的呈现和转化，是学生在单元学习过程中进行集体探究并必须解决的问题，所有基于课时大概念而展开的学习活动设计及其问题设计都应该尽可能地回归到对核心问题的探究上。

仍以必修（下册）第六单元为例。作为文学艺术体裁之一的小说，教学中对小说的阅读鉴赏的涉及面非常之广，并非所有的阅读鉴赏点都必须在本单元的教学中全部得以呈现，而根据提炼出的单元大概念，可以将核心问题确立为"小说如何艺术化地实现对社会人生的观察与批判"，重点围绕鉴赏小说主题和艺术目的展开。在大概念的层级建构中，课时大概念Ⅱ为"个性化的人物语言"（见表1-1），在学习活动设计及其问题设计中，即使是鉴赏小说个性化的语言，也将重点品味个性化的人物语言中所体现的人物境遇和性格，探究个性化语言的形成原因，分析并评价性格对命运的影响中人物境遇所起的作用，而不将人物语言的分析以一种漫无目的的方式指向对人物形象的鉴赏。

在确立核心问题之后，紧接着就是对核心任务的设计。单元整体教学是一种任务驱动式的教学方式，以设置学习活动任务的方式完成对核心问题的解答，从而使学生获得对大概念的深入认知和理解。核心任务是核心问题在教学活动形式上的转化，往往需要在整合教材单元学习资源的基础上将核心任务分解为多项子任务，子任务的驱动仍然以设计系列学习活动的方式进行。从某种程度上来说，分解后的子任务大致与相关的课时大概念对应，但有时也存在一些特殊情况。如上文提到的"选择性必修（上册）第二单元"中针对课时大概念Ⅲ"文言虚词的运用规律"设计的学习活动任务，以及文学阅读与写作任务群中对写作任务的活动设计等，这些学习活动任务并非针对核心任务进行分解的子任务，而是基于学科核心素养和学习任务群要求而设定的学习任务，可以将其理解为单元核心任务之外的分支任务。（表1-4）

表1-4 单元子任务与课时大概念的关系

单元大概念	
核心问题 —— 核心任务	
子任务一	课时大概念Ⅰ
子任务二	课时大概念Ⅱ
……	……
分支任务×	课时大概念×

语文学科的单元结构设置有别于其他学科，它不是一种以纯粹的学科知识逻辑为基础而组建的单元结构，而是一种以人文主题和语文要素相融合的双线组元结构。这种特殊的单元结构设置也就决定了，在实施大概念统领下的单元整体教学时，很难达到以特定的单元大概念统摄单元内部所有的学科知识内容。因此，在对单元大概念进行分解时，有必要增设相关的课时大概念以对单元大概念进行补充，从而完善单元学科知识的结构化建构，增设的课时大概念既要自上而下地指向单元所属的学习任务群要求和学科核心素养，同时也要自下而上地对应单元学科知识的具体学习内容。相应地，在对单元核心任务进行分解时，既有直接指向单元核心任务的子任务，同时也有指向学习任务群要求以及学科核心素养的落实而设计的具有一定独立性的分支学习任务。

值得注意的是，在人文主题和语文要素的双线组元结构中，人文主题一线直指学科核心素养的"文化传承与理解",直接体现立德树人的根本性教育目标,在整个单元的选文中居于统率性的地位。因此,人文主题可以并应该成为确立课时大概念或分支任务的一个重要依据。如必修(下册)第五单元的人文主题是"抱负与使命",在教学实践中,可以从单元人文主题的角度确立"个人抱负和时代使命"的课时大概念,以设置"群文探志"的学习任务,驱动学生深入感知体会单元选文作者在特定时代中体现的崇高的理想意志。语文学科是人文性和工具性的统一,这种以单元人文主题为依据而设定的课时大概念和学习任务,既是对学科人文性的有效回应,同时也是落实学科核心素养"文化传承与理解"的内在要求,是语文课程以何种姿态为立德树人发挥自身功能的独有体现,最终指向立德树人的教育根本目标的实现。

　　学习活动的建构还需要创建能够承载大概念的学习主题和学习情境。如果说确立单元核心问题并设计核心任务是学习活动的主体内容,是对学生在阅读、表达、交流等微观学习行为上的直接驱动,那么学习主题的创建和学习情境的创设则是展开学习活动的宏观策略和实施路径。《普通高中课程方案(2017年版2020年修订)》中明确指出,新课程的设计"进一步精选了学科内容,重视以学科大概念为核心,使课程内容结构化,以主题为引领,使课程内容情境化,促进学科核心素养的落实"。在实施基于学科大概念的单元整体教学实践中,主题的确立在教学实践中具有重要的引领作用。学习主题的创建是单元整体教学中学习活动及学习资源整合的依据。根据单元整体教学中大概念的层级建构,学习主题可以分为单元学习主题和课时学习主题。学习主题可以围绕人文主题、作品体式、学科知识、单元选文等方面进行创建。以必修(下册)第六单元为例,结合单元人文主题"观察与批判"和单元选文作品体式,可以将单元学习主题创建为"小说对现实社会人生的观察与批判",直接衔接单元大概念。课时主题则围绕课时大概念展开,如必修(下册)第六单元课时大概念Ⅰ"社会环境支配人物命运"可以设定学习主题为"我命由我不由天?",从而指向对小说中环境影响人物命运的学科知识的认知,通过主题创建,可以引领学生在学习活动中明确所探究的学科知识的主体内容。

　　使课程内容情境化,在学习活动的建构中创设学习情境是学习活动展开的路径方向。学习情境的创设主要分为两种,一种是指向学科知识的认知情境,如对语文学科本体问题的探究等;另一种是指向语文实践的真实情境,如在现实生活中参与相关语文实践活动。需要注意的是,在单元整体教学中介入真实的学习活动情境是落实学科核心素养和解读学习任务群的必然选择。

　　学习评价是单元整体教学的重要组成部分。新课程标准尤为重视学生的主体地位。无论是确立学习目标、明确学习任务，还是创设学习情境、设计学习活动等，单元整体教学注重学生在学习过程中主体地位的体现和核心素养的落实。学习评价是对学生在学习活动中探究过程和学习成果的检测，既有嵌于学习活动中的过程性评价，也有指向大概念认知的学习成果性评价。

以上主要从大概念的层级建构和学习活动的模式建构两个方面重点阐述了大概念统领下的单元整体教学的模式建构。如果说大概念的层级建构是单元整体教学的顶层设计，那么学习活动模式的建构则是单元整体教学的具体实施落地。从教学的顶层设计到实施落地，中间还有基于单元大概念的核心问题确立、核心任务的设计及其子任务的分解、学习评价等过程。总之，实施大概念统领下的单元整体教学是顺应当前新课改，使课程内容结构化，促进学科核心素养落实的有效路径。

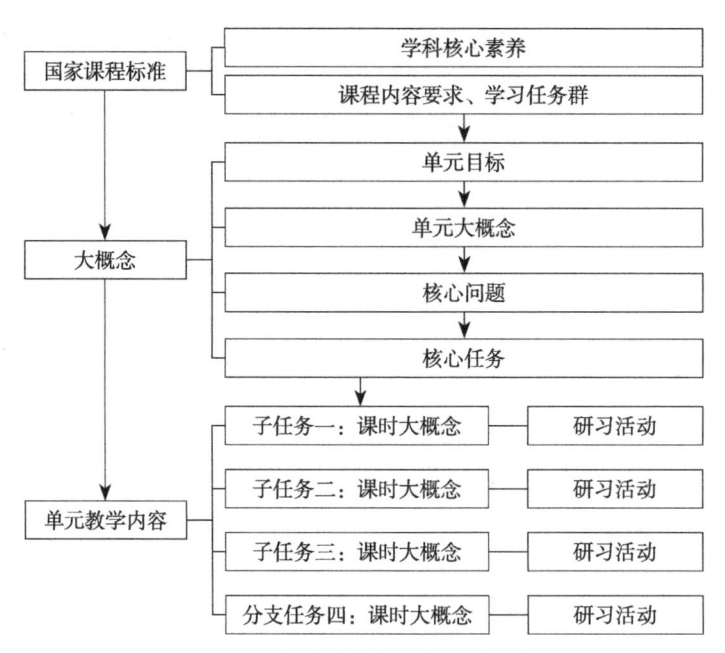

图1-1 课时结构构架与活动程序

第二章

必修（上册）第七单元教学研究与案例设计

单元研读：黎　俊　穆淑芳

在统编高中语文教材中，本单元是必修教材中唯一一个专门的散文单元，所选的都是散文名篇，在内容上以写景抒情为主，兼及叙事和议论。其中有现当代写景抒情散文，即郁达夫的《故都的秋》和朱自清的《荷塘月色》，这两篇文章抓住富有特点的景物，营造不同的意境，景美情真，情景交融，将作者的审美旨趣和性格隐含于字里行间；有当代写景抒情哲理散文《我与地坛》，追述了"我"的经历，写出了地坛这一古老的场景对于"我"的意义，景物描写与对往事的回忆交织在一起，充满哲理意味，表达了作者对生命的思考和对母亲的怀念之情；有古代山水游记散文，即苏轼的《赤壁赋》和姚鼐的《登泰山记》，两者一写长江明月，一写泰山日出，山与水，夜与昼，有空间的广阔，有时间的无垠，叙事、写景交织，抒情、释理融合，情理相生，堪称绝唱。

分析本单元五篇散文，发现其具有以下共同点。第一，景物描写精彩，情味浓厚。尽管各篇课文情感的表达方式不同，有的含蓄，有的直率，但大都具有借景抒情、情景交融的特点。第二，意蕴深厚，感染力强。这些课文不仅展现了景物之美，而且蕴含着丰富深刻的思想，可以引发读者对自然、人生、社会的多方面思考。第三，文辞优美，情采相谐。品味语言是学习散文必不可少的一个环节，这几篇散文的语言美都达到了很高的境界，学生学习时可着重品读，透过优美的语言在心中获得有关景物的生动形象，获得对作者思想感情的体会和对课文美的感知。

本单元人文主题为"自然情怀"，它要求学生在学习中感受自然之美，提升感悟力，激发对自然的珍爱之心和对生活的热爱之情；培养与自然和谐相处的理念，树立合理的自然观；探寻民族文化观念，体会民族审美心理。每一篇文章所展现的自然美景，都可以激发学生对自然的兴趣、对生活的感悟，进一步思考作为生活在自然中的人，如何读懂自然，如何与自然相处，在感悟与相处中，体会民族审美心理，认识和了解传统文化。

本单元属于"文学阅读与写作"学习任务群。该任务群旨在"引导学生阅读古今中外诗歌、散文、小说、剧本等不同体裁的优秀文学作品，使学生在感受形象、品味语言、体验情感的过程中提升文学欣赏能力，并尝试文学写作，撰写文学评论，借以提高审美鉴赏能力和表达交流能力"[1]。从学科核心素养的落实上看，本单元是"审美鉴赏与创造"这一核心素养得以具体落实的重要依托。因此，可以确定本单元的大概念为：写景抒情散文是作者对自然景物独特审美体验的表达。

---

[1] 普通高中语文课程标准修订组.普通高中语文课程标准（2017年版2020年修订）解读[M].北京：高等教育出版社，2020：17.

第一节　单元整体教学设计

单元设计：黎　俊　穆淑芳

本单元属于"文学阅读与写作"学习任务群，本单元的教学将围绕单元大概念"写景抒情散文是作者对自然景物独特审美体验的表达"，以提升"审美鉴赏与创造"这一学科核心素养为目标。在教学过程中，需要引导学生在本单元的学习中关注作品中的自然景物描写，以及在对自然景物的描写中透露的人生思考；深入体会不同的作者在观察、欣赏自然景物的独特视角；赏析作品中情景交融、情理结合的艺术手法；反复涵泳咀嚼，感受作品的文辞之美；从民族文化心理的角度，结合具体的作品，体会民族审美心理，提升文学欣赏品位，培养对自然的热爱之情。

（一）课程标准

◆精读古今中外优秀的文学作品，感受作品中的艺术形象，理解欣赏作品的语言表达，把握作品的内涵，理解作者的创作意图。结合自己的生活经验和阅读写作经历，发挥想象，加深对作品的理解，力求有自己的发现。

◆根据诗歌、散文、小说、剧本不同的艺术表现方式，从语言、构思、形象、意蕴、情感等多个角度欣赏作品，获得审美体验，认识作品的美学价值，发现作者独特的艺术创造。

◆结合所阅读的作品，了解诗歌、散文、小说、剧本写作的一般规律。捕捉创作灵感，用自己喜欢的文体样式和表达方式写作，与同学交流写作体会。尝试续写或改写文学作品。

◆养成写读书提要和笔记的习惯。根据需要，可选用杂感、随笔、评论、研究论文等方式，写出自己的阅读感受和见解，与他人分享，积累、丰富、提升文学鉴赏经验。

（二）大概念建构

根据《普通高中语文课程标准（2017年版2020年修订）》中课程内容"文学阅读与写作"学习任务群模块的设定，结合单元教学内容，本单元教学拟设定"散文阅读与写作"为学科大概念。在学科大概念统摄下，结合本单元的人文主题以及选文题材，考量写景抒情散文类散文题材，本单元重点关注人与自然的关系，将本单元的单元大概念确定为"写景抒情散文是作者对自然景物独特审美体验的表达"

（见表2-1）。在此基础上，将单元大概念转化为单元教学探究的核心问题，进而设计单元教学的各课时大概念。

围绕单元大概念及其生成的核心问题，本单元的核心任务将分解为五个子任务。子任务一为阅读《故都的秋》和《荷塘月色》，探究写景散文中情与景的关系，对应课时大概念"Ⅰ.散文中的情景关系是作者审美体验的再现"；子任务二为阅读史铁生的《我与地坛》等相关散文，探究中国现当代知识分子的语言表达与哲学思考，对应课时大概念"Ⅱ.散文的文辞之美凸显作者独特的审美体验"；子任务三为阅读《故都的秋》《荷塘月色》《我与地坛》，探讨作者的生活经历对散文创作的影响，对应课时大概念"Ⅲ.作者的人生经历和景物的文化意蕴影响作者的审美体验"；子任务四为联读《赤壁赋》《登泰山记》，探究中国古代散文中的情与理，对应课时大概念"Ⅳ.古代散文中山川风物关联着民族审美心理"；子任务五为尝试写作情景交融的散文，对应课时大概念"Ⅴ.写景抒情散文表达独特审美体验"，五个子任务贯穿于整个单元教学。

表2-1 "统编版高中语文教材必修（上册）第七单元"大概念层级

学科大概念	单元大概念	课时大概念
散文阅读与写作	写景抒情散文是作者对自然景物独特审美体验的表达	Ⅰ.散文中的情景关系是作者审美体验的再现 Ⅱ.散文的文辞之美凸显作者独特的审美体验 Ⅲ.作者的人生经历和景物的文化意蕴影响作者的审美体验 Ⅳ.古代散文中山川风物关联着民族审美心理

（三）单元学习目标

◆（学生）通过反复诵读，分析并品味散文独特的语言之美，品鉴散文观察景物的角度和表现景物的艺术手法，并在语言实践中自觉地进行运用。（语言建构与运用）

◆（学生）通过对散文情景关系的深入探究，认知作者如何在对景物的描写中，融入情与理，进而表现个人的审美体验。（思维发展与提升）

◆（学生）通过品味不同时期、不同风格的写景抒情散文，关注作品中的景物描写和人生思考，激发对自然的珍爱之情、对他人的悲悯之情、对生活的热爱之情。（审美鉴赏与创造）

◆（学生）通过体悟文本蕴含的特殊文人气质及其对人与自然主题的理解与阐

释，进一步体会民族审美心理，增强对民族文化的认识和了解，体会中华文化的核心思想理念和人文精神，增强文化自信。（文化传承与理解）

第二节　课时大概念Ⅰ教学设计示例

教学设计：穆淑芳

本课课时大概念为"散文中的情景关系是作者审美体验的再现"，意在通过阅读《故都的秋》和《荷塘月色》探究写景散文情与景的关系，切实理解情景交融的不同表现形式，感受优美意境，体味哲理意味。根据课程容量和学习内容，本课时大概念需要一个课时，主题拟定为"景与情的遇合"。

（一）大概念析读

1. 大概念理解

以"散文中的情景关系是作者审美体验的再现"作为本单元课时大概念，是通过对《荷塘月色》《故都的秋》两篇散文的景物意象、形声色态、画面组合、氛围意境等方面赏析，引导学生感受景象之美，并借此分析作者笔下景象的选择、景物的描写，了解作者的审美倾向和情怀。将"情景关系"置于具体的文本中理解和分析，了解作者笔下的"景"传递出的作者个人的"情"，进而理解单元大概念。

2. 大概念解构

实施"散文中的情景关系是作者审美体验的再现"课时大概念教学需要根据单元选文设置学习情境，在创设情境时，要根据"文学阅读与写作"学习任务群模块，从特殊的景象、独特的审美体验等方面进行创设，开展文学阅读，落实学习任务。在情境导入后，教学内容将主要从以下几个方面展开，最终实现学生对课时大概念的理解，并指向单元大概念。

（1）感受自然之美；

（2）探究景情关系；

（3）体会审美心理。

（二）学习目标

（1）（学生）反复诵读两篇散文，品味写景段落，感受用词之妙，句式、修辞之美。（语言建构与运用）

（2）（学生）通过分析散文中作者写景时运用的艺术手法，认知散文创作中自然与个体生命的情怀之间的关系。（思维发展与提升）

（3）（学生）通过品析文章中的写景文字，进行绘画创作，依托文学作品和绘画作品，分析景物特征，提升对写景散文的审美能力。（审美鉴赏与创造）

（4）（学生）通过对写景抒情散文中体现的民族审美心理的深入探究，增强对中华民族文化的认识和了解。（文化传承与理解）

（三）学习重难点

◆学习重点：品味写景段落，分析景物特征，感受自然之美。

◆学习难点：思考自然与个体生命的情怀之间的关系，体会民族审美心理。

（四）学情分析

◆知能基础：学生在初中阶段学习过不少散文名篇，对散文的文体概况有一定了解，但对散文"形散而神不散"的文体特征认识远远不够，对文本的鉴赏常流于字面的单一的景或情的梳理，难以对不同的景情关系做深入分析领悟，并没有形成有效度的散文阅读能力。学生在高一阶段的学习中尚需掌握方法、精读文本、深刻领悟，才能对本单元的几篇经典散文进行有价值地解读。

◆素养基础：学生在初中学习和中考备考复习中，已具备一定的散文阅读能力，也进行过基本的思维训练，在小组合作探究中可互相启发、共同探究。

◆不足条件：本课的两篇选文均为散文经典名篇，对学生而言，无论是理解作品创作的时代背景、作者经历在作品中的体现，还是深挖文本进而思考自然与人的关系、体会民族审美心理均有较大难度，对文本的阅读理解多浮于表面，难有深入体会。

（五）教学框架

基于"写景抒情散文是作者对自然景物独特审美体验的表达"的单元大概念，本课时大概念"散文中的情景关系是作者审美体验的再现"将设计一个课时展开学习活动。以"景与情的遇合"为主题，引导学生体会作者观察、欣赏自然景物的角度，分析因情择景、借景抒情的手法，通过文学作品对自然的描写反观自然，提升对自然美的感悟力，了解作者的审美倾向和情怀。具体从三个方面展开学习活动：学习活动一为展示绘画作品，感受自然之美；学习活动二为体悟情感，探究景情关系；学习活动三为分析"借景抒情"手法，体会民族审美心理。（图2-1）

```
子任务一：散文中的情    主题          学习活动一：展示绘画作品，感受自然之美
景关系是作者审美体验 → 景与情的遇合 → 学习活动二：体悟情感，探究景情关系
的再现                              学习活动三：分析"借景抒情"手法，体
                                   会民族审美心理
```

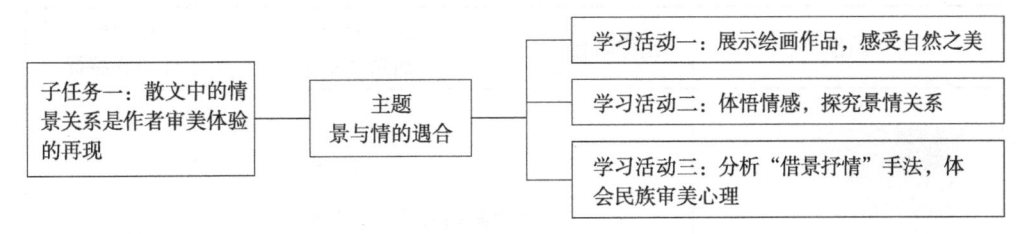

图2-1　课时结构构架与活动程序

（六）教学过程设计

（1）导语设计

苏轼曾这样评价王维的诗画："味摩诘之诗，诗中有画；观摩诘之画，画中有诗。"宋人孔武仲在《东坡居士画怪石赋》中说："文者无形之画，画者有形之文，二者异迹而同趣，以其皆能传生写似为世之所贵珍。"今天让我们跟随郁达夫和朱自清的文字，走近他们笔下的美图美景。

（创设意图：从名人对文与画之间关系的经典解读出发，创设学科知识认知情境，初步明确课时大概念，确定课堂学习活动的主要内容。）

（2）学习活动一：展示绘画作品，感受自然之美

文学是时间艺术，绘画是空间艺术，它们之间有着严格的界限，但中国传统理论却更强调文学与绘画的同一关系，即"文画互通"。中国古代有许多画家本身又是文学家、诗人，他们的作品常受到文学作品的影响，诗画合一、文画合一，这在中国古代是常见的文艺现象。请各学习小组选派代表分享小组选景画画的课前作业，并进行评论。

学生分享示例：

画作	画作名称	画作要素（所选之景）	画作特点（景物特征）
	秋晨院落图	（一椽破）屋、（浓）茶、（很高很高的碧绿）天色、（青）天、（一丝一丝）日光、（破）壁腰、（蓝色白色）牵牛花、（几根稀稀疏疏的尖细且长）秋草	清幽、淡雅、萧瑟

续表

画作	画作名称	画作要素（所选之景）	画作特点（景物特征）
	秋槐落蕊图	（极微细极柔软）槐树落蕊，树影，灰土上（细腻、清闲、落寞）扫帚的丝纹	清闲、落寞、深沉
	秋蝉残鸣图	（衰弱）蝉声、（家家户户）秋蝉	安静悲凉
	秋雨话凉图	（灰沉沉）天、（凉）风、（息列索落）雨、（晴）天、（着很厚的青布单衣或夹袄、咬着烟管、闲）人	奇、有味、像样、悠闲
	秋果奇景图	（屋角、墙头、茅房边上、灶房门口）枣子树，（像橄榄又像鸽蛋、淡绿微黄）枣子颗儿，（小椭圆形）细叶	奇、有生机

续表

画作	画作名称	画作要素（所选之景）	画作特点（景物特征）
	月下荷塘	（曲曲折折）荷塘，（田田、层层、肩并肩）叶子，（零星、袅娜、羞涩）荷花，（脉脉）流水	清新、淡雅、静谧
	塘上月色	（静静地如流水一般）月光，（薄薄）青雾，（淡淡）云，（高处丛生）灌木，（参差斑驳）树影，（弯弯）杨柳，（稀疏）倩影，（不均匀）月色	朦胧、柔美、恬静
	荷塘四周	（远远近近、高高低低）杨柳，（阴阴）树色，（隐隐约约、只有大意的）远山，（漏一两点点路灯光的）树缝，（没精打采）灯光，（最热闹的）蝉声蛙声	朦胧、模糊、幽暗、迷蒙、热闹

明确：《故都的秋》中无论是"秋晨院落图"还是"秋槐落蕊图"，都渗透着清、静、悲凉之美；《荷塘月色》中无论是"月下荷塘"还是"塘上月色"，都笼罩着静谧、淡雅、朦胧、梦幻之美。

（创设意图：创设跨学科的阅读鉴赏情境，引导学生关注散文中的景物描写特点，进而引导学生从景物意象、形声色态、画面组合、氛围意境等方面赏析散文中的景物之美。）

（3）学习活动二：体悟情感，探究景情关系

王国维在《人间词话》中说道："昔人论诗词，有景语、情语之别，不知一切景语，皆情语也。"请分小组讨论：通过文中描绘的景物及其特征，作者表现了怎样的情感？作为有生命的主体（作品中的"我"）与客体（自然景观）之间是怎样一种关系？

明确：从文中景物描写所表现的情感来看，《故都的秋》中有对故都的秋的喜爱之情，亦有作者内心生发的悲凉之意。《荷塘月色》的情感是有变化的，由最初的"颇不宁静"，到来到荷塘后暂时获得了安宁而感到淡淡的喜悦，再到在荷塘四周时觉得"热闹是它们的，我什么都没有"而感到淡淡的哀愁，回到家中重新归于不平静。

从创作主体与自然客体之间的关系上来看，所绘之景都是创作主体在借景抒情（缘情择景）或触景生情。《故都的秋》在对客观物象的取舍上，舍去了钓鱼台的柳影、西山的虫唱、潭柘寺的钟声等热闹非常的北京著名的秋景，而选取破屋、秋草、落蕊等极具衰美的景物，情味是悲凉的。作者在文中运用了缘情择景、借景抒情。《荷塘月色》作者从家走出去到一条幽僻的小煤屑路时，内心是有淡淡的哀愁的。树是蓊蓊郁郁的，路是阴森森的。之所以眼中有这样的景观，是因为内心情感的折射，是作者有意识的选择。而当走到宁谧的荷塘时，他暂时寻到了独处的快乐和安宁，于是触景生情，写出了雅致素美的月下荷塘、荷塘月色，也想到了古代人们纵情快意的生活，这也是触景生情引发的联想。当他踱步回到家时，又因为景的变化，情感也发生了变化，淡淡的哀愁再度浮上心头。作者先是借景抒情，后又情随景迁。

（创设意图：设定学科认知情境，引导学生从散文中抒写情感的句子出发进行分析，进而进入到对作者经历、时代背景的分析，从而指向对课时大概念的解读。）

（4）学习活动三：分析"借景抒情"手法，体会民族审美心理

选清静之景写悲凉秋情并不是郁达夫先生的独创，借荷塘之景抒一己之情也不是朱自清先生的专利，请结合自己熟悉的作品加以赏析。

枯藤老树昏鸦，小桥流水人家，古道西风瘦马。夕阳西下，断肠人在天涯。

——马致远《天净沙·秋思》

酷暑天，葵榴发，喷鼻香十里荷花。

——白朴《得胜乐·夏》

风急天高猿啸哀，渚清沙白鸟飞回。
无边落木萧萧下，不尽长江滚滚来。

万里悲秋常作客，百年多病独登台。
艰难苦恨繁霜鬓，潦倒新停浊酒杯。

——杜甫《登高》

接天莲叶无穷碧，映日荷花别样红。

——杨万里《晓出净慈寺送林子方》

此花此叶长相映，翠减红衰愁杀人。

——李商隐《赠荷花》

玉雪窈玲珑，纷披绿映红。

——吴师道《莲藕花叶图》

一霎荷塘过雨，明朝便是秋声。

——项鸿祚《清平乐·池上纳凉》

明确：伤春悲秋、登高怀远，竹之有节、莲之高洁、圆满之美……这些千年传承下来的思维定式类心理，是民族审美心理的一部分。作家的审美心理绝不是偶然的个人行为，它带有民族性，也就带有普遍性。在这样的审美心理下，诞生了郁达夫笔下"清、静、悲凉"的故都秋景，也诞生了朱自清笔下"优雅、宁静"的月下荷塘美景。作者或借景抒情，或触景生情，成就了千千万万的美文。

（创设意图：以群文鉴赏阅读的方式，促使学生深化对课时大概念的理解，并实现学科知识的迁移。）

（5）课堂小结

《荷塘月色》《故都的秋》两篇散文可谓情景交融的典范之作，作者或缘情择景或触景生情，行文中又颇多变化。作者在文中将情与景有机结合，结合得自然、和谐，有显有隐，水乳交融，充分体现了其丰富的审美体验。我们在共同学习探究的过程中感受到自然与个体生命的情怀之间的关系，感知到写景抒情散文中体现出来的民族审美心理。

◆板书设计

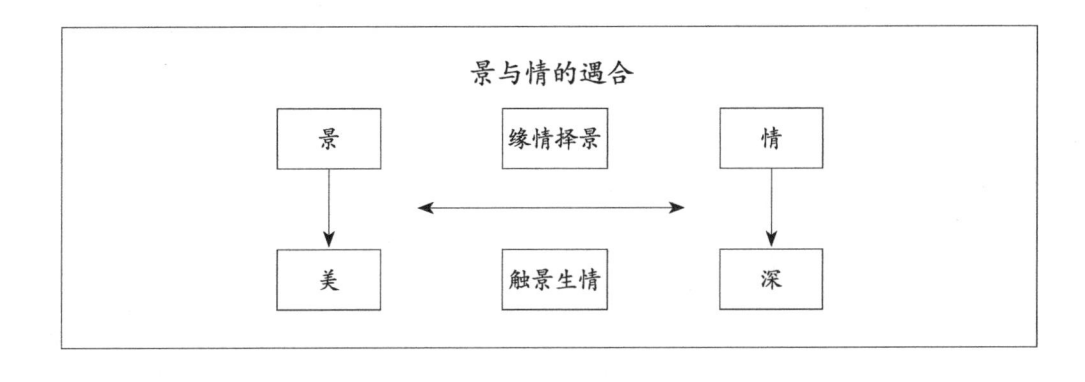

景与情的遇合

景 ——缘情择景—— 情
↓   ↓
美 ——触景生情—— 深

（七）教学测评

大美贵州，爽爽贵阳。正值深秋时节，踏秋游玩不失为一件雅事，当你心里泛起涟漪时，你会选择怎样的秋景来传递你的情感？当你驻足于某处景致时，会有怎样的感触？请同学们用本节课所学的写景抒情的方法分别完成200字左右的写作任务。

情景选择：

	缘情择景	触景生情
所怀之情\所见之景		
所选之景\所生之情		
微写作		

（八）教学反思

◆主要亮点：本课时大概念为"散文中的情景关系是作者审美体验的再现"，指向单元大概念"写景抒情散文是作者对自然景物独特审美体验的表达"。在引导学生学习的过程中，主要围绕"思维发展与提升"这一学科核心素养，注重培养学生在探究性学习过程中的思维能力和表达能力。通过学科融合，在活动中引导学生转抽象为形象，对散文情景关系进行了深入探究，既有助于学生认知作者在对景物描写中融入的情与理，又有助于丰富学生的审美体验、提升学生的审美能力。

◆存在不足：学生创作积极性高，小组分工完成情况较好，但图片分享解读占时稍多，文本回归稍显不足。

◆再教设计：教师在课前先在教室张贴学生绘画作品以节省课上分享时间，加大课上有声阅读比重，真实且充分地解读文本。

第三节　课时大概念Ⅱ教学设计示例

教学设计：黎俊　穆淑芳

本课时大概念为"散文的文辞之美凸显作者独特的审美体验"，意在通过阅读史铁生的《我与地坛》及相关散文，探究中国现当代知识分子的语言表达与哲学思考。根据课程容量和学习内容，本课时大概念需要两个课时，主题拟定为"人与文的遇合"。

（一）大概念析读

1. 大概念理解

以"散文的文辞之美凸显作者独特的审美体验"作为本单元课时大概念，是想引导学生感受史铁生散文作品的文辞之美，体会文本的深厚意蕴，从而生成对人生、对社会的深度思考，进而理解单元大概念。

2. 大概念解构

实施"散文的文辞之美凸显作者独特的审美体验"课时大概念教学需要根据单元选文及辅助性阅读文本，创设相应情境，同时根据"文学阅读与写作"学习任务群的相关要求，从用词、句式、修辞等方面品味散文独特的语言艺术，进行文学鉴赏，落实学习任务。在情境导入后，教学内容将主要从以下几个方面展开，最终实现学生对课时大概念的理解，并指向单元大概念。

（1）了解作者际遇；

（2）朗读寄托情思；

（3）分享优美文辞；

（4）体会深厚意蕴。

（二）学习目标

（1）（学生）通过对散文语言文字的赏析，感受史铁生散文的语言风格。（语言建构与运用）

（2）（学生）通过对文本中个体生命在困境中实现自我超越的主题探究，认知散文中景中寓理的艺术逻辑。（思维发展与提升）

（3）（学生）通过小组集体研读，探讨文中"照进史铁生黑暗生命的那一束光"的深刻内涵。（审美鉴赏与创造）

（4）（学生）从史铁生的作品中获得生命的启迪，丰富自己的审美体验，激发对生活的热爱之情。（文化传承与理解）

（三）学习重难点

◆学习重点：从用词、句式、修辞等方面品味语言艺术，开展文学阅读。

◆学习难点：学生在问题和情境设置中感受史铁生对于生命的观照，从而获得人生启迪。

（四）学情分析

◆知能基础：学生初中学过史铁生的《秋天的怀念》和《合欢树》，对作者的生平有一定的了解，这两篇文章文本不长，均表达对母亲的怀念，学生不难理解。《我与地坛》则是史铁生对生命感悟思考的名篇，学生理解起来有一定难度。

◆素养基础：文本解读上，学生有一定散文阅读积累；学习经验上，学生对小组研讨、合作探究也有一定认知。

◆不足条件：受到年龄限制，高一学生对生命的思考不多，较难理解史铁生对于生命的观照与思考。想要学生在理解语言文字的基础上获得独特的审美感受实为不易。

（五）教学框架

基于"写景抒情散文是作者对自然景物独特审美体验的表达"的单元大概念，本课时大概念"散文的文辞之美凸显作者独特的审美体验"将设计两个课时展开学习活动。第1课时以"景与人的遇合"为主题，具体从两个方面展开学习活动。学习活动一为读"地坛"，寻找地坛的不同面貌；学习活动二为读"我"，读出"我与地坛""我与母亲"的联系。第2课时以"人与文的遇合"为主题，带领学生找准阅读的抓手——用词、句式、修辞等，精选最能体现作者语言特色的段落，了解作者的情怀，引导学生借助阅读文本读出独属于史铁生的"情味"。本课时主要从三个方面展开学习活动。学习活动一为走近史铁生，谈谈初印象；学习活动二为朗读寄情思，感受史铁生对于生命的体验和观照；学习活动三为研讨与交流，分享打动自己的文字，小组交流探讨"照进史铁生黑暗世界的那一束光"，再派代表分享，解读读书分享会主题"是来路亦是归途"，找到生命的本源，找到人生的归途。

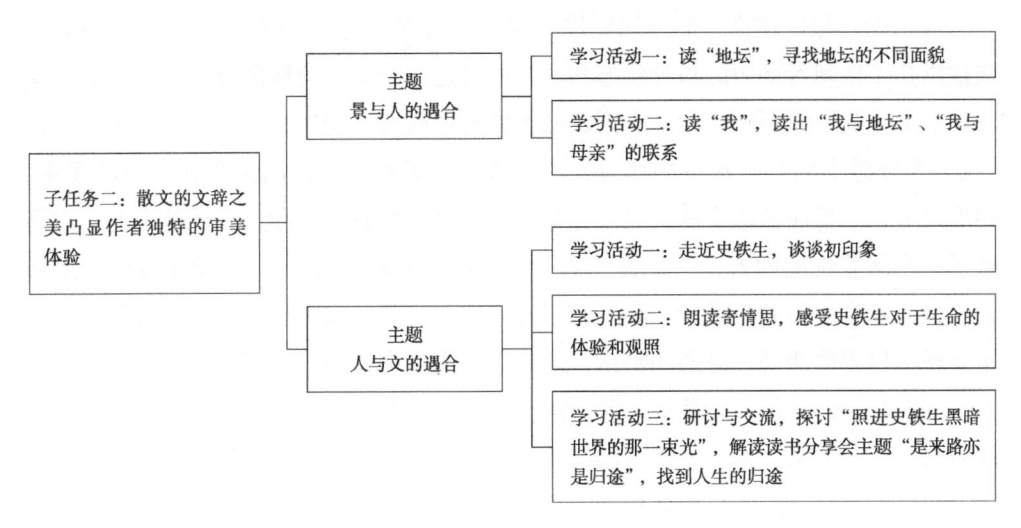

图2-2 课时结构构架与活动程序

（六）教学过程设计

第1课时 景与人的遇合

（1）导语设计

请同学们用一个词语说出此时你对这两个词的第一印象。（教师在黑板上写"我"与"地坛"两词）

（2）学习活动一：读"地坛"，寻找地坛的不同面貌

在《我与地坛》一文中，史铁生对地坛之景的描写细致入微，触动人心。请找出文中关于地坛景物描写的语段，并品味其中的景物特征。

明确：衰败、荒芜、陈旧、宁静、生机勃勃，荒芜而不衰败。看似沉寂、荒凉、萧索的景象，却有着博大厚重的历史沧桑感，有着生生不息的生命意识。

（创设意图：引导学生品味分析文章中关于地坛的景物描写的语段，创设学科认知情境，引向对课时大概念的探究。）

（3）学习活动二：读"我"，读出"我与地坛""我与母亲"的联系

散文中情景关系是作者的审美体验的再现。其实，不仅散文所绘之景是作者审美体验的再现，散文所写之人也是作者审美体验的再现。请阅读《我与地坛》，从创作者审美体验的角度探究文章中"我"与"地坛"以及"我"与"母亲"的内在联系。

学生表达与交流。

明确：从创作者的审美体验上来看，"我"与地坛有相似之处，"我"似乎与地

坛同病相怜、相怜相惜，而地坛更像一位饱经风霜的老人，容纳了"我"。荒园的破败烘托了落魄者颓唐的精神状态和悲苦的命运，野草、荒藤的茂盛、自在、坦荡却又给了"我"深刻的启示。夕阳映照下的地坛残垣断壁所显现出的历史沧桑，让"我"充分感受到时间永恒的伟力、岁月流逝的无情、宇宙的浩渺和历史的凝重，相形之下，一切痛苦似乎都失去了分量。地坛之于作者的馈赠是如此的丰厚，它拯救了一个濒临绝望的人，使"我"从不幸中走了出来，"我"由焦躁不安变得平和而宁静。母亲过早离世带给"我"无限的追悔与痛苦，文中所记几件看似平常的小事表现出母爱的透彻、融通和豁达，这是作者人生中强烈的情感体验。

（创设意图：让学生深读文本，找出关于地坛的相关描写，理解作者与地坛、作者与母亲的关系，为下节课深层解读史铁生做铺垫，从而有效落实本课课时大概念"散文的文辞之美凸显作者独特的审美体验"。）

（4）课堂小结

地坛和母亲就是作者生命中的两个支点。在地坛，作者摇着轮椅在那儿年复一年地沉思默想，度过了绝望而狂躁的青年时光，使他的思想成熟而深刻；母亲沉默而不张扬、含悲而不外露，坚韧而伟大，载负着心灵的沧桑血泪，在儿子面前展示了"生存"这个最基本的话题的真谛。正是地坛和母亲，给了他生的勇气和希望，使他在宁静和执着中寻找到历久而弥坚的活力，从而支撑起他那残破的人生，最终让他重新"站"了起来。正如海德格尔说，人在现实中总是痛苦的，他必须寻找自己的家园，当人们通过对时间、历史、自然和生命的思索明白了家之所在时，他便获得了自由，变成"诗性的存在"。

◆板书设计

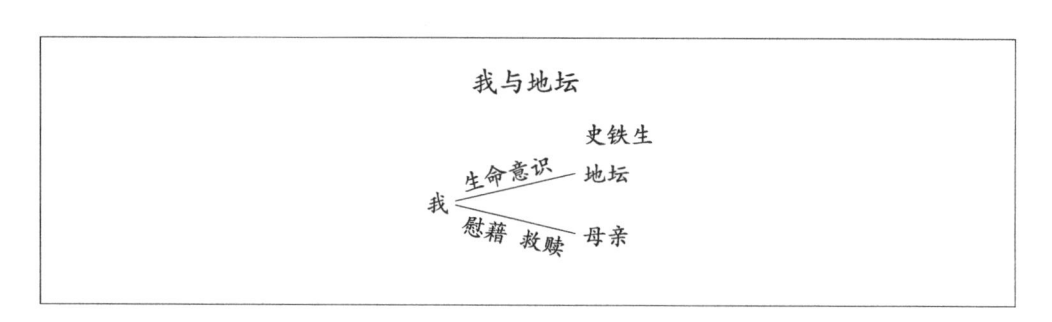

```
                我与地坛
                          史铁生
                  生命意识——地坛
              我
                  慰藉 救赎——母亲
```

第2课时 人与文的遇合

（1）情境导入

班级将举办一次史铁生散文阅读分享会，主题是"是来路亦是归途"，以此缅怀史铁生先生。请同学们自主阅读史铁生的相关文字材料，走进其丰富的精神世界。透过文字感知史铁生对于生命的观照，理解主题"是来路亦是归途"的含义。

（活动准备期间提前分发阅读材料——《我与地坛》教材未选部分、《务虚笔记》《病隙碎笔》片段，学生自主阅读，自由批注。同时，明确活动角色，教师担任主持人，学生担任嘉宾，嘉宾成立若干活动小组。）

（2）活动过程

环节一：读书分享会开场

主持人（教师）：欢迎大家参加史铁生散文阅读分享会。王小波在《黄金时代》中说："那一天我二十一岁，在我一生的黄金时代，我有好多奢望。我想爱，想吃，还想在一瞬间变成天上半明半暗的云。"二十一岁，正是人生肆意潇洒的年华，还有那么多梦想等着去实现。可史铁生，却在生命中最狂妄的年龄双腿残疾，陷入无尽的黑暗。生命若有裂隙，那是光照进来的地方。那什么是照进史铁生黑暗世界的那一束光？今天让我们追寻着先生的文学足迹，走进他的精神世界，体悟他苍凉而壮美的人生。

环节二：走近史铁生

嘉宾分享——史铁生初印象。

环节三：朗读寄情思

嘉宾朗读下面两个片段。

我曾走过山，走过水，其实只是借助它们走过我的生命；我看着天，看着地，其实只是借助它们确定我的位置；我爱着他，爱着你，其实只是借助别人实现了我的爱欲。

——史铁生《务虚笔记》

生命的意义本不在向外的寻取，而在向内的建立。那意义本非与生俱来，生理的人无缘与之相遇。那意义由精神所提出，也由精神去实现，那便是神性对人性的要求。这要求之下，曾消散于宇宙之无边的生命意义重又聚拢起来，迷失于命运之无常的生命意义重又聪慧起来，受困于人之残缺的生命意义终于看见了路。

——史铁生《病隙碎笔》

主持人（教师）：从这些文字中我们可以看出，先生对生死、对生命都有着自己独到的理解。到底是什么让先生超越了苦难，达成了与自我的和解，找到了生命的意义？接下来让我们通过阅读分享尝试与之共情，去感受他对于生命的体验和观照。

环节四：研讨与交流

①初读分享——那些打动我的文字

主持人随机邀请几位嘉宾进行阅读分享。

主持人（教师）：感谢大家的分享。嘉宾们对文本进行了个性化解读，让我们对先生的散文特点有了初步的感知，一是文辞优美，表现了作者高超的语言艺术；二是意蕴深厚，引发读者对自然、人生、社会的多方面思考；三是景、情、理的高度融合，传递给读者独特的审美体验。

②小组研读，交流探讨

主持人（教师）：回到刚开始我们提出的那个问题"什么是照进史铁生黑暗世界的那一束光？"，请大家以小组为单位进一步研读文本，看看能不能找到答案。

（各小组自由研读，自由交流、探讨，小组推选发言人进行分享。分享过程中嘉宾可将关键词板书在黑板上。）

主持人（教师）：大家说得都很好，"地坛、母亲、内省"，共同构成了照进先生黑暗世界的那一束光。大家有没有想过，我们今天为何会以"是来路亦是归途"为题呢？

（随机请几位嘉宾谈看法）

主持人（教师）：在我看来，"是来路亦是归途"有三层解读：其一，地坛在史铁生自感失去一切时为他提供了"逃避一个世界的另个世界"，是史铁生的重生之地，他在这里实现了自我超越，最终达成了与生命的和解，明白了应该"怎么活"。地坛，是史铁生虚化了的母亲，是他栖居的精神家园，是来路也是归途。其二，母亲给予史铁生自然的生命。在他面对人生的困境时，母亲坚韧的生命和毫不张扬的爱给予史铁生生命的力量，解答了他怎样面对苦难、怎样活的问题。母亲是他永恒的精神支柱，是他心中永远的"地坛"，是来路也是归途。其三，当人生陷入困境时，要沉下心来思考、感悟、内省。只有回归生命的本源，才能于迷茫中找到人生的归途。当然，以此为主题还寄寓了对大家的诚挚祝愿：不因世俗迷乱而忘掉初心，不因人生艰难而放弃希望，坚持阅读、坚持思考、坚持内省，来路亦是归途！

环节五：致敬与缅怀

嘉宾齐读先生语录和名家对先生的评价，对先生致以崇高的敬意，表达深切的缅怀。

主持人（教师）：今天的阅读分享让我们以文字为媒介走近了史铁生，这是"人与文的遇合"，也是读者与作者的遇合。在先生的作品中我们看见了他与景、与人的遇合，也感受到"小我"与"大我"的遇合、"本我"与"超我"的遇合。我们可以此为契机去阅读史铁生先生更多的作品。分享会结束后同学们写一篇文学短评，将先生给予你的人生启迪用文字表达出来。他的故事、你的故事，未完待续……

（创设意图：创设语文实践参与情境，以"是来路亦是归途"为主题，举办一次史铁生散文阅读分享会，激发学生阅读与表达交流的兴趣，同时将阅读与表达指向课时大概念"散文的文辞之美凸显作者独特的审美体验"。）

◆板书设计

```
              人与文的遇合
   地坛        是来路亦是归途        重生之地
   母亲        ←——————→            精神支柱
                生命之光            人生归途
```

（七）教学测评

尝试完成一次文学短评，写出在阅读史铁生先生的作品中获得的人生启迪，并在阅读课上与同学进行交流。

（八）教学反思

◆主要亮点：本课时大概念为"散文的文辞之美凸显作者独特的审美体验"，指向单元大概念"写景抒情散文是作者对自然景物独特审美体验的表达"。在引导学生学习的过程中，主要围绕"审美鉴赏与创造"这一学科核心素养，注重培养学生在探究性学习过程中的审美能力和表达能力。通过阅读分享会，引导学生对散文的文辞之美进行了深入探究，既有助于学生认知散文的文辞技巧，又有助于丰富学生的审美体验、提升学生的审美能力。

◆存在不足：学生参与和创作积极性高，小组分工完成情况较好，但进行文辞分析的时候学生考虑不周全，知识体系不完备，且学生课堂发言时教师引导不足，效度不高的发言占用较多时间，后一部分任务完成较仓促。

◆再教设计：加大课上有声阅读比重，真实且充分地解读文本，教师设问更明确，提高学生回答的有效度；教师做好充分地课堂预设以应对学生课堂上生成的发言，并做出积极引导。

第四节 课时大概念Ⅲ教学设计示例

教学设计：黎俊

本课时大概念为"作者的人生经历和景物的文化意蕴影响作者的审美体验"，意在通过对《故都的秋》《荷塘月色》《我与地坛》展开群文跨学科阅读。根据课程容量和学习内容，需要一个课时，主题拟定为"人与城的遇合"。

（一）大概念析读

1. 大概念理解

以"作者的人生经历和景物的文化意蕴影响作者的审美体验"作为本单元的课时大概念，是想通过了解作者不同的人生经历，分析他们笔下景物的文化意蕴，探讨作者的审美体验，探究作者人生经历和景物的文化意蕴对形成作者审美体验的深刻影响，进而理解单元大概念。

2. 大概念解构

实施"作者的人生经历和景物的文化意蕴影响作者的审美体验"课时大概念教学需要根据单元选文及辅助性阅读材料，创设相应情境，了解作者生平经历，交流北京印象，探究作者生存状态，感受作者笔下北京城别样的意味。教学内容将主要从以下几个方面进行展开，最终实现学生对课时大概念的理解，并指向单元大概念。

（1）了解作者独特的人生经历；

（2）探究景物中蕴含的文化内涵；

（3）认知作者经历和景物文化内涵对作者形成审美体验的影响。

（二）学习目标

（1）（学生）通过三篇散文《故都的秋》《荷塘月色》《我与地坛》的学习，了解文章特定的历史、地理文化情境。（语言建构与运用）

（2）（学生）通过分析、比较、归纳和概括三篇文本中的文学现象，有理有据地表达自己的观点和阐述自己的发现，并增强思维的深刻性、敏捷性、灵活性、批判性和独创性。（思维发展与提升）

（3）（学生）通过感受不同文本中作者与城市"北京"之间的密切关系，观照文本，了解作者不同的审美意识、审美情趣，掌握表现美、创造美的方法。（审美鉴赏与创造）

（4）（学生）感受文本蕴含的特殊文人气质，体悟其对人与自然主题的理解与阐释，体会中华文化的核心思想理念和人文精神，增强文化自信。（文化传承与理解）

（三）学习重难点

◆学习重点：梳理三篇文本中作者对北京景象的描写，认知描写对象的特点，理解它们与作者人生处境、写作心境的照应，学会能力迁移，解决实际问题。

◆学习难点：

（1）体现跨学科研究理念，实现语文学科和历史学科之间的关联。

（2）厘清"城的选择，是作者精神世界的反照；文的表达，是沟通城与作者关系的路径"这一观点。

（四）学情分析

◆知能基础：学生在前两课的学习中，对三篇课文的内容有了较为全面的了解，在这样前提下开展联文阅读便有了基础。学生能在老师的引领下深挖文本，读出价值。

◆素养基础：通过前几个单元的学习活动，学生掌握了一些散文阅读方法，在分组合作探究性学习方面也拥有一定的学习经验，能够较有效地开展小组合作探究。

◆不足条件：本课关涉特定的历史、地理文化情境，学生要具备分析、比较、归纳和概括的能力，方能有效分析文学现象，感受三个作者与城市的关系，了解作者不同的审美情趣，体会中华文化的核心思想和人文精神。

（五）教学框架

基于"写景抒情散文是作者对自然景物独特审美体验的表达"的单元大概念，本课时大概念"作者的人生经历和景物的文化意蕴影响作者的审美体验"将以"人与城的遇合"为主题，设计一个课时展开学习活动。具体从三个方面设计学习活动。学习活动一为分享北京印象，探究北京城称呼的文化内涵。学习活动二为探究作者生存状态，思考文本是怎样体现作者与北京城的互动的。学习活动三为微写作，书写"我与贵阳的遇合"。

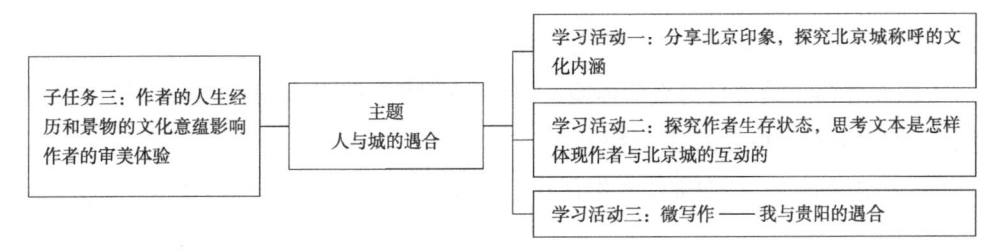

图2-3 课时结构构架与活动程序

（六）教学过程设计

（1）导语设计

前几节课我们已经分析了《故都的秋》《荷塘月色》《我与地坛》三篇文本，或是探究情与景的遇合，或是研读人与文的遇合，今天这节课，我们换个角度，带着历史的眼光重新观照文本，去探究人与城的遇合。现在，我们一起梳理三位作者生平经历、作品创作时间和文中主要描写的地点，找出它们的共同点。

学生表达与交流：

作家	作品	个人简介（生卒年、出生地等）	创作时间	景物描述
郁达夫	《故都的秋》	1896年12月7日—1945年9月17日 浙江富阳人	1934年8月	故都北平的一椽破屋（市井之中）
朱自清	《荷塘月色》	1898年11月22日—1948年8月12日 原籍浙江绍兴，出生于江苏省东海县（今连云港市东海县平明镇），后随祖父、父亲定居扬州，称"我是扬州人"	1927年7月	北京清华园
史铁生	《我与地坛》（节选）	1951年1月4日—2010年12月31日 北京市	1991年1月	北京地坛

明确：郁达夫身为浙江人，在文章里描述了北平的一椽破屋；朱自清称"我是扬州人"，在笔下描绘了北京清华园的一方荷塘；史铁生作为土生土长的本地人，他选取北京小小的一隅，描写了地坛。他们的笔下都出现了一个共同的对象——北京城。北京城与他们的人生交汇，留下了不可磨灭的印记。

（创设意图：创设跨学科的阅读鉴赏情境，引导学生关注作者的生卒年、出生地及作品创作时间、描述的地点，进而做到知人论世，并引向课时大概念。）

（2）学习活动一：分享北京印象，探究北京城称呼的文化内涵

在悠久的历史中，北京是我国重要的政治文化中心，请根据你的阅读经验和生活体验谈谈北京是一个怎样的城市。

思考：郁达夫在文中称北京为"北平"，而朱自清在文末却记为"北京清华园"，他们对北京不同的称呼蕴含着怎样的文化内涵？

（创设意图：结合自身生活体验、阅读体验感受北京，从而了解作家对北京的情怀，加深对作家审美创造的体悟。）

（3）学习活动二：探究作者生存状态，思考文本是怎样体现作者与北京城的互动的

请结合三位作者的生活经历,探究与北京城相遇时,作者的生存状态是怎样的?分小组讨论,选派代表发言。

找出三篇文本中写北京城的相关语段并朗读,然后概括文本中呈现的北京城特点,思考文本是怎样体现作者与北京城的互动的。

学生表达与交流:

篇目及段落	写北京城段落	人与城互动
《故都的秋》第三段	在北平即使不出门去吧,就是在皇城人海之中,租人家一椽破屋来住着,早晨起来,泡一碗浓茶,向院子一坐,你也能够看得见很高很高的碧绿的天色,听得到青天下驯鸽的飞声。	作者选取一椽破屋、碧绿的天色、驯鸽的飞声、槐树底下的日光、牵牛花的蓝朵等景物,构成了清净悠闲的北京秋景图。 这是平凡、普通、世俗化、充满烟火气息的北京,是市井老百姓的生活。在郁达夫笔下,北京"清""静""悲凉",是作者的"伤心之城"。
《荷塘月色》第二段	沿着荷塘,是一条曲折的小煤屑路。这是一条幽僻的路;白天也少人走,夜晚更加寂寞。	月下荷塘静谧、淡雅、朦胧,在内外交困的时代背景下,清华园是作者的栖身之所与谋生之地,学者笔下的清华园清雅别致,是安放不宁静的自己的"心灵之城"。
《我与地坛》第三段	四百多年里,它一面剥蚀了古殿檐头浮夸的琉璃,淡褪了门壁上炫耀的朱红,坍圮了一段段高墙,又散落了玉砌雕栏,祭坛四周的老柏树愈见苍幽,到处的野草荒藤也都茂盛得自在坦荡。这时候想必我是该来了。十五年前的一个下午,我摇着轮椅进入园中,它为一个失魂落魄的人把一切都准备好了。那时,太阳循着亘古不变的路途正越来越大,也越红。在满园弥漫的沉静光芒中,一个人更容易看到时间,并看见自己的身影。	琉璃被剥蚀,朱红被淡褪,高墙已坍圮,雕栏玉砌已散落,曾经光彩照人的都不复存在,被人废弃遗忘,变得荒凉衰败,但这种苍凉背后却生长出郁郁葱葱的树木,就连野草、藤蔓都在这里茂盛得自在。地坛曾经的辉煌就像史铁生20岁之前的人生,天之骄子、前途无量,而今衰败的景象恰如他双腿残疾后的惨淡生活,失落、悲伤甚至绝望。但史铁生并未一直沮丧,他在地坛中看见了太阳,追随着光,他超越了那个被禁锢在轮椅上的自己。 地坛之于史铁生,是空间、是地方、是同伴、是导师,还是母亲。在这里,史铁生完成了对自己真正的精神救赎!它也启发了史铁生关于生、关于死、关于命运、关于写作的深邃哲思,让他不再像个被俘虏的人质一般,惶惶不可终日。走过地坛的史铁生,由脆弱变得坚强了,由惊慌变得沉稳了,由躁进变得淡定了,由怨天尤人,变得深深感激命运的考验了。北京城是史铁生的出生地,是他的人生承载地,也是他的"救赎之城"。

明确:文学作品经常会谈时间之于人的意义和价值,其实空间也会与人遇合,发生奇妙的反应,或是空间给人精神寄托,或是人的情感赋予空间与众不同的内涵与色彩。根据北京作家居住地图(图略),我们发现冰心、沈从文、鲁迅、茅盾、

郁达夫、朱自清、史铁生等均与北京结下不解之缘。城市与人的关系如缠枝绕藤，密不可分，城市孕育了人，人又成就了城市，当独特的城市气质叠加作家的惊世才情，两者遇合便谱写了传奇佳话。

不止现代作家与城市有这样的遇合，古代文人亦如此。苏东坡以自己的精神力量给黄州的自然景物注入了意趣，而正是这种意趣，成就了黄州的自然美。因此不妨说，苏东坡不仅是黄州自然美的发现者，而且也是黄州自然美的确定者和构建者。但是，事情的复杂性在于，自然美也可倒过来对人进行确定和构建。苏东坡成就了黄州，黄州也成就了苏东坡，这实在是一种相辅相成的有趣关系。

人与城发生奇妙的碰撞，在遇合之下，便开启了一段段传奇的人生，写就了一篇篇经典的美文。

"天地者，万物之逆旅也。"人生，如同一场旅行，在人生的旅途中，时而高山，时而峡谷，时而坦途，时而歧路。我们或放歌，或悲哭，容纳我们的不仅有城镇乡村，还有天地山川，自然中的一切。自然始终以其不变的姿势深情地看着我们，而我们，也就在与自然的深情对望中，找到了与生命的契合。

（创设意图：创设语文实践参与情境，通过文本中呈现出的北京城特点，探究作者与北京城的互动，进而了解作家的生命与北京城的密切联系，从而指向课时大概念。）

（4）学习活动三：微写作——我与贵阳的遇合

易中天在《读城记》中讲道："不管怎么努力，贵阳似乎都很难进入中国城市魅力的排行榜，尽管它也应该说是'南人北相'的。然而贵阳似乎运气不佳。这个建在大西南高山坝子上的城市，好像哪一头都沾不上：作为高原，它没有拉萨神秘；作为盆地，它没有成都富庶；作为民族地区，它又没有昆明那么多的风情。这使它很委屈地成为西南甚至整个西部地区的'灰姑娘'。但，作为一座典型的高原山城，贵阳其实有着它自己的风采和特色。耸立的山峦，不大的规模，使它颇有些南方精壮汉子的味道；灵秀的黔灵山，绮丽的花溪，又使它很有些山地俊俏姑娘的风情。"

我们生于贵阳，长于贵阳，仔细回想，在贵阳这座城市，在我们的生命体验中，大概都有一两个对自己特别有意义的地方，这些地方，可能是某个咖啡馆，可能是读过的学校，可能是某棵藏着小秘密的香樟树下……这些地方收藏了我们的过往，见证了我们生命的某一段历程，使我们感到安心，也让我们感受到自己是真切地活在这个世上的。我们常会在某个时间回去那个地方，也会跟亲密的人提起那个地方，那个地方有我们的故事，我们也拥有那个地方的故事。

"贵阳"这座城市与你的相遇，肯定也会有别样的意味。请以"我与贵阳的遇合"为主题写一段文字，让"遇合"也在你的文字中绽放异彩。

（创设意图：根据"文学阅读与写作"学习任务群的要求，创设语文现实生活体验情境，将学生对课时大概念的理解融入自己的散文写作之中。）

◆板书设计

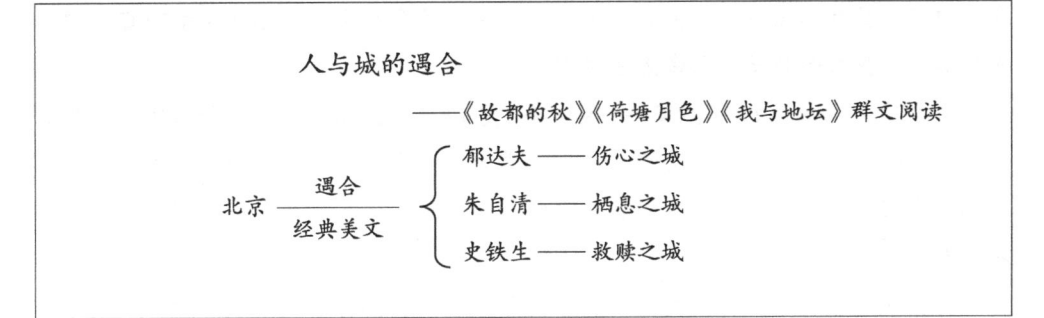

```
                人与城的遇合
            ——《故都的秋》《荷塘月色》《我与地坛》群文阅读
                      ┌ 郁达夫 —— 伤心之城
          遇合        │
    北京 ———————    ┤ 朱自清 —— 栖息之城
          经典美文    │
                      └ 史铁生 —— 救赎之城
```

（七）学习测评

人们对于一座城市的印象往往会受文学作品描写的影响，可以说，我们对一座城市的认识主要来自作家笔下带有情感温度的文字。请选择某位作家的相关作品，以"他和他笔下的城"为主题，写一篇不少于600字的随笔。

（八）教学反思

◆本课亮点：围绕课时大概念"作者的人生经历和景物的文化意蕴影响作者的审美体验"对教学内容进行结构化设计，本节课的核心任务是对《故都的秋》《荷塘月色》《我与地坛》进行跨学科群文阅读，探究"人与城的遇合"，引导学生从作家与城市的关系入手，并根据自身阅读和生活体验进行思考、探究。

◆存在不足：本节课是思维训练和阅读鉴赏课，在探讨对多文本进行细节深挖时欠缺多样文本和理论知识的支撑。本内容试图设计为一个课时，但教学容量过大，个别同学参与到教学全过程有难度。

◆再教设计：根据教学目的，拓展相关文本进行对比阅读，提高学生的思维能力，并根据不同层次的学生设计更合理的教学环节，以使学生能够有序、有效地参与完成学习过程。

附本课时阅读材料

材料一：

郁达夫（1896年12月7日——1945年9月17日），原名郁文，字达夫，幼名阿凤，浙江富阳人，中国现代作家、革命烈士。曾留学日本，毕业于名古屋第八高等学校（现名古屋大学）和东京帝国大学（现东京大学）。郁达夫是新文学团体"创造社"的发起人之一，一位为抗日救国而殉难的爱国主义作家。在文学创作的同时，还积极参加各种反帝抗日组织，先后在上海、武汉、福州等地从事抗日救国宣传活动，其文学代表作有《沉沦》《故都的秋》《春风沉醉的晚上》《过去》《迟桂花》《怀鲁迅》等。1945年9月17日，郁达夫被日军杀害于苏门答腊岛丛林。1952年，中华人民共和国中央人民政府追认郁达夫为革命烈士。1983年6月20日，中华人民共和国民政部授予其革命烈士证书。

朱自清（1898年11月22日—1948年8月12日），原名自华，号秋实，后改名自清，字佩弦。中国近代散文家、诗人、学者、民主战士。原籍浙江绍兴，出生于江苏省东海县（今连云港市东海县平明镇），后随祖父、父亲定居扬州，称"我是扬州人"。

1916年，中学毕业并成功考入北京大学预科。1919年开始发表诗歌。

1920年，毕业后在江浙一带的中学任教，极受欢迎。

1925年，任清华大学中文系教授。

1928年，第一本散文集《背影》出版。

1931—1932年，在英国伦敦学习语言学及英国文学，回国后仍在清华大学任教授并兼中文系主任。

1934年，出版《欧游杂记》和《伦敦杂记》。

1935年，出版散文集《你我》。

1948年8月12日，因胃穿孔病逝于北平，年仅50岁。

史铁生（1951年1月4日—2010年12月31日），中国作家、散文家。1951年出生于北京市。1967年毕业于清华大学附属中学，1969年去延安一带插队。因双腿瘫痪于1972年回到北京。后来又患肾病并发展到尿毒症，靠着每周3次透析维持生命。后历任中国作家协会全国委员会委员、北京作家协会副主席、中国残疾人联合会副主席。2010年12月31日凌晨3时46分因突发脑溢血去世，享年59岁。

材料二：

北平简史

明朝洪武元年，即1368年9月12日，朱元璋灭掉元朝后，为了记载平定北方的功绩，将元大都更名为北平府，取"北方安宁平定"之意，北平第一次成为北京的名称。明永乐元年（1403年），明成祖朱棣取得皇位后，将他做燕王时的封地北平府改为顺天府，建北京城，并准备迁都城于此，这是正式命名为北京的开始，至今已有600余年的历史。明成祖于永乐十八年（1420年）迁都北京，改称京师，直至清代。

民国伊始，北京的地方体制仍依清制，称顺天府。直至民国三年（1914年），改顺天府为京兆地方，范围规格与顺天府大致相同，直辖于中央政府北洋政府。民国十七年（1928年）六月，北伐战争后，首都迁回南京，撤销原京兆地方，北京改名为北平特别市，后改为北平市，隶属于南京国民政府行政院。民国二十六年（1937年）七七事变后，北平被日本占领。伪中华民国临时政府在此成立，且将北平改名为北京。民国三十四年（1945年）抗战胜利，日本投降，1945年10月北平市政府成立。

1949年9月27日，中国人民政治协商会议第一届全体会议一致通过中华人民共和国的国都定于北平，即日起北平改名北京。

材料三：

（一）郁达夫

1919年9月，从日本留学归国的郁达夫，依长兄之意在北京参加外交官与高等文官考试，他辛苦奔走几月，终以落魄失意而告终，用郁达夫的话说，是"被斥"。北京并没有接纳这位满怀希望的青年，在陶然亭，郁达夫在墙上题诗："泥落危巢燕子哀，荒亭欲去更徘徊。明年月白风清夜，应有蹁跹道士来。"1919年的北京，断了郁达夫的"仕途"之梦，那时的北京，在郁达夫看来，清冷而保守，从9月到11月，郁达夫在故都的秋风秋雨中一点儿一点儿地失意，何来热爱，只有离开。

1923年9月，北京大学的陈豹隐教授因公赴苏联，他担任的统计课程暂时无人任教，为了生计，郁达夫到北大应聘讲授统计课程。从该年10月到1925年年初，郁达夫一直住在北京，钟情于文学的郁达夫在北京教的却是统计课程，且仅仅是讲师的职称，他本无心于此，心中的落寞可想而知，"大都会！首善之区！我和乡下的许多盲目的青年一样……骑驴走马，积了满身尘土，在北方污浊的人海里，游泳了两三年"。

1925年夏及10月中旬郁达夫还两次到北京看望寓居在此的妻儿，1926年6月，儿子龙儿在北京患脑膜炎夭折，郁达夫从广州奔赴北京，郁达夫住到10月初才离开，一片伤心画不成。当时，得知儿子病危的情况后，郁达夫忧心忡忡，等他赶到北京，竟未能见爱子一面。

（选自姚康康《从〈故都的秋〉看郁达夫与北京的关系》，有删减）

（二）朱自清

在北平整整待了三年半，除去年冬天丢了一个亲人是一件不可弥补的损失外，别的一切，感谢——照例应该说感谢上苍或上帝，但现在都不知应该说谁好了，只好姑且从阙吧——总算平平安安过去了……

北平第一好在大。从宫殿到住宅的院子，到槐树柳树下的道路。一个北方朋友到南方去了回来，说他的感想："那样天井我受不了！"其实南方许多地方的逼得人喘不出气儿的街道，也是北平生人受不了的。至于树木，不但大得好，而且也多得好；有人从飞机上看，说北平只是一片绿。一个人到北平来住，不知不觉中眼光会宽起来，心胸就会广起来；我常想小孩子最宜在北平养大，便是为此。北平之所以大，因为它做了几百年的首都；它的怀抱里拥有各地各国的人，各色各样的人，更因为这些人合力创造或输入的文化。上海也是五方杂处的都会，但它仅有工商业，我们便只觉得繁嚣、恶浊了。上海人有的是聪明、狡猾；但宽大是他们不懂得的。

北平第二好在深。我们都知道北平书多。但是书以外，好东西还多着。如书画，铜器，石刻，拓片，乃至瓷器，玉器等，公家收藏固已很丰富，私人搜集，也各有专长；而内阁大库档案，是极珍贵的近代史料，也是尽人皆知的。中国历史，语言，文学，美术的文物荟萃于北平；这几项的人才也大部分集中在这里。北平的深，在最近的将来，是还不可测的。胡适之先生说过，北平的图书馆有这么多，上海却只有一个，还不是公立的。这也是北平上海重要的不同。

北平第三好在闲。假如上海可说是代表近代的，北平便是代表中古的。北平的一切总有一种悠然不迫的味儿。即如电车吧，在上海是何等地风驰电掣，有许多人上下车都是跳的。北平的车子在宽阔的路上走着，似乎一点也不忙。晚九点以后，确是走得快起来了；但车上已只剩疏朗朗的几个人，像是乘汽车兜风一般，也还是一点不觉忙的——有时从东长安街槐林旁驰过，茂树疏灯相掩映着，还有些飘飘然之感呢。北平真正的闲人其实也很少，但大家骨子里总有些闲味儿。我也喜欢近代的忙，对于中古的闲却似乎更亲近些。但这也许就因为待在北平太久的缘故吧。

…………

我现在是一个人在北平，这回是回到老家去。但我一点不觉着是回家，一切都像出门作客似的。北平已成了我精神上的家，没有走就想着回来；预定去五个礼拜，但想着南方的天井，潮湿，和蚊子，也许一个月就回来了。

（选自朱自清《南行通信》，有删减）

第五节　课时大概念Ⅳ教学设计示例

教学设计：黎　俊

本课时大概念为"古代散文中山川风物关联着民族审美心理"，意在通过对《赤壁赋》《登泰山记》的联读探究两篇散文中或显或隐于文中的情与理，感受中国传统的儒道思想对现实人生的影响，了解民族审美心理。根据课程容量和学习内容，本课时大概念需要三个课时，主题拟定为"与山水遇合，与人生和解"。

（一）大概念析读

1. 大概念理解

"古代散文中山川风物关联着民族审美心理"作为本单元课时大概念，《赤壁赋》和《登泰山记》的相通之处在于，两篇散文同为写景抒情明理的古代散文，融叙事、写景为一炉，作者登山临水，获得慰藉，突破困境。中国传统文人的言行深受儒家和道家的思想影响，自然形成浸润儒、道思想的民族审美心理，当他们遭受挫折或做出重要抉择时登山临水，极易将赓续的民族审美心理投射于山川风物上，诉诸笔尖则表现为与山水的遇合。他们与大自然的山川景物相遇并投合，景物的描写表现了作者的审美倾向，体现了民族的审美趣味，而其文字中呈现的思想的力量，则成为使他们与自己的人生和解的重要因素。

2. 大概念解构

实施"古代散文中山川风物关联着民族审美心理"大概念教学，需要根据单元选文的文体特征和文本特点，创设相应情境。教学内容将主要从以下几个方面进行展开，最终实现学生对课时大概念的理解，并指向单元大概念。

（1）赏景：赏析两篇文章的景物描写；

（2）品情：从情景关系的分析中探究苏轼和姚鼐在山水美景中寄托的情感；

（3）悟理：探讨古代文人的山水情结，厘清山水哲思的文化源头。

（二）学习目标

（1）（学生）通过小组合作的方式疏通文意，掌握重要实词在不同语境中的词义和用法，积累文言虚词、古今异义词、词类活用、文言句式等知识。（语言建构与运用）

（2）（学生）赏析文章中的景物描写，梳理作者的情感变化，赏析人物形象；

通过反复吟咏，运用联想、想象感受赤壁与泰山的山水美、文化美。（审美鉴赏与创造）

（3）（学生）感知文学作品，涵泳品味，领悟作品的内涵，把握作者情感态度，体会并评价作者的人生态度，认知民族审美体验。（思维发展与提升）

（4）（学生）增强对祖国大好河山、中华传统文化的热爱之情，涵养不畏艰难、勇于攀登的品格。（文化传承与理解）

（三）学习重难点

◆学习重点：掌握重要实词在不同语境中的词义和用法，积累文言虚词、古今异义词、词类活用、文言句式等知识；赏析文章中的景物描写，体会并评价作者的人生态度；理解"主客问答"的结构意义和泰山承载的文化情结。

◆学习难点：认知文章景、情、理结合的特点，体会并评价作者的人生态度及背后的文化内涵。

（四）学情分析

◆知能基础：学生在义务教育阶段，拥有一定的古代散文的阅读经验，统编版高中必修（上册）针对"文言阅读与写作"学习任务群共设置了三个单元，纳入的课文涵盖古今中外除戏剧之外的所有文学题材。在必修（上册）第六单元的选文中也还有《劝学》《师说》这样的古代散文。

◆素养基础：学生已具备一定的文言理解能力，基本的文言知识点能通过课下注释和工具书大致掌握，在分组合作探究性学习方面也拥有一定的学习经验，能够有效有序地展开小组合作探究。

◆不足条件：《赤壁赋》与《登泰山记》毕竟与学生有时代隔膜，即便学生能大致疏通文意，但两篇散文中或显或隐蕴含于文中的情与理，以及这些情与理背后的儒道文化肯定会成为师生探究的难点。此外，学生独立阅读文言的水平参差不齐也会对文本的研读理解造成障碍。

（五）教学框架

基于"写景抒情散文是作者对自然景物独特审美体验的表达"的单元大概念，本课时大概念"古代散文中山川风物关联着民族审美心理"将设计三个课时展开学习活动。第1课时以"夯文言之基"为主题，分小组展示两篇文言的课前预习成果并准确识记。文言文教学不能回避文言基础知识的理解和积累，须保障素养目标"语言建构与运用"要求的落实与达成，故而这一课时学生要通过活动自主学习，掌握重要实词在不同语境中的词义和用法，积累文言虚词、古今异义词、词类活用、文言句式等知识。第2课时以"品'山水'之美"为主题，学生通过联读《赤壁赋》和《登泰山记》，涵泳品味文中对自然山水的描写，领略古代散文语言的艺术美。第3课时以"探遇合之源"为主题，学生从《赤壁赋》的主客问答，《登泰山记》的时间节点出发，探究古代文人的山水情结，探寻中国古代文人山水哲思的文化源头。

子任务四：古代散文中山川风物关联着民族审美心理
- 主题一 夯文言之基
  - 学习活动一：小组合作厘清文言知识点
- 主题二 品"山水"之美
  - 学习活动一：感受文学化的自然山水之美
  - 学习活动二：细析文本遣词用字的语言指纹
- 主题三 探遇合之源
  - 学习活动一：梳理文中作者与山水遇合时独特的审美体验
  - 学习活动二：探究作者与山水遇合时的独特审美体验指向的民族审美心理

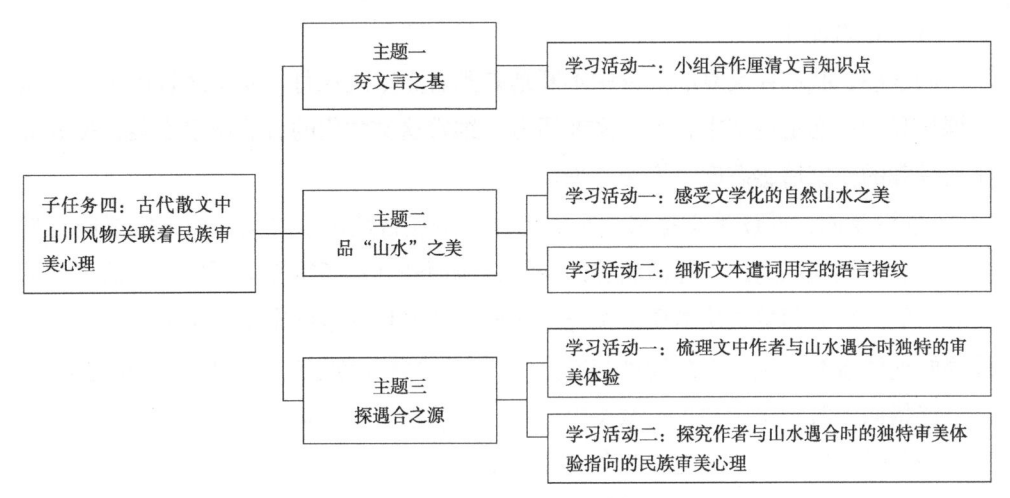

图2-3 课时结构构架与活动程序

（六）教学过程设计

第1课时 夯文言之基

（1）导语设计

同学们在课前已经预习了第七单元的两篇文言文，这节课继续进行文言知识点的学习，包括重点的文言实词和虚词、通假字、词类活用、特殊句式、古今异义词、文化常识（如古人记录时间的方法）等。读通、读懂课文，为进一步研读文章做好充分的准备。

（创设意图：文言文教学前强调文言知识点的重要性，从而为深入学习文言文打好基础，也引起学生的充分重视，树立从基础抓起、脚踏实地的学习理念。）

（2）学习活动：小组合作理清文言知识点

小组交流学习任务单中的文言词汇挖空练习，提出其中借助课下注释和工具书也不能独立解决的问题并讨论解决。小组与小组之间两两交流，记录汇总提出的共同问题，选出代表向教师提问。

（创设意图：文言文教学要以理解文本为基础，所以在进行文章内涵解析之前，不能回避文言基础知识的理解和记忆，须保障素养目标"语言建构与运用"要求的落实与达成，故而这一课时学生要通过活动自主学习，掌握重要实词在不同语境中的词义和用法，积累文言虚词、古今异义词、词类活用、文言句式、状语后置、意动用法等知识。）

第2课时 品"山水"之美

（1）导语设计

同学们，我们在反复的诵读中不断地熟悉着赤壁之江月、泰山之日出夕照，这节课让我们一起走进文本，关注文本语言，细赏这文学化的自然山水之美，探究文字所承载的作家情感态度、审美心理。

（创设意图：诵读美文是从文字的韵味上感受自然山水之美，而细赏描绘自然山水的文字则能从内蕴上弄清楚美的本源，所谓知其然还得知其所以然。而探究美文背后的民族心理更是从本质上探究文字所承载的作家情感态度、审美心理，从而能很好地体现对学生"思维发展与提升""审美鉴赏与创造"学科核心素养的培养，并最终指向课时大概念"古代散文中山川风物关联着民族审美心理"。）

（2）学习活动一：感受文学化的自然山水之美

①勾画圈点两篇文章的景物描写，完成表格内容。

学生表达与交流。

《赤壁赋》	赤壁之水月	历史之水月	哲理之水月
集中写景的文字或段落	①清风徐来，水波不兴。②月出于东山之上，徘徊于斗牛之间。③白露横江，水光接天。④浩浩乎如冯虚御风，而不知其所止。⑤桂棹兮兰桨，击空明兮溯流光。	①月明星稀，乌鹊南飞。②挟飞仙以遨游，抱明月而长终。	①客亦知夫水与月乎？逝者如斯，而未尝往也；盈虚者如彼，而卒莫消长也。惟江上之清风，与山间之明月，耳得之而为声，目遇之而成色……②相与枕藉乎舟中，不知东方之既白。
《登泰山记》	泰山夕照	日出景象	沿途自然与人文景观
集中写景的文字或段落	苍山负雪，明烛天南。望晚日照城郭，汶水、徂徕如画，而半山居雾若带然。	亭东自足下皆云漫。稍见云中白若樗蒱数十立者，山也。极天云一线异色，须臾成五采。日上，正赤如丹，下有红光动摇承之，或曰，此东海也。回视日观以西峰，或得日或否，绛皓驳色，而皆若偻。	山多石，少土。石苍黑色，多平方，少圜。少杂树，多松，生石罅，皆平顶。冰雪，无瀑水，无鸟兽音迹。至日观数里内无树，而雪与人膝齐。

②请用现代散文的语言描绘赤壁之江月、泰山之日出夕照。

学生表达与交流。

明确：

赤壁之江月：壬戌年秋天，七月十六日，一个充满诗意的夜晚，一叶随波荡漾的扁舟，我与朋友夜游赤壁，陶醉于这空灵澄澈的美景中。清风缓缓拂过江面，水面丝滑细腻。不久，一轮明月从东山之上滑入夜空，在星光之间流连，深情地把无数清辉洒遍了江岸和远近山峦。白雾蒸腾如细纱笼罩整个江面，江中水光与空中雾气相接，似真似幻。小舟翻飞在那茫茫无边的江面上，恣意无羁，御风而行，随意止息；我飘飘然仿若已离开人世，飞升成仙。

泰山之日出夕照：戊申这一天是月底，黎明时分，我和子颖坐于日观亭里等待日出，脚下云雾漫漫，耳畔松涛阵阵，积雪随风袭在脸上，阵阵刺痛。远方的山峦在雾气中时隐时现，似海市蜃楼，近处的山峰渐渐在云涛中明晰，静立似博戏争赌。注目东方，海天之间浮出一条彩线，顷刻间，彩线变为绚丽的彩带，彩带慢慢扩大为红色的海洋，红光晃动着，摇荡着。太阳被簇拥着，慢慢从红海中升起，发出令人目眩的光亮。日观峰西面的山峰红白相间，朝圣般沐浴在日光中。

③登上山顶，极目远眺，青黑的群山背负着白雪，肃穆圣洁，雪光映得南天透亮。山的连绵增添了雪的气势，雪的洁白增添了山的明净。暮色之下，远远可见汶水、徂徕在夕照中静立。半山的云雾丝丝缕缕，飘然如带，缠绕山间。山水雪雾相融合，日光城郭相交织，形成一幅壮丽优美的山水画。

（创设意图：通过对照和品味不同文本的山水描写和用现代散文语言改写写景语段，进而让学生领略古代散文语言的艺术美，从而实现"审美鉴赏与创造"学科核心素养。）

（3）学习活动二：细析文本遣词用字的语言指纹

①两篇文章是如何描写美景的？可从用词炼字、句式、修辞运用等角度赏析。

学生表达与交流：

《赤壁赋》	示例	呈现效果
用词	清风徐来，水波不兴。	"徐"字写出了清风给人的闲适、柔和的感觉，可谓秋气爽朗；江面"不兴"，谓之明澈平静。
	白露横江，水光接天。	"横"可见雾气浓郁，弥漫整个江面；"接"则描绘出水色天光相连一片，呈现出亦真亦幻的朦胧美。

续表

《赤壁赋》		示例	呈现效果
句式		举酒属客/少焉，月出于东山之上，徘徊于斗牛之间/惟江上之清风，与山间之明月，耳得之而为声，目遇之而成色，取之无禁，用之不竭。	偶句和散句交错使用，错落有致。整饬中见参差，整齐中显自由。
		诵明月之诗，歌窈窕之章/挟飞仙以遨游，抱明月而长终/清风徐来，水波不兴/白露横江，水光接天。	文中多用对偶句、对称句和四字短句，读来节奏鲜明、朗朗上口，极富音韵美、诗意美。
修辞		月出于东山之上，徘徊于斗牛之间。	"徘徊"一词尤为生动形象，用拟人的手法描绘了月亮缓缓升起、摇曳生姿之态；柔和的月光一如多情徘徊之人，似对游人极为依恋。

《登泰山记》		示例	呈现效果
用词		极天云一线异色，须臾成五采。	"须臾"一词写远处云层光色的急速变化。
		苍山负雪，明烛天南。	不言白雪覆盖着青山，却说青山背负着白雪，一个"负"字，赋予"苍山"以蓬勃生命，新颖传神，境界全出。一个"烛"字描绘出苍山上的雪反射光照亮了天南之景，极写夕阳壮丽。
		道中迷雾/半山居雾若带然。	同是山间云雾，登山时因身在其中，"迷"字写出了它茫茫飘忽、捉摸不定的特征。到达日观峰后，因已远在其上，所以又称之为"半山居雾"，"居"字从整体角度显示了雾气相对停滞的静态一面。细微差别，精准贴切。
句式		多石，多平方，多松/少土，少圜，少杂树/无瀑水，无鸟兽音迹，无树。	"三多""三少""三无"这样一组对比短句，简练峭劲，色彩鲜明。无废词冗句，却深有内涵。
修辞		望晚日照城郭，汶水、徂徕如画，而半山居雾若带然。	比喻生动巧妙：徂徕群山，在夕阳的映衬下宛然一幅柔美雅致的山水画，又有如带般环绕山腰的云雾既停且动的绝妙之景。
		日上，正赤如丹，下有红光动摇承之……	细腻地描摹出日出时红波动摇，犹如承托着太阳一般的磅礴之景。

②梳理整合《赤壁赋》和《登泰山记》两篇文本不同的语言特色。

	《赤壁赋》	《登泰山记》
用词	新颖华丽，诗情画意	细微准确，简练峭劲
句式	整散结合，错落有致	简洁流畅，明快达意
修辞	繁复优美，声色俱佳	清新淡雅，形象贴切
总体特点	浓墨繁笔，行云流水	淡墨简笔，雅致简约

第3课时　探遇合之源

（1）导语设计

"登山则情满于山，观海则意溢于海"，经典作品中荡漾着中国文人的情思，优秀的文人们遇见特殊的文化场域，往往能视通万里、思接千载。人与山水遇合，其作品往往充满令人心醉的艺术美感，能迸发撼动人心的艺术力量。追根溯源，我们会看到从民族文化中汨汨涌出的影响民族审美心理的力量。这节课我们将走入苏轼与姚鼐的内心世界，探究古代文人的山水情结，探寻中国古代文人山水哲思的文化源头。

（创设意图：从文人与山水遇合对作品艺术美感形成的重要影响出发，创设学科知识认知情境，确定课堂学习活动的主要内容，最终指向课时大概念"古代散文中山川风物关联着民族审美心理"。）

（2）学习活动一：梳理文中作者与山水遇合时独特的审美体验

《赤壁赋》属于文赋，在创作上继承了汉赋主客问答的结构形式，巧妙地表达了自己的哲思。请阅读文本，思考苏轼借主客问答的结构形式，表达了什么样的情感。《登泰山记》是一篇游记，语言简明达意，条理清晰。我们很容易在文中关注到一些如时间、地点、景观的特别之处，请谈谈你的发现。

学生表达与交流。

明确：

①第三段开头写苏轼听到客的洞箫悲声之后"愀然"，然后"正襟危坐"，以一种极为严肃的态度问客"何为其然也？"，客将历史和现实结合，详细地解释了为何而悲。我们从课下注释了解到，苏轼所游之地为黄州的赤鼻矶，并非赤壁古战场，但文章显然模糊了位置的准确性，只关联"赤壁"这个词所指向的特殊的文化场域。客之悲正是由这个特殊的文化场域激发而生，"文学化的自然"激发了人的特殊的审美体验。

②客的回答里有复杂的情感，这种情感是"客"的，也是苏轼的。曹操昔日的煊赫与今日的凄凉对比蕴含着英雄失败之悲、人事无常之感；一世之雄与平凡的自己对比，暗含着功名未就、怀才不遇之悲；天地的壮阔与生命的渺小，人生的短暂与自然的永恒相比，抒发了生命渺小、短暂之悲；幻想出世的理想与不得出世的现实亦充满了出世不得的无奈。客的悲慨似乎在说一种人生困境：生命如此短暂渺小，个人际遇如此无常，人应当如何自处？

③苏轼的回答，很好地劝慰了客，也宽慰了自己。文章运用类比论证法，将人与水月进行类比论证。水月形态常变而卒永恒。"逝者如斯，而未尝往也；盈虚者如彼，而卒莫消长也。"人也一样，每时每刻都在变化，但也一直永恒存在，即"自其不变者而观之，则物与我皆无尽也"。从整体的角度来说，虽然江水时刻流动，但不管怎么流动，江仍然是江，亿万斯年，亘古长流，永恒无尽。以月为例类比分析亦是如此。从部分的角度来说，月亮每时每刻都在发生变化，每天月相的圆缺都不一样；但从整体的角度来说，月亮一直还是月亮，亘古长存。人也如此，作为人类的一个个体，终将消亡，但作为人类的群体，人一直都会存在于世界上。

④《登泰山记》中特别之处：作者姚鼐选取特殊的时间——除夕；攀登最特殊的山——泰山；选择不同的路径——中谷；观看最神奇的景象——日出。

小结：《赤壁赋》的第三段客详述悲绪，第四段苏轼妙语劝客。一番对答之后主客尽欢，获得慰藉。实际上呈现的是作者独特的审美体验。而《登泰山记》中的特殊时间、神奇景观可能正是抒写作者独特审美体验的地方。

（创设意图：经典作品都蕴含作家特别的文化审美心理，通过研读文本的细节，可以感知作者与山水遇合时的独特审美体验，以此将学生的理解引向课时大概念"古代散文中山川风物关联着民族审美心理"。）

（3）学习活动二：探究作者与山水遇合时的独特审美体验指向的民族审美心理

在与山水的遇合中，作者以文字的方式表达自己独特的审美体验。请结合以下阅读材料，思考这些文字背后体现的独特的民族审美心理——山水文化情结。

夫士处世难矣！群所退而独进，其进罪也；群所进而独退，其退亦罪也。天地万物之变，人世夷险、曲直、好恶之情态，工文章者，必抉摘发露至尽。人匿其情久矣，而或宣之，宜有见恶者矣，况又加之以名称耶？

——姚鼐《赠程鱼门序》

乙未之春，姬传以壮年自刑部告归田里，道过泰安，与子颍同上泰山，登日观，慨然想见隐君子之高风，其幽怀远韵，与子颍略相近云。

——刘大櫆《朱子颍诗序》

最耐人寻味的是他的《登泰山记》。人们往往只把它看作优美的山水游记……其实以笔者的愚见，此文不只是"写出泰山的雄伟壮丽"，更重要的是写出作《登泰山记》的主人姚鼐摆脱官场羁绊、回归大自然、获得个性自由的欢悦性情。……其在对景物绘声绘色的描写之中，实寄寓着作者辞官之后的万千感慨。其中既有摆脱官场羁绊，回归大自然之后的愉悦之情；又有以对大自然如诗如画般美景的热烈歌颂，来反衬其对官场丑恶的愤绝和鄙弃……可见寓有"隐君子之高风"和"幽怀远韵"，才是《登泰山记》的真正内涵和底蕴。

——周中明《姚鼐研究》

学生表达与交流。

明确：

①《赤壁赋》中的主客对话是苏轼内心的辩论，也是儒道思想的对话。客，是作为儒者的苏轼，儒家思想时刻提醒他积极入世，兼济天下，建功立业；但这样的理想在"乌台诗案"中被震得粉碎，曾经的意气风发骤然崩塌，理想与现实的冲突一度让他悲观失意。主，是作为道者的苏轼，他内心无法实现儒家济世之志而在山水哲思中得到自我救赎，他认识到自然山水乃人性本真所在，要物我两忘，融入自然，方能获得灵魂自由和生命永恒，所以苏轼可以在变和不变中获得生命的永恒，在取和不取之间获得一种得失的平衡，苏轼劝解自我寄情山水源于对道家思想的认同。

②苏轼受佛道思想浸润很深，道家的齐物论思想，特别是齐死生的观念对苏轼影响很大。在道家看来，死亡只不过是人变了一种形体而已，但仍然是存在于天地之间的。苏轼将儒家的积极用世与道家的超越生死的思想融为一体。道家认为，人皆有气，气可使生命超越生死，因而苏轼说"自其不变者而观之，则物与我皆无尽也"。虽然人生短暂，但人的生命也可永恒，即"物与我皆无尽也"。在苏轼看来，天地之间的"物"包括功业名利，都是各有各的主宰，"苟非吾之所有，虽一毫而莫取"，"命里有时终须有，命里无时莫强求"。所以，功业未成，自身平凡，也不能怨恨，要采取的态度就是顺天敬命，旷放豁达。

③出世虽好，但既然无法超脱尘世，那就享受在世的自然快乐，在自然中感受自由。"惟江上之清风，与山间之明月，耳得之而为声，目遇之而成色，取之无禁，用之不竭，是造物者之无尽藏也，而吾与子之所共适。"苏子在这里再次点明水与月。清风明月，取之无禁，用之不竭。欣赏自然界的这种大美，从自然中来获取人生的意义，获取生命的快乐。在审美中享受诗意的人生，这是苏子给出的解脱之道。这种道路既可以解除在世的烦恼，又可避免出世不得的怨恨。这也是道家逍遥

游的精神解脱之道。

④姚鼐在人生转折的时间节点上，不远千里，顶风冒雪，登临泰山，其看似客观叙述、描写的文章背后潜藏着作者以退为进、以"独善其身"来"兼济天下"的"心志""义理"。除夕登泰山看日出更像是一场仪式、一次朝圣，是向以前的为官生活告别，对自己新的选择寄寓期望。位于泰山之巅，姚鼐的视野更为开阔，人生格局更为阔大。

⑤泰山情结一直是中华民族审美心理的一个重要组成部分，直接起源于原始先民的泰山崇拜。孔子"登泰山而小天下"对后世文人产生了巨大影响和示范作用，形成积淀深厚的文化心理。曹植宣称"我本泰山人"，"俯观五岳间，人生忽如寄"，把泰山视作精神寄托与生命归宿；李白吟唱"天门一长啸，万里清风来"，奇丽壮美中充溢着纵横天地的放逸精神；杜甫高歌"会当凌绝顶，一览众山小"，给人积极向上、奋发进取的精神鼓舞……而姚鼐笔下的泰山日出的整体意境是阳刚、雄健、博大的，"戊申晦，五鼓，与子颖坐日观亭，待日出。大风扬积雪击面。亭东自足下皆云漫。稍见云中白若摴蒱数十立者，山也。极天云一线异色，须臾成五采。日上，正赤如丹，下有红光动摇承之，或曰，此东海也。回视日观以西峰，或得日或否，绛皓驳色，而皆若偻。"关于泰山日出的描写呈现出的是一种壮大的、威严的、向上的力量。不同流俗的傲岸人格与尊严的外化精神写照。

总结：苏轼在文中情绪的变化其实是他真实人生经历的写照，《赤壁赋》中苏轼已经表现出一种成熟的智慧，这种智慧就是"外儒内道"，超然物外的旷达态度，背后仍然有对人生的积极追求。"穷则独善其身，达则兼济天下"，得意时出仕兼济天下，失意后寄情山水对话自然，是中国文人千载不变的人生轨迹。

《登泰山记》中的文字表面看是在写泰山顶上的环境，实际上暗含了作者自己的生存环境及精神品格。其中蕴藏精神力量的泰山、纯洁无瑕的白雪、山巅的劲松、苍黑色的方石等意象及其所共同营造的意境似乎处处在映照姚鼐的人格，因辞官而心情低落的姚鼐，选择最特殊的时间（除夕），攀登最特殊的山（泰山），观看最神奇的景象（日出），不仅抒发了他摆脱官场、内心澄明的欣然，更显现了他于泰山山水中获得的精神激励与自强不息的力量。

（4）课堂小结

苏轼夜游赤壁，与赤壁水月遇合，豁达超脱。姚鼐岁末辞官，与泰山胜景遇合，超然洒脱。苏轼与姚鼐的笔下之景均已深深地烙上了他们的心境和情感的独特印记，他们也在这一特殊的文化场域寻得了心灵的慰藉，而今天的读者也在其中深深地体味到了中国传统文人通过文学化的自然传递出的独特的民族审美体验。

（七）学习测评

以"与＿＿＿＿＿（自然风物）的遇合"为题写一篇散文，表达自己个性化的感悟，力求做到情景交融。

（八）教学反思

◆主要亮点：本课时大概念为"古代散文中山川风物关联着民族审美心理"，指向单元大概念"写景抒情散文是作者对自然景物独特审美体验的表达"。教学设计跳出传统文言教学的单篇细教，将两篇文言进行联读，改变传统教学的耗时耗力，引导学生对文本"冰山下的八分之七"进行探究。在引导学生的学习过程中，主要围绕"文化传承与理解"这一学科核心素养，注重创设带有文化历史现场的学科知识认知情境，培养学生自主学习和探究的能力。

◆存在不足：对《赤壁赋》和《登泰山记》》两篇经典作品进行联读，学生有一定困难，学生面对的毕竟是有一定的语言隔膜的文言文，如果前置性的作业完成不到位，学生读通读懂都存在困难，课堂的整合、深度阅读效果就会大打折扣。而且《登泰山记》带有一定的"考据"色彩，情感抒写相对隐晦，学生在对该文情景关系的阅读中存在一定的阻碍，从而也会影响到两篇散文的联读效果。

◆再教设计：在学生的前置学习中以文本的形式增补相关内容，从而激发学生探究性学习的兴趣。

专家点评：

这个单元的教学设计是编者在充分理解语文学科课程标准的基础上，依据学科核心素养、教材特点和学情情况设计的。教学目标和教学内容的选择注重分类分层，合理规划，改变了以知识点为体系的教学设计范式，强调了关键知识与技能结构化的整合。

本单元是散文单元，编者根据文体特点强调了课堂中真实情境的设置，如在《我与地坛》的教学中，编者以"是来路亦是归途"为主题，组织开展史铁生散文阅读分享会。通过设计进阶式的任务串或问题链，让语文学习发生在真实的生活中，以富有创造性的学习方式，抓住探究性学习的关键，提高学生在真实情境下解决问题的能力，实现学以致用、学思结合、知行合一的统一。

同时，编者强调语文学习中思维与情感的深度参与。每个课时大概念都设计了多个思维与情感并重的学习活动，让学生在研习过程中体悟"人与自然"的密切联系，在挖掘文本内涵的基础上，了解民族审美心理。从本单元的教学设计看，不难发现编者对"人化自然"美学价值的关注。编者围绕"文化传承与理解"这一学科核心素养，通过"了解苏轼山水哲思儒道互补的思想"和"探究姚鼐的泰山文化情结"等学习活动，将知识传递转变为能力培养，引导学生通过阅读写景抒情的佳作，多角度欣赏文本，获得审美体验，提升文学鉴赏能力，加深对名作中"人化自然"美学价值的认识，从而激发学生对自然、社会、人生的思考。

本单元的大概念教学设计独具匠心，构思精巧。更可贵的是，编者在实践教学后，根据学生学习过程中的生成情况进行教学调整，提出再教设计，这是落实学科核心素养、有效提高课堂教学质量的有效路径。

（贵州省教育名师，贵州省语文特级教师，贵州教育学会常务理事　王丽萍）

第三章

必修（下册）第一单元教学研究与案例设计

单元研读：彭鸿萍　徐国芬

　　本单元由三课五篇经典散文组成：第一课为选自《论语》的《子路、曾皙、冉有、公西华侍坐》、选自《孟子》的《齐桓晋文之事》和选自《庄子》的《庖丁解牛》，分别出自诸子中的儒家和道家；第二课为选自《左传》的《烛之武退秦师》；第三课为选自《史记》的《鸿门宴》。从中可以看出，这五篇文章分属于"诸子"和"史传"散文，基本以论辩见长，体现出较强的思辨性，从而给我们的教学提供了一定的思想指引。

　　本单元属于"思辨性阅读与表达"学习任务群，该任务群是高中语文课程体系基础性学习任务群，其在两册必修教材中涉及四个单元，本单元是必修（下册）第一个涉及该任务群的单元。本学习任务群在课程标准列出的学习任务群中属于第六个，课标中指出，该任务群的学习和实践可以引导学生学习思辨性阅读和表达，发展实证、推理、批判与发现的能力，增强思维的逻辑性和深刻性，并能深刻认识事物的本质，辨别是非、善恶、美丑，从而提高理性思维水平。[1] 因此可以说，这一学习任务群可以很好地完成"思维发展与提升"这一学科核心素养。

　　另外，本单元人文主题为"中华文明之光"，学习本单元的五篇古代散文，可以品评"诸子"之志，领悟"史传"作品中古人的智慧，以期学生在领略传统智慧的过程中提升"文化传承与理解"这一核心素养，增强文化自信，并理性思考先贤思想的现实意义。

---

[1]　普通高中语文课程标准修订组.普通高中语文课程标准（2017年版2020年修订）解读[M].北京：高等教育出版社，2020：127—128.

第一节　单元整体教学设计

单元设计：彭鸿萍、徐国芬

本单元属于"思辨性阅读与表达"学习任务群，本单元的教学，将围绕单元大概念，紧扣"思维发展与提升""文化传承与理解"这两个学科核心素养，对单元作品的"思辨意义"和"价值表达"展开深入的研读学习，引导学生学习古人论辩的技巧和非凡的智慧。

（一）课程标准

◆阅读古今中外论说名篇，把握作者的观点、态度和语言特点，理解作者阐述观点的方法和逻辑。阅读近期重要的时事评论，学习作者评说国内外大事或社会热点问题的立场、观点、方法。在阅读各类文本时，分析质疑，多元解读，培养思辨能力。

◆学习表达和阐发自己的观点，力求立论正确，语言准确，论据恰当，讲究逻辑。学习多角度思考问题。学习反驳，能够做到有理有据，以理服人。

◆围绕感兴趣的话题开展讨论和辩论，能理性、有条理地表达自己的观点，平等商讨，有针对性、有风度、有礼貌地进行辩驳。

（二）大概念建构

根据《普通高中语文课程标准（2017年版2020年修订）》中"思辨性阅读与表达"学习任务群确立的学习目标与内容以及明确的教学提示，从学科核心素养的落实上看，相对而言，本单元的教学要凸显"思维发展与提升"和"文化传承与理解"学科核心素养的落实。从教材单元的选文上看，本单元所选课文为篇幅较长的诸子散文和史传散文，涵盖中国古代思想史中影响最大的儒、道两家和古代史书的经典，涉及中国传统文化中众多重要的价值观念、社会理想、思维方式和行为模式，就传统的四部分类而言，本单元的选文涵盖经、子、史三部，在体现中华传统文化的特质方面更具深度和广度，切入传统文化的思想根基和精神内核。教材中的这几篇选文都非常适合用来训练学生的辩证思考、发散性思考以及批判性思考的能力。

本单元的人文主题是"中华文明之光",其中三篇先秦诸子散文文章(《子路、曾皙、冉有、公西华侍坐》《齐桓晋文之事》《庖丁解牛》)体现了儒、道两家思想的不同,但同时它们实际上也都在讨论"人应该以怎样的姿态生活?"以及"理想的社会是什么样的?"这样的哲学命题。而两篇史传文章(《烛之武退秦师》和《鸿门宴》)分别作为编年体史书和纪传体史书中的经典篇章,在描述历史事件的过程当中,也表现出了强烈的价值导向以及作者的主观倾向。教师在教学过程中,要引导学生通过历史叙事,把握其中的思想观念,透过历史事件,发掘隐藏其下的价值观。总之,从本单元的人文主题来看,单元核心任务确定为:在理解文意的基础上,整体把握选篇的思想内涵,认识其文化价值,思考其现代意义。[①] 因此,综合衡量本单元的课程设置,本单元教学拟设定"中华传统文化经典的思辨性阅读"为学科大概念,在学科大概念的统领下,本单元的单元大概念确立为"'诸子'散文和'史传'散文的思想魅力及说理艺术"(见表3-1)。围绕着单元大概念,在进行单元整体教学建构中,本单元确立的核心问题为"如何理解'诸子'散文和'史传'散文的思想魅力及说理艺术?"。

围绕着单元大概念,本单元的核心任务将分解为四个子任务。子任务一为走进文化经典,阅读《子路、曾皙、冉有、公西华侍坐》《齐桓晋文之事》《庖丁解牛》,探究孔子、孟子、庄子思想内涵和说理艺术,对应课时大概念"Ⅰ.先秦儒、道两家的思想内涵和说理艺术";子任务二为走进历史的现场,阅读《烛之武退秦师》和《鸿门宴》,探究史传散文质疑式思辨阅读和叙事写人艺术,对应课时大概念"Ⅱ.史传散文质疑式思辨阅读和叙事写人艺术";子任务三为如何有层次、有条理地阐述好自己的观点,对应课时大概念"Ⅲ.思辨性表达与写作";子任务四为回归文本的复习,主要进行文言知识梳理和文本答疑释难,对应课时大概念"Ⅳ.文言实词的辨析与梳理"。

表3-1 统编高中语文教材必修(下册)第一单元大概念层级

学科大概念	单元大概念	课时大概念
中华传统文化经典的思辨性阅读	"诸子"散文和"史传"散文的思想魅力及说理艺术	Ⅰ.先秦儒、道两家的思想内涵和说理艺术 Ⅱ.史传散文质疑式思辨阅读和叙事写人艺术 Ⅲ.思辨性表达与写作 Ⅳ.文言实词的辨析与梳理

---

① 课程教材研究所.普通高中语文必修下册教师教学用书[M].北京:人民教育出版社,2020:1—3.

(三) 单元学习目标

◆（学生）通过反复诵读，整体把握文意，借助注释和工具书深化理解，进一步提高独立阅读文言文的能力。在分析对比中，认知诸子散文在论事说理方面的不同特点和史传散文在叙事写人方面的艺术手法。（语言建构与运用）

◆（学生）通过对文本内容的理解，体会儒、道思想的不同特点，把握先贤对社会和人生的不同看法，从不同角度思考其深层意蕴，理解史传作品中体现出来的智慧、观念，学习对历史叙事进行思辨性阅读，提高认识历史的能力。（思维发展与提升）

◆（学生）通过学习文化经典，把握文本中的思想情感和文化理念，吸取思想养分，感受思想带来的审美熏陶。（审美鉴赏与创造）

◆（学生）通过探究诸子散文和史传文本领悟、理解中国传统文化的思想魅力，从而形成对传统文化的理性热爱，自觉维护和发扬"中华文明之光"。（文化传承与理解）

第二节　课时大概念Ⅰ教学设计示例

教学设计：徐国芬

本课时大概念为"先秦儒、道两家的思想内涵和说理艺术"，意在通过对《子路、曾皙、冉有、公西华侍坐》《齐桓晋文之事》《庖丁解牛》三篇先秦诸子散文的学习来了解儒、道两家思想的特征，体会相关篇章论事说理的技巧和不同的表达风格，深入体味《论语》《孟子》《庄子》的经典篇章传递诸子的思想观念及蕴含的丰富人文精神，让学生在充分理解先贤思想的基础上，能立足现实，自主思考，多层面、多角度落实"思维发展与提升""文化传承与理解"等语文学科核心素养。根据课程容量和学习内容的安排，本课时大概念需要两个课时完成，主题拟定为"承中华文明之光，品哲人言说之妙"。

（一）大概念析读

1. 大概念理解

"先秦儒、道两家的思想内涵和说理艺术"作为"中华传统文化经典的思辨性阅读"统领的课时大概念，就本单元而言，其学习探究的重点是在引导学生认识中华文明的过程中进行深刻思辨，在思辨中华文明的过程中对中华传统文化不断深化认识。本单元第1课时的三篇诸子散文从师生闲话，到君臣问答，再到寓言阐发，虽言说方式各异，言说效果不一，体现儒、道两家思想的不同，但它们实际上也都在讨论"理想的社会是什么样的？"以及"人应该以怎样的姿态生存于世？"这样的哲学命题，这些都是中华优秀传统文化范畴最为重要的组成部分。

为此，在实施本课时大概念教学中，要依据课程标准、教材布局、学生情况、课时安排等，引导学生真正理解儒、道两家思想内涵的特征，深入分析相关篇章论事说理的技巧和不同的表达风格，尤其重视培养学生"文化传承与理解"这一学科核心素养。

2. 大概念解构

实施"先秦儒、道两家的思想内涵和说理艺术"大概念教学需要根据单元选文设置学习情境，在创设情境时，要根据"思辨性阅读与表达"学习任务群的特殊性以及本单元的"中华文明之光"这一人文主题，注意从特定的社会文化场景、以今观古的审视视角等方面进行创设。在概要阐述与辨析理解了儒、道两家的思想文化内涵后，需进一步共同研讨这些先哲们在阐发观点时所使用的技巧与方法，最终实现学生对课时大概念的理解，并指向单元大概念。

（1）理解三篇诸子散文的思想内涵及其文化价值、现代意义；

（2）探讨三篇诸子散文不同的言说技巧、行文方式、语言特点。

（二）学习目标

（1）（学生）通过自主诵读三篇诸子散文，能借助课下注释及相关工具书了解文章大意，制作人物卡片梳理出相关先贤的生平、成就、精神品质。（语言建构与运用）

（2）（学生）通过反复诵读、小组研讨等方式，梳理出儒、道两家的不同特点，比较先贤对理想社会图景、理想人生姿态的不同看法。（思维发展与提升、审美鉴赏与创造）

（3）（学生）通过深入研读三篇文本，能合作研究绘制思维导图，从说理对象、说理方法等方面梳理出思辨性文章的逻辑结构。（思维发展与提升、文化传承与理解）

（4）（学生）通过对三篇诸子散文的深入研讨学习，思考儒、道两大显学思想在当代的现实意义，思考如何将先贤的逻辑思辨能力迁移到现实生活情境中，学会发现问题、分析问题、解决问题。（思维发展与提升、文化传承与理解）

（三）学习重难点

◆学习重点：理解儒、道两家的思想内涵，比较先贤对理想社会图景、理想人生姿态的不同看法。

◆学习难点：

（1）围绕三篇文本，从说理对象、说理方法等方面梳理出思辨性文章的逻辑结构；

（2）思考儒道思想在当代的现实意义，思考如何将先贤的逻辑思辨能力迁移到现实情境中。

（四）学情分析

◆知能基础：学生在初中阶段学习过《论语》《孟子》《庄子》中的部分篇章，均对儒道思想观念有不同程度的学习和理解，但由于知识结构因素、年龄经历因素等方面的限制，学生对儒·道思想的理解更多停留在一些概念上的识记层面，高中阶段需要进一步挖掘文本、深入研读，方可对儒道思想及言说技巧有更深层次理解。

◆素养基础：学生在通过高一上学期的语文学习，尤其是文言文学习后，能借助课下注释或部分工具书解决基本的文意问题，在分组合作探究性学习方面也拥有一定的学习经验和探究能力，能够有效、有序地开展小组合作探究。

◆不足条件：本单元的选文对应的特定社会历史文化背景距今较远，文化内涵可谓博大精深，不仅是学生对儒、道两大显学思想缺乏深入的理解，甚至老师在研读两家文化精髓时也深感吃力，要用抽丝剥茧的方式让学生层层深入儒、道文化脉络，对教学而言的确是一个极大的挑战。此外，学生独立阅读文言文的能力仍有不足，部分学生预习环节潦草敷衍，对文本的研读理解仍会产生一定的困难。

（五）教学框架

基于"中华传统文化经典的思辨性阅读"学科大概念，以及"'诸子'散文和'史传'散文的思想魅力及说理艺术"的单元大概念，本课时大概念"先秦儒、道两家的思想内涵和说理艺术"将设计两个课时展开学习活动。第1课时以"品读文化经典，探寻先哲思想"为主题，探究儒、道两家的文化思想内涵，理解先贤对理想社会图景、理想人生姿态的不同看法，主要从三个方面展开学习活动。学习活动一为"熟读文本，理解文意"，学生通过反复阅读，把握文章大意，通过角色扮演，回到言说情境；学习活动二为"合作探究，挖掘内涵"，学生通过自我阅读与合作探究，进一步深入理解文本，理解儒道思想的内涵，体会儒道思想的差异；学习活动三为"传承经典，弘扬文化"，学生通过对三篇诸子散文的深入研讨学习，思考儒、道两大显学思想在当代的现实意义。第2课时以"回到言说现场，体悟哲人智慧"为主题，从不同的言说技巧、行文方式、语言特点等方面探究思辨性文章的逻辑结构，具体从两个方面展开学习活动。学习活动一为"结合三篇文本，绘制思维导图"，从说理对象、说理方法等方面梳理出思辨性文章的逻辑结构；学习活动二为"逻辑思辨能力迁移，学会分析解决问题"，即通过对三篇文本逻辑结构的梳理，引导学生思考如何将先贤的逻辑思辨能力迁移到现实生活情境中，学会发现问题、分析问题并解决问题。

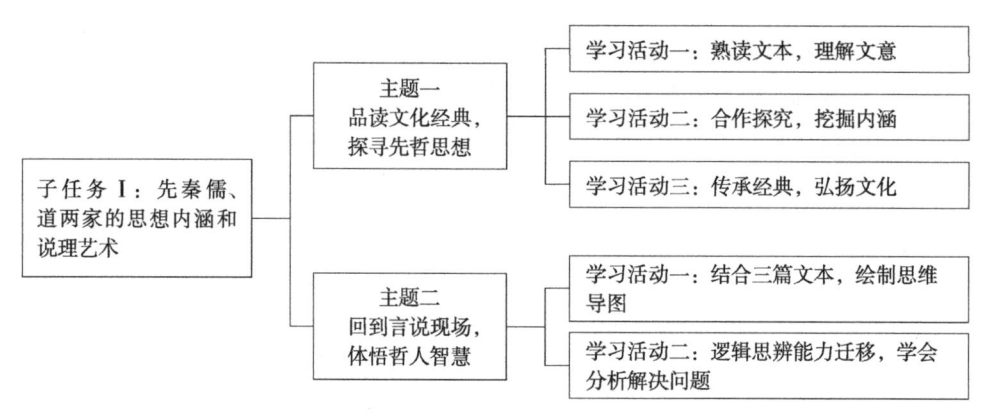

图3-1 课时结构构架与活动程序

（六）教学过程设计

第1课时
品读文化经典，探寻先哲思想
——先秦儒、道两家的思想内涵

（1）导语设计

"观今宜鉴古，无古不成今。"（《增广贤文》）在中国文化的坐标轴上，作为中国文化三大支柱中的儒道文化，可以说渗入每个人的基因，它似乎离我们很远，又似乎离我们很近。今天让我们跟随孔子的步伐，一起走进那段师生闲谈的对话；让我们沿着亚圣孟子的思路，一起感受那场惊心动魄的君臣问答；让我们聆听庄子的寓言故事，一起欣赏那段神乎其神的解牛场景。让我们一起潜下心来，品读文化经典，探寻先哲思想。

（创设意图：从学科认知情境和个人体验情境的创设出发，围绕教学主题即大概念进行铺垫，鼓励学生走进孔子、孟子、庄子的具体文本，激发学生对探究儒道文化思想的学习期待。）

（2）学习活动一：熟读文本，理解文意

"言说"，顾名思义就是谈论、说话、言辞、言论，也指宣讲佛教的故事和理论，本课的三篇诸子散文从师生闲话，到君臣问答，再到寓言阐发，言说方式各异，言说效果不一，请同学们自主阅读文本，体验不同文本中的不同"言说"情境，以学习小组为单位，以三篇诸子选文为蓝本，以课本剧的方式进行角色扮演。讨论制定角色说明表以及表演评价表，并评选出最佳表演组。

表3-2　角色说明表

表演篇目	言说方式	言说对象	言说目的	言说效果	角色性格	体会
《侍坐篇》	师生闲谈	孔子/弟子	述志			
《齐桓晋文之事》	君臣问答	孟子/齐宣王	劝谏			
《庖丁解牛》	寓言阐发	庖丁/文惠君	解道			

表3-3　表演评价表

评委	小组	表演篇目	主题：节目具有创意，有内涵，符合课本剧的正常剧情（20分）	剧本编排：节目编排合理；演出情节丰富；演员服装恰当和谐；时间把控合理（20分）	表演技巧：演员举止大方，表演自然；语言简洁明了，清晰标准；动作到位得体，感染力强，人物性格到位突出（30分）	活动组织：准备工作出色，能结合课本知识，参与到活动中；演员之间配合默契，小组角色分配有效（30分）
评委1						
评委2						
评委3						
……						

（创设意图：创设课本剧角色扮演的情境不仅可以帮助学生深入理解文意，而且通过这种形式，可以引导学生回到"言说"情境，对经典作品展开深度阅读，为后面师生探讨儒道文化的内涵打下坚实的基础。）

(3)学习活动二：合作探究，挖掘内涵

先秦时期是一个诸子百家争鸣的时期，本单元的诸子散文说理各具特色，请结合课文文本以及补充的相关资料，展开小组合作探究，并完成下面的表格。

子曰："盍各言尔志？"子路曰："愿车马衣轻裘，与朋友共，敝之而无憾。"颜渊曰："愿无伐善，无施劳。"子路曰："愿闻子之志。"子曰："老者安之，朋友信之，少者怀之。"

——《论语·公冶长》

子曰："道不行，乘桴浮于海，从我者其由与？"子路闻之喜，子曰："由也，好勇过我，无所取材。"

——《论语·公冶长》

子曰："人而不仁，如礼何？人而不仁，如乐何？"

——《论语·八佾》

君子以仁存心，以礼存心。仁者爱人，有礼者敬人。爱人者人恒爱之，敬人者人恒敬之。

——《孟子·离娄下》

天子不仁，不保四海；诸侯不仁，不保社稷；卿大夫不仁，不保宗庙；士庶人不仁，不保四体。

——《孟子·离娄上》

乐民之乐者，民亦乐其乐；忧民之忧者，民亦忧其忧。乐以天下，忧以天下，然而不王者，未之有也。

——《孟子·梁惠王下》

吾生也有涯，而知也无涯。以有涯随无涯，殆已！已而为知者，殆而已矣！为善无近名，为恶无近刑。缘督以为经，可以保身，可以全生，可以养亲，可以尽年。

——《庄子·养生主》

故道大，天大，地大，人亦大。域中有四大，而人居其一焉。人法地，地法天，天法道，道法自然。

——《老子·第二十五章》

道生一，一生二，二生三，三生万物。万物负阴而抱阳，冲气以为和。

——《老子·第四十二章》

表3-4 小组合作研习表

篇目	处世观念	人生愿望	社会理想	治国理念	实现方式	
《侍坐篇》	洒脱高雅 谦虚有礼	人各有志，志有远近	太平盛世、民生和乐……	以"礼"和"仁"治理下的大同世界	礼乐治国 修身养性	比较儒道两家思想的异同、比较孔孟思想的差异并举例说明
《齐桓晋文之事》	关怀他人 兼爱推恩	劝谏君王施仁政，行王道	老者衣帛食肉，黎民不饥不寒……	放弃霸道，施行仁政，君民相亲	治民之产导民以德保民而王	
《庖丁解牛》	减少私欲 超脱豁达	缘督以为经，顺乎自然	养生全性	掌握规律，顺应自然	依乎天理	

（创设意图：紧扣课时大概念，创设追问式问题链，培养学生解决问题的能力。引导学生对三篇文章进行横向的异同比较，同时也展开纵向的儒道思想文本的拓展阅读，培养学生立体化、系统化思维，并指向课时大概念。）

（4）学习活动三：传承经典，弘扬文化

儒、道两家在思想主张上，并不是水火不容，截然对立的，而是相辅相成，彼此互补的。请结合以下材料谈谈对儒·道思想的认识，并在班上进行交流。

唐宋以后的中国文化，要讲儒、释、道三家，也就变成三个大店。佛学像百货店，里面百货杂陈，样样俱全，有钱有时间，就可去逛逛。逛了买东西也可，不买东西也可，根本不去逛也可以，但是社会需要它。道家则像药店，不生病可以不去，生了病则非去不可。……一个国家民族生病，非去这个药店不可……儒家的孔孟思想则是粮食店，是天天要吃的。

——南怀瑾《论语别裁》

学生表达与交流：

儒家是"粮食店"，因为它是我们赖以生活所必要的东西，甚至是我们"明知不可为而为之"的精神动力。	（1）儒家关心现实社会，关注黎民苍生，关注个人修养。主张"诚心、正意、修身、齐家、治国、平天下"。
	（2）儒家强调积极入世，有强烈的社会责任感，无论是孔子的周游列国，还是孟子的极力宣讲，都具有强烈的责任与使命。
	（3）儒家注重为人处世的原则，既要全力做到"仁义礼智信"，也要尽力做到"老吾老以及人之老，幼吾幼以及人之幼"的儒家精神，这些准则可以说渗透到每个人的生命灵魂里。

道家是"药店"，因为它在必要时可以给予社会和个人疗伤治愈，可以让我们与世界、与他人、与自己和解。	（1）在现实生活中，人生不如意之事十之八九，当遭遇坎坷、身处绝境的时候，不妨用道家思想来舒缓一下那颗紧绷的心。
	（2）道家讲万物齐一，当你把时间的尺度拉大，当你站在一个宏观的宇宙之下，其实每个人都是微小如尘埃的，更不必为一些微不足道的事情斤斤计较，浪费生命。
	（3）道家主张"清静无为""道法自然"，造物主有它运行的规律，顺其自然，不过度强求，尤其对热衷于功名利禄的人更有警示意义。

（创设意图：结合单元核心任务，结合本课时大概念的教学要求，既要深层次落实文本的理解，也要多维度发展学生的思辨能力，以期实现对经典传统文化的传承与理解，达成本单元"思辨性阅读与表达"学习任务群和"中华文明之光"人文主题的双重价值，强化对大概念的理解。）

（5）课堂小结

儒家是入世的积极进取，道家是出世的智慧哲学。从表面上看，儒、道两家似乎处于对立状态，实则是二者相互统一，它们共同构成了中国人进退有余、刚健又有弹性、实用又不肤浅的性格和人生追求。得意时，中国人是儒家，谈理想谈奋斗；失意时，中国人是道家，论山水论洒脱。[①]正如隐逸诗人陶渊明、一代文豪苏东坡等，为官时在儒家思想的洗礼中积极入世、施展抱负，不在其位时在道家思想的指引下或遵从本心、回归自然，或乐观豁达、寻求解脱。希望同学们在中国文化的长廊中，能吸收儒道文化思想的滋养，融会贯通，为己所用。

第2课时

回到言说现场，体悟哲人智慧

——先秦儒、道两家的说理艺术

（1）导语设计

上一节课我们共同探讨了儒、道两家的思想内涵，感受了儒·道文化的博大精深。今天我们把探讨的焦点聚集在先哲的言说技巧上，再次回到言说的现场，看看孔子引导弟子的"述志"过程，感受孟子那精彩绝伦的"劝谏"艺术，理解庄子那四两拨千斤的"解道"魅力，深刻体悟哲人的言说智慧，从中学习哲人的言说技巧。

（创设意图：从研习先哲的思想内涵，到探讨哲人的言说艺术，创设学科知识认知情境，激发学生探究性学习的探究方向，指向课时大概念。）

[①] 王志.《子路、曾皙、冉有、公西华侍坐》《齐桓晋文之事》《庖丁解牛》（第二课时）教学设计[J].中学语文教学，2022（05）：63—65.

（2）学习活动一：结合三篇文本，绘制思维导图

请结合以下问题，感受其中的说理艺术，在小组成员之间展开交流，将各自涉及的论说技巧用思维导图的方式尽量全面地呈现出来，并推选代表进行阐述。

选文	问题
夫子喟然叹曰："吾与点也！"	孔子如何启发弟子畅言其志？
"吾惛，不能进于是矣。愿夫子辅吾志，明以教我；我虽不敏，请尝试之。"	孟子如何阐述"兼爱、推恩、民本"？为何能让齐宣王说出这番话？
"善哉！吾闻庖丁之言，得养生焉。"	庄子是如何对庖丁解牛进行阐述的，为何最后能让文惠君发出如此的感慨？

学生表达与交流：

《子路、曾皙、冉有、公西华侍坐》

孔子问志		弟子述志	人物行为	孔子评志	性格特点	表达特点
"以吾一日长乎尔，毋吾以也。居则曰：'不吾知也。'如或知尔，则何以哉？""求！尔何如？""赤！尔何如？""点！尔何如？"	子路	"千乘之国……且知方也。"	率尔而对。	"为国以礼，其言不让，是故哂之。"	不甚谦逊，直接坦率。	多用疑问句，多用语气词……
	冉有	"方六七十……以俟君子。"	回答老师。	"安见方六七十如五六十而非邦也者？"	谦虚谨慎。	
	公西华	"非曰能之……愿为小相焉。"	回答老师。	"宗庙会同，非诸侯而何？赤也为之小，孰能为之大？"	谦恭有礼。	
	曾皙	"莫春者……咏而归。"	舍瑟而作。	夫子喟然叹曰："吾与点也！"	洒脱高雅，雍容委婉。	
如果你是在场的弟子之一，你将如何回答老师的问题？有哪些需要注意的谈话技巧？						

续表

学生阐述	在这次师生闲谈的过程中，我们首先关注到的是孔子的"问志"并未直接向弟子发问，而是先从自己谈起，用"以、乎、也、如、哉"等语气词来营造一种和谐轻松的谈话氛围，用一种温和自谦的长者态度消除学生的思想顾虑，鼓励学生勇于言谈自己的志向。并给学生创造一种语境："平日你们常说没有人了解自己，假如今天有人想了解你们，那怎么办呢？"这句话可以说击中了学生的"痛点"，为他们打开了心扉，打开了言谈的大门。接下来对弟子的提问多是用疑问句"尔何如"的句式来询问，并且没有直接正面地做点评，给学生提供了一种畅所欲言的言说环境。直到曾皙的发言，我们也看到了孔子继续在用循循善诱的态度鼓励他说出来，曾皙的回答不可谓不精彩，不可谓不厚重，最后让孔子连连发出感慨"吾与点也！"，我们也注意到了这里的感叹号，一切都把孔子的态度和心里话表达出来了。当然，孔子并没有否定子路等人的说法，因为在后面他与曾皙的对话中，连续用了反问的语气，如"赤也为之小，孰能为之大？"来表达对他们的认可。可谓水到渠成、循循善诱、因材施教。 在这篇文章中，让我们看到了不同的人物性格，感受到了言说的波澜曲折，也看到了情景生动的场面。

《齐桓晋文之事》

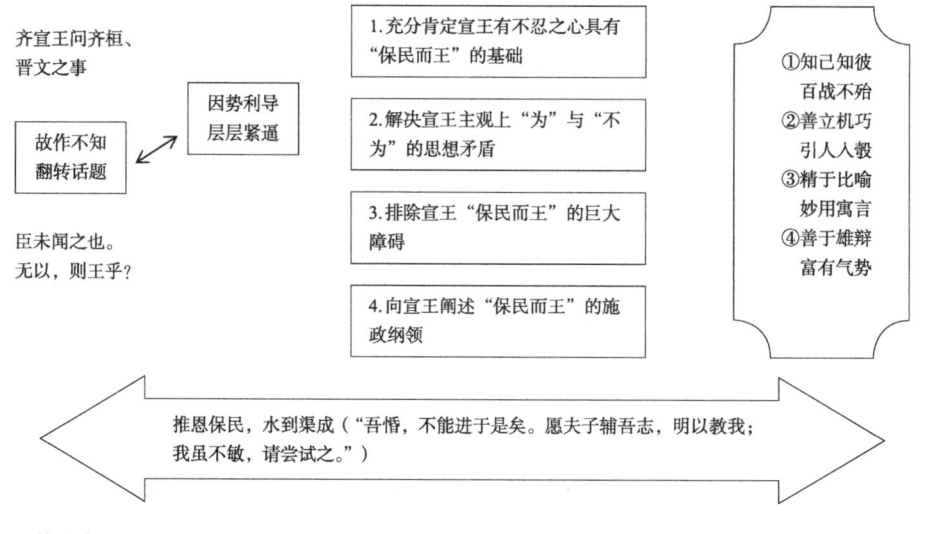

齐宣王问齐桓、晋文之事

故作不知 翻转话题 ⇄ 因势利导 层层紧逼

臣未闻之也。
无以，则王乎？

1. 充分肯定宣王有不忍之心具有"保民而王"的基础
2. 解决宣王主观上"为"与"不为"的思想矛盾
3. 排除宣王"保民而王"的巨大障碍
4. 向宣王阐述"保民而王"的施政纲领

①知己知彼 百战不殆
②善立机巧 引人入彀
③精于比喻 妙用寓言
④善于雄辩 富有气势

⇐ 推恩保民，水到渠成（"吾惛，不能进于是矣。愿夫子辅吾志，明以教我；我虽不敏，请尝试之。"）⇒

学生阐述：

从这个思维导图可以让我们清楚地明白，为何千百年来孟子的论辩艺术会为后世所津津乐道。为了说服国君接受自己的理论，可以说是费了一番"心血"的，从齐宣王最初的"称霸之术"到最后"推恩保民，请尝试之"，不可谓不惊心动魄、扣人心弦。他使用心理战术，做到知己知彼百战百胜，他因势利导，采用大量的比喻、寓言、类比、排比等手法层层深入，引向主题，也多采用正反对比的手法和大量的反问句式，具有一种势如破竹、排山倒海的气势。看似一场普普通通的君臣对话，实则隐藏着绝妙的说理技巧。当然，我们也得承认孟子的论辩逻辑是存在一定漏洞的，其实孟子本人也未必不知道这个问题，但是我们首先要看到的是他那种圣人的情怀，是他那种推恩保民的仁政思想，是他那种超前的民贵君轻主张。我们既要学会质疑，更要理解他的苦衷。

《庖丁解牛》

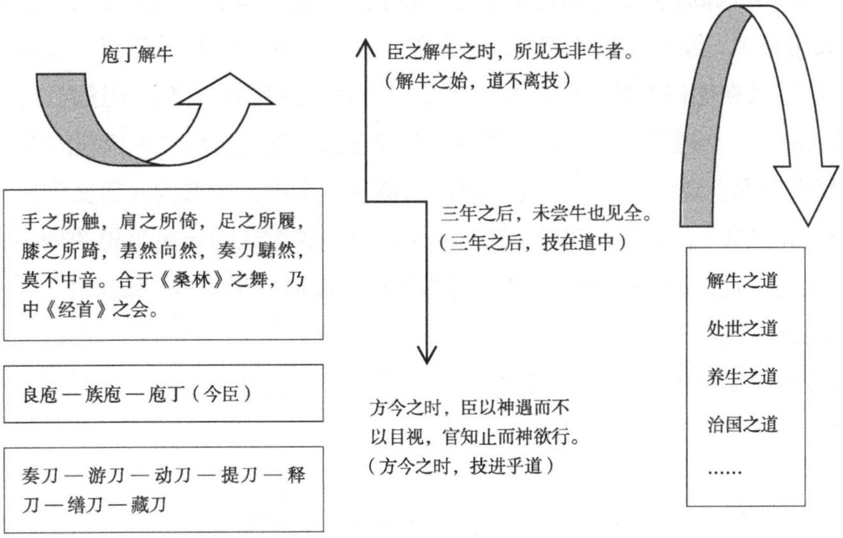

```
                    《庖丁解牛》

   庖丁解牛              臣之解牛之时，所见无非牛者。
                       （解牛之始，道不离技）
                                                   解牛之道
                                                   处世之道
 手之所触，肩之所倚，足之所履，   三年之后，未尝牛也见全。        养生之道
 膝之所踦，砉然向然，奏刀騞然，   （三年之后，技在道中）          治国之道
 莫不中音。合于《桑林》之舞，乃                                ……
 中《经首》之会。

 良庖 — 族庖 — 庖丁（今臣）    方今之时，臣以神遇而不
                       以目视，官知止而神欲行。
 奏刀 — 游刀 — 动刀 — 提刀 — 释  （方今之时，技进乎道）
 刀 — 缮刀 — 藏刀
```

学生阐述：

> 庄子的文章往往行云流水、充满想象，这篇《庖丁解牛》看似在讲解牛的事情，实则这只是言说的表层关系，他讲的是养生的问题，再往更深层次讲，实际上是在体现作者的哲学思想——"道"的问题。可是"道"是一种很难言说，听者也不易理解的存在，所以在这篇文章中，庄子主要选择了寓言的手法，不仅让我们看到的是庖丁解牛的技术逐步提升，更让我们去思考"道"与我们的生命和外部世界的关系问题。《庄子》中也自称其创作方法是"以卮言为曼衍，以重言为真，以寓言为广"（《杂篇·天下》），又说"寓言十九，重言十七，卮言日出，和以天倪"（《杂篇·寓言》）。当然，除寓言的使用以外，庄子还运用了比喻和对比的手法，让说理过程层层递进，让深刻的道理变得清晰明了，让我们不断地去思考庖丁解牛之道与处世之道、养生之道、治国之道等带来的启示。正如刘笑敢先生在他的《庄子哲学及其演变》中说："每个哲学体系都有其现实的出发点，也就是它所针对的现实问题或是它所产生的背景……每个完整的哲学体系也必有其归宿，即现实问题的解决和逻辑论证的完成。"

（创设意图：围绕课时大概念"先秦儒、道两家的思想内涵和说理艺术"对教学内容进行结构化设计，旨在培养学生的逻辑思辨能力。将三篇文章涉及的论说技巧用思维导图的方式尽量全面地呈现出来，并推选代表进行阐述，培养学生的逻辑思维能力以及语言表达能力。）

（3）学习活动二：逻辑思辨能力迁移，学会分析解决问题

请根据第1课时和今天的讨论学习，就孔子"太平盛世、民生和乐"，孟子的"老者衣帛食肉，黎民不饥不寒"，庄子的"养生全性"的政治理想，以及先哲们对人生的追求在他们所处的时代与今天我们所处的时代的意义，阐述自己的观点，写一篇800字的论述文，要求观点鲜明、有理有据、尝试运用多种说理的方法。

（创设意图：知识迁移，活化并巩固大概念。本单元所选的几篇文章堪称"中华传统文化经典"，学生通过第1课时的学习已经深刻认识儒道思想的内涵，通过古今对比的方式，让学生将所学知识加以运用，汲取中华优秀传统文化。第2课时师生共同探讨研习三位哲人的言说智慧，深入学习哲人的言说技巧，再结合本单元的写作任务"如何阐述自己的观点"，以写作为学习支架，引导学生明确思路，阐述观点，培养学生的逻辑思辨能力。）

（4）课堂小结

苏格拉底的千年一问："我是谁，从哪里来，要到哪里去"，这是人类哲学一直存在的问题，通过对三篇文本的深入研习，我们可以在儒、道两大显学的传承中找到部分答案。对于理想的社会是什么样子、人应该以怎样的方式生存于世，孔子、孟子、庄子都有自己的观点与表达，也给当下社会和青年一代的我们以很好的启迪。"观今宜鉴古，无古不成今"（《增广贤文》），我们深刻地受到哲人思想智慧的影响，也为他们的不同言说方式和技巧而叹为观止、深深折服。愿我们带着这束中华文明之光，在人生的道路上心存志远、披荆斩棘，谱写人生篇章。

（七）教学反思

◆主要亮点：本课时大概念为"先秦儒、道两家的思想内涵和说理艺术"，指向单元大概念"'诸子'散文和'史传'散文的思想魅力及说理艺术"。在引导学生的学习过程中，主要围绕"思维发展与提升""文化传承与理解"等学科核心素养，在教学过程中，注重学科认知情境和个人体验情境的创设，重视学生的探究性研习，充分发挥小组合作探究的能力，同时也注重培养学生在探究性研习过程中的独立阐述表达能力。所有学习活动围绕"品读文化经典，探寻先哲思想""回到言说现场，体悟哲人智慧"两大主题进行，以教材文本的深入阅读为基础，并辅以相关课外文本及高考试题进行补充，既突出了群文阅读教学的优势，同时也有助于培养学生基于情境问题式研究性学习的关键能力。

◆存在不足：本单元的选文对应的特定社会历史文化背景距今较远，文化内涵可谓博大精深，不仅是学生对儒、道两大显学思想缺乏深入的理解，甚至老师在研读两家文化精髓时也深感吃力，要用抽丝剥茧的方式让学生层层深入儒道文化脉

络，对教学而言，这的确是一个极大的挑战。此外，学生独立阅读文言文的能力仍有不足，部分学生预习环节潦草敷衍，对文本的研读理解仍会产生一定的困难。再加上课时安排的限制，对一些问题缺乏深入的探讨，仅是"蜻蜓点水"式一带而过。

◆再教设计：在学生的前置学习中以文本的形式增补先秦时期儒、道两家相关的历史文化背景知识材料，让学生充分利用"知人论世"的学习方法，也给予学生更多的研习探讨时间，以课内突破教学重难点、课外多角度拓展学习等方法，将本单元学习任务群和人文主题更加深植于师生之心；根据不同层次班级学生调整好课堂容量，老师也适当明确问题的指向性与开放度，让学生有路径可寻，有方法可用。同时，老师也需因班施教、因材施教，设计个性化情境，满足不同能力层次学生需求，注重高阶思维培养。

第三节　课时大概念Ⅱ教学设计示例

教学设计：彭鸿萍

本课时的大概念为"史传散文质疑式思辨阅读和叙事写人艺术"，对应的课程内容为"思辨阅读与表达"学习任务群，意在通过对两篇史传类文本的质疑式思辨阅读和对文本叙事写人艺术的探究来训练学生的辩证思考、发散性思考以及批判性思考的能力。根据学习内容和课堂容量，本主题的学习需要两个课时，本课将以"多向质疑"和"深挖细节"的方式进行深度学习，并将主题设置为"质疑见性，见微知著"。

（一）大概念析读

1. 大概念理解

本课时大概念的解读重点是如何运用质疑式思维对两篇史传文本进行思辨性阅读，并从中领悟两篇文本叙事写人的玄妙之处。史传散文记录的历史人物历史事件，其实并不是全部的历史真实，甚至很多时候都带有作者的情感价值，并且有很多表面上看起来极不简单和寻常的细节，所以对其进行适当的质疑有助于深刻理解相关历史和人物，最重要的是培养学生学会质疑、学会思辨。而且，史传文本的叙事写人上有太多的春秋笔法，也蕴含着作者特别的文化理念。

2. 大概念解构

实施"史传散文质疑式思辨阅读和叙事写人艺术"大概念教学，需要根据史传散文文本和"思辨性阅读与表达"学习任务群设计相应情境，注重从质疑的内容、原因和叙事写人的手法上进行建构。基于此，本课时需要完成以下教学内容，最终实现对课时大概念的理解，并指向单元大概念。

（1）质疑见性——多向质疑找寻文本深度阐释的可能性；

（2）见微知著——"简笔"不简，细节之处见真章。

（二）学习目标

（1）（学生）通过阅读史传散文文本，分组探究与谈论，在对故事情节和人物对话的梳理中，概括人物形象并掌握人物形象塑造常用的手法。（语言建构与运用）

（2）（学生）通过分组探究与讨论，辨明史传文本对话中的逻辑和矛盾之处，从而进行质疑思辨，并在逻辑中强化对史传文本中叙事、写人、说理、游说等方面的艺术审美。（思维发展与提升、审美鉴赏与创造）

（3）（学生）在审美中发掘中华文明之光、传承中华文化，思考文本中礼、仁、义等文化基因的当代意义和价值。（文化传承与理解）

（三）学习重难点

◆学习重点：史传散文的逻辑思辨及叙事写人艺术。

◆学习难点：

（1）史传散文的论辩、说理逻辑；

（2）史传文本如何多维刻画历史人物形象。

（四）学情分析

◆知能基础：学生在初中阶段和高中必修（上册）中学过一些文言散文，有一定的文言文学习基础能力。本单元两篇史传散文文本故事或者人物可以说是家喻户晓，学生对他们有一定的了解。

◆素养基础：在文本理解上，学生有一定的阅读积累；在学习经验上，也对分组学习、合作探究有一定的认知。

◆不足条件：本课要求学生对史传散文进行质疑式思辨阅读，对学生的逻辑思维能力和质疑能力要求颇高，这是对部分学生长期养成的浅层阅读或者认为教师讲授的即真理的不良习惯的极大挑战，所以，实践起来有难度。

（五）教学框架

基于单元大概念，本课时大概念"史传散文质疑式思辨阅读和叙事写人艺术"将使用两个课时进行学习活动的设计。第1课时以"多向质疑"的方式进行深度学习，引导学生细读文本、深挖内涵，探讨发掘文本的逻辑并完成对文本细节的质疑；第2课时以"深挖细节"的方式品味鉴赏两篇史传散文叙事写人艺术。

```
子任务二：史传散文      主题一      研习活动一：探究成功的劝谏应具备的条件
质疑式思辨阅读和叙  ──  质疑见性  ──
事写人艺术                         研习活动二：研习矛盾、不合理处的玄妙

                        主题二      研习活动一：探析叙事简略处的深意
                    ── 见微知著 ──
                                   研习活动二：探究对比细节凸显人物
```

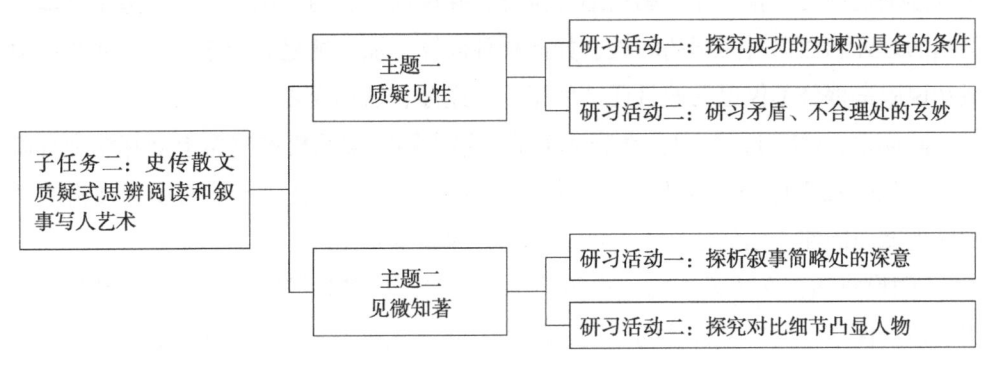

图3-2　课时结构构架与活动程序

（六）教学过程设计

第1课时
质疑见性
——多向质疑找寻文本深度阐释的可能性

（1）导语设计

《孟子·尽心章句下》中有言"尽信书不如无书"，意谓阅读时不能盲目相信书本，应该有质疑、批判精神，思辨地看待问题，这样才能找到文本丰富的内涵并有特别的收获。关于《烛之武退秦师》和《鸿门宴》有很多约定俗成的定论，但是如果我们多质疑、批判，定会发现深度阐释文本的多种可能。今天就让我们从《烛之武退秦师》和《鸿门宴》中一探究竟。

（创设意图：从学科知识认知情境的创设出发，激发学生探究质疑批判精神对学习生活的重要性。）

（2）学习活动一：探究成功的劝谏应具备的条件

有人说，烛之武能劝退秦师、刘邦从"鸿门宴"上全身而退，都是侥幸的成功，都只凭他们的三寸不烂之舌。请认真品读两篇文本，谈谈你的看法。

明确：刘勰在《文心雕龙》中将《烛之武退秦师》归为《论说》篇，认为好的说辞或纵或擒，要看情势的需要，要对当时有利、意义正确，忠于为君、敏于成

事。实际上,烛之武能劝退秦师,除了他的巧舌如簧外,还有当时的天时地利以及他对当时局势的准确把握。虽然秦国、晋国联合围郑,但是,郑国其实只是得罪了晋国,秦国只是来凑热闹并想顺便从中分一杯羹而已。而且两国围郑,"晋军函陵,秦军氾南",从中可以窥见两国联盟阵线并不是很坚固,并不是同心同德。对这种形势的准确把握促使烛之武选择见秦穆公退秦军而不是见晋文公退晋军。其次,烛之武准确把握秦、晋、郑三国的地理位置,并深信人心的趋利避害性而道出存郑对秦国的好处和亡郑对秦国的坏处。如此种种谋算,加上烛之武善于辞令,才能让他成功说服秦穆公不仅退兵而且还"使杞子、逢孙、杨孙戍之"。

同样地,《鸿门宴》中,在表面觥筹交错实则暗藏杀机的宴席上刘邦能全身而退,不只是在于他一番动人的说辞打动了项伯和项羽,更在于他对项羽性格的了解,他能屈能伸、他信任部下并能让他们为他出生入死。

(创设意图:在风云变幻、血雨腥风的古代,很多时候舞刀弄枪并不是唯一取得利益、保存自我的最智慧的手段,而在充分掌握局势和对方情况之后成全对方的某种私心往往是取得成功的关键所在。对烛之武和刘邦获取既得利益的原因进行全方位分析,有助于帮助学生形成多角度、全方位分析问题的能力,同时也可形成对既定结论的质疑和批判的精神。)

(3)学习活动二:研习矛盾、不合理处的玄妙

可以说,《烛之武退秦师》《鸿门宴》都是故事性极强、情节丰富精彩的史传散文,只要我们细细咀嚼,就会发现两篇文本中存在许多矛盾和不合理之处。请同学们再次仔细阅读文本,找出这些矛盾、不合理但是特别精彩的地方加以质疑,并分析它们的妙处。分组讨论、合作探究,完成下表。

表3-5 文本质疑

篇目	矛盾处	不合理处	效果、妙处
《烛之武退秦师》			
《鸿门宴》			

明确:《烛之武退秦师》中明明秦穆公背弃了和晋国的盟约转而撤兵帮郑,为什么晋文公没有答应"子犯请击之"?我们从晋文公所说的"不仁、不知、不武"可知答案。但是,前面烛之武在劝说秦穆公的时候明明说晋国既贪婪又不讲信用,晋文公又怎会轻易放过秦穆公呢?这不得不从晋文公还不是国之君的时候说起。晋文公即公子重耳,他因为得到秦穆公的帮助而将野心篡权的侄子晋国太子圉(即晋

怀公）击败顺利夺得君位，并且还成了秦穆公的女婿，后来秦穆公还帮他平定内乱，所以才会有文中的"微夫人之力不及此"。我们知道，晋文公是一个特别爱憎分明的人，对于流亡途中帮他的人他永远记得，但是对他无礼的人他则会睚眦必报，文中交代的郑"无礼于晋"，所以晋便要攻打郑国就可以说明这一点。所以，晋文公虽然后来成为一代霸主，但是他终生不与秦穆公为敌。

相比较而言，《鸿门宴》的矛盾、不合理之处则要多一些。

其一，项羽面对项伯的告密为何不处置他？不管出于什么理由，泄露机密乃是兵家大忌，项羽为什么不仅不加以追究反而被项伯三言两语就许诺对刘邦要"善遇之"呢？其实，最关键的就是项伯说了一句"今人有大功而击之，不义也"，这一句话恰中项羽内心对义和勇的精神追求，因为他和刘邦先前与楚怀王约定过"先入咸阳者王之"，且刘邦在彻底击垮秦国的实力方面也功不可没，所以贸然杀他师出无名。而且，向来狂傲自恃"力拔山兮气盖世"且在当时实力远超刘邦的项羽彼时根本不把刘邦放在眼里，以为小子不足为惧。更何况，人家率百余骑来赴宴，仗势欺人杀了他的话又不符合武德，有损自己一世英名。

其二，项伯夜见张良回来项羽汇报之后，亚父范增必然知道此事也断定项羽"为人不忍"，所以才会在宴席上一再以珏暗示项羽，没有回应之后安排项庄刺杀沛公。那么，项羽应该也能看出项庄舞剑的目的，但他为什么没出来阻止？且项伯只是张良的旧交，他为什么要故意扰乱项庄"以身翼蔽沛公"呢？其实，这两者应该是有关联的。也许项伯护刘邦不是项羽授意但他也是默认的。其实，彼时项羽击破秦军主力后率四十万大军到咸阳，这四十万大军里应该是有诸侯军随行的，他们对项、刘二人谁主咸阳肯定很关心，且大家对项羽的威严是很畏惧的，反而对善于笼络人心的刘邦没有恶感。所以，在那种情形下，项羽也知道万万不可杀掉刘邦，否则他便会得到"天下皆叛之"的后果。

其三，项羽乃西楚霸王，英气盖世，区区一个樊哙怎么能闯过项羽那么多勇士守卫的营帐，而且进来后把项羽怼得哑口无言？也许，樊哙能闯入营帐有夸张意味，司马迁这样写是为了展示后文樊哙对项羽的一番申讨，从而凸显项羽对义和勇的看重，当然也有上一点所说的项羽对形势的合理分析。

另外，除了这些不合理之处，文中关于刘邦入咸阳之后的所作所为经刘邦向项伯的陈述和樊哙对项羽的质问加以重复也是值得注意的地方，这一番说辞，也许是张良替刘邦和樊哙事先想好的，以此可以显见张良对项羽性格的了解。

（创设意图：史传散文是历史故事的文学演绎，文字表面呈现的其实只是文本内涵的少数部分，我们须沉入文本、深入挖掘，找寻文本中一些值得咀嚼之处加以质疑赏鉴，才能获取文本丰富的文化内涵。）

（4）课堂小结

质疑精神是人类进步必不可少的重要精神，在质疑中丰富对既有事物多样性和深度的认识，质疑可以让我们发现很多幽微的玄妙，让我们有了更多阐释既定文本的可能性。对《烛之武退秦师》和《鸿门宴》的质疑，让我们对当时的历史有更多的了解，也对人物的认识更全面、深刻，更能体悟历史场域里丰富的人性。

第2课时
见微知著
——"简笔"不简，细节之处见真章

（1）导语设计

历史风云变幻，政治波谲云诡，对历史、史传散文的合理质疑让我们找寻到更多维的深刻阐释文本的可能性，而很多重大的历史事件的内在幽微、人物最终的命运走向，很多时候都藏在一些极细微处甚至一些看似闲笔的地方。所谓"闲笔"，其实不闲，细节之处往往见出真章。那么，《烛之武退秦师》和《鸿门宴》在叙事写人方面又有怎样的玄机呢？

（创设意图：从探究《烛之武退秦师》《鸿门宴》中值得质疑的地方，探究两篇文本中细节之处体现的精妙的叙事写人艺术，创设学科知识认知情境，激发学生探究性学习的探究方向，指向课时大概念。）

（2）学习活动一：探析叙事简略处的深意

人教版教科书单元提示指出"古代记叙散文……叙事有一种简洁之美"，好的语言简明扼要，看似一笔带过、轻描淡写，实则一句顶万句，其中包含丰富的内涵甚至是事件成败的关键因素。回想两篇史传文本，有哪些值得体味的细节呢？分组讨论，总结发言。

表3-6 文本细节列举

篇目	例句
《烛之武退秦师》	"晋侯、秦伯围郑，以其无礼于晋，且贰于楚也""夜缒而出""秦伯说，与郑人盟"……
《鸿门宴》	"旦日飨士卒，为击破沛公军""此沛公左司马曹无伤言之""沛公已去，间至军中。张良入谢"……

明确：《烛之武退秦师》开头寥寥数语就将两国围郑的原因和围郑的情形交代得很清楚，并且透过原因我们可以看到郑国其实只得罪晋国，说准确点儿是得罪晋

侯，围郑的两个原因都是和晋侯有关而与秦穆公无关，所以才会有后文烛之武选择的是劝服秦穆公而不是晋侯。且两军驻地有一定的距离，这给烛之武偷偷见秦穆公提供了可能。

"夜缒而出"，区区四字却将郑国处于秦晋包围之中的紧急情况呈现得淋漓尽致：不是大白天大摇大摆开城门出去，而是趁着夜色吊着绳子溜出城。在这里，我们不得不为年事虽高却不顾个人安危且深谋远虑的烛之武叹服，当然也是为写作者的春秋笔法叹服。

"秦伯说，与郑人盟"是在烛之武一顿输出后对秦伯反应的叙述，这也是整个过程唯一写秦伯的句子，却暗含着烛之武游说的步步为营、层层递进以及秦伯贪图利益的形象。文章没有写秦伯在过程中插话或者中途就答应了烛之武的请求，也能见出他作为一代霸主的老谋深算。

《鸿门宴》"旦日飨士卒，为击破沛公军"是项羽在曹无伤说沛公有野心之后的愤怒之言，"旦日飨士卒"，决定解决昔日同一阵营里的战友速度之快，凸显出项羽极强的自尊心。这里还可以看出他的狂傲，在项羽看来，击杀区区刘邦根本不用筹谋，而是易如反掌的事情。

在项羽面对刘邦假惺惺的道歉时将"此沛公左司马曹无伤言之"脱口而出，这里看似在批评项羽的愚笨，实则是司马迁的春秋笔法，以项羽的"脱口而出"体现项羽的襟怀磊落、直来直去、胸无城府，但正是这样的性格，才使得司马迁将项羽放入《史记·本纪》中，这不难看出司马迁对项羽这个英雄的好恶。

"沛公已去，间至军中。张良入谢"寥寥几句，交代了刘邦和随从们看出鸿门宴上的杀机后的处理方式，体现了刘邦身边人员的智慧和勇谋。

（创设意图：围绕课时大概念，引导学生理解看似简笔背后的深意，从而体会史传散文叙事的精妙。）

（3）学习活动二：探究对比细节凸显人物

众所周知，《史记》被鲁迅先生评价为"史家之绝唱，无韵之离骚"，从中可以窥见其叙事写人艺术的精妙。请同学们再次细读《鸿门宴》，找出文中暗含的人物对比细节，思考其对人物形象刻画的作用。

（学生思考并讨论，自由发言，教师点评）

明确：

①雄主项羽和刘邦。二人性格的不同可以从对待"内奸"的不同态度、项羽鸿门宴上安排座位、刘邦在项羽面前的卑躬屈膝可以看出。显然，项羽的直爽、胸无城府、以勇自恃和刘邦的能屈能伸、有仇必报、杀伐果决一览无余。

②双方阵营的智囊人物范增和张良。二人最大的不同在于是否以主君意志为第一，是否急于求成，有没有深谋远虑。我们通过分析文本可以发现，范增并没有做好以上三点。首先，作为臣子，应以君命是从，而不是在未商量的情况下自作主张，范增却在鸿门宴上眼看着项羽动摇了杀沛公之心，便私下找来项庄让他舞剑刺杀刘邦，他并没有深切领会主君改变初衷的原因，也未和主君进行有效的沟通，假设这次成功，项羽得到了一统天下的权力，但是和这样的谋臣相处，后面也一定会出大问题。反观张良，他在得知项羽的杀心之后，并不是主观地给刘邦建议如何应对，而是在询问主君"谁为大王为此计者？"和"料大王足以当项王乎？"之后和主君商议应对之策，且在得知鸿门宴杀机重重、沛公溜之大吉之后只身断后、从容应对。

③双方阵营里的互动。在项羽阵营里，先有项伯出于所谓的"义"将己方军事机密告知对手而让自己阵营错失先机；再有谋臣亚父不解项王之意在宴席上"数目项王，举所佩玉玦以示之者三"来逼迫项王采取行动，而项王"默然不应"，然后范增就自己想办法了，项庄舞剑，项伯"以身翼蔽沛公"……试想，这样的一个各有心思、意志不统一的团队怎么可能取得胜利。

而在沛公阵营，在做决定前都会相互商量，比如项伯告密之后张良和沛公的谋划，鸿门宴上看着苗头不对，樊哙的勇猛闯帐，樊哙、张良商量决定沛公先行离去，张良断后……君臣上下协调一致、同心同德，这些才是复杂的战争年代取得胜利的先决条件。

而所有这些幽微都藏于细节之中，需要读者品味洞察方见真章。

（创设意图：司马迁写人叙事有很多春秋笔法，而于细节对比中把握各色人物可以给学生切实可行的品鉴史传散文的方法，并指向课时大概念。）

（4）课堂小结

《烛之武退秦师》和《鸿门宴》虽然篇幅悬殊，但都是文字精练的古代散文佳作，特别是在叙事和写人上，繁简得当，都是作者的匠心所在。所以，在阅读的时候我们须得深入文本，深悟简洁的文字背后丰富的意涵，同时也要洞悉文中使用的叙事写人手法的巧妙。本节课通过探讨"简笔"不简和对比细节凸显人物来把握探寻《烛之武退秦师》《鸿门宴》，可以让我们很好地发现文中重要细节和手法的巧妙运用对文章叙事写人所起到的举足轻重的作用。

（七）教学反思

◆主要亮点：围绕课时大概念"史传散文质疑式思辨阅读和叙事写人艺术"对教学内容进行结构化设计，本节课的核心任务是对两篇史传散文进行思辨性阅读并赏析其叙事写人艺术，而要完成这一目的，必须对作品进行细读，了解并善于质疑和品鉴，所以在教学过程中应注重学生自主探讨、讨论研究。在引导学生的学习过程中，主要围绕"思维发展与提升"这一学科核心素养，注重创设带有思辨性的学科知识认知情境。

◆存在不足：本节课是思维训练和阅读鉴赏课，在探讨对文本进行细节深挖时欠缺多样文本和理论知识的支撑。本内容设计为两个课时，教学容量过大，没有留给学生足够的思考时间和空间。

◆再教设计：根据学生活动的教学目的，拓展迁移相关文本进行对比阅读，提高思维能力，并根据不同层次班级学生调整好课堂容量、设计个性化情境，满足不同能力层次学生的需求，将写作指导真正落到实处。

第四节 课时大概念Ⅲ教学设计示例

教学设计：彭鸿萍

本课时的大概念为"思辨性表达与写作"，对应的课程内容为"思辨性阅读与表达"学习任务群，意在通过对一篇诸子散文《齐桓晋文之事》和两篇史传类文本《烛之武退秦师》和《鸿门宴》的言说智慧进行全面深入解读，领会要义，然后进行自己的言说——为完成生活中的某一个目的进行思辨性表达和写作。根据学习内容和课堂容量，本主题的学习需要两个课时，本课将以"言说的智慧，思辨的表达"为主题进行深度学习。

（一）大概念析读

1. 大概念理解

本课时大概念的解读重点是探讨、领悟本单元三篇文本的言说智慧，并进行思辨性表达和写作。探究说客言说的力量，研习历史人物言说的方式，最后能够运用相应的论说智慧、技巧完成自己的言说。言说自己的观点，首先要将观点进行梳理，看主要针对什么、要解决什么问题、观点是否有说服力。除此之外，还要设身处地地想想自己提出的观点是否有严谨的内在逻辑性，读者是否能接受。这样的话，我们可以在阐述观点的时候适当转换看问题的角度，客观分析他人的观点，并注重自身观点的层次性。本课时大概念的教学将重点引导学生分析选文中历史人物的言说智慧，理解其中的论说技巧，从而进行灵活运用。

2. 大概念解构

实施"思辨性表达与写作"大概念教学，需要根据史传散文文本和"思辨性阅读与表达"学习任务群设计相应情境，注重从言说的力量和方式及如何言说进行建构。基于此，本课时需要完成以下教学内容，最终实现对课时大概念的理解，并指向单元大概念。

（1）言说的智慧 —— 言说的力量和方式；

（2）思辨性表达 —— 言说的要点和实践。

（二）学习目标

（1）（学生）通过阅读本单元三篇文本，分组探究与谈论，在对人物的交际言辞的分析中读懂言说的特定用语、目的和技巧。（语言建构与运用）

（2）（学生）通过分组探究与讨论，辨别具体语境，辨明诸子散文、史传散文对话中的逻辑，并在逻辑中强化对史传文本中叙事、写人、说理、游说等方面的艺术审美。（思维发展与提升、审美鉴赏与创造）

（3）（学生）在审美中发掘中华文明之光、传承中华文化，思考文本中礼、仁、义等文化基因的当代意义和价值。（文化传承与理解）

（三）学习重难点

◆学习重点：诸子散文、史传散文的言说智慧、技巧及灵活运用。

◆学习难点：

（1）诸子散文、史传散文的论辩、说理逻辑；

（2）如何借鉴诸子、史传散文的论说智慧进行语言表达和写作实践。

（四）学情分析

◆知能基础：学生在初中（阶段）和高中必修（上册）中学过一些文言散文，有一定的文言文学习基础能力。本单元的两篇史传散文文本故事或人物可以说是家喻户晓，学生对他们有一定的了解。

◆素养基础：在文本理解上，学生有一定的阅读积累；在学习经验上，对分组学习、合作探究有一定的认知。

◆不足条件：本课要求学生运用史传散文的论说智慧指导自己的表达、写作实践，对学生的逻辑思维能力要求颇高，这为部分习惯于浅层阅读和只读不练的学生带来了极大挑战，所以，实践起来有难度。

（五）教学框架

以课时大概念主题为统领，子任务三将用两个课时进行学习活动的设计。第1课时探讨《齐桓晋文之事》《烛之武退秦师》《鸿门宴》中体现的"言说的智慧"，引导学生细读文本、深挖内涵、认真领悟，从而指导自身的写作实践。第2课时运用在诸子散文和史传散文中所学到的论说技巧进行"演讲稿写作"和"劝服信写作"，完成思辨性写作表达。

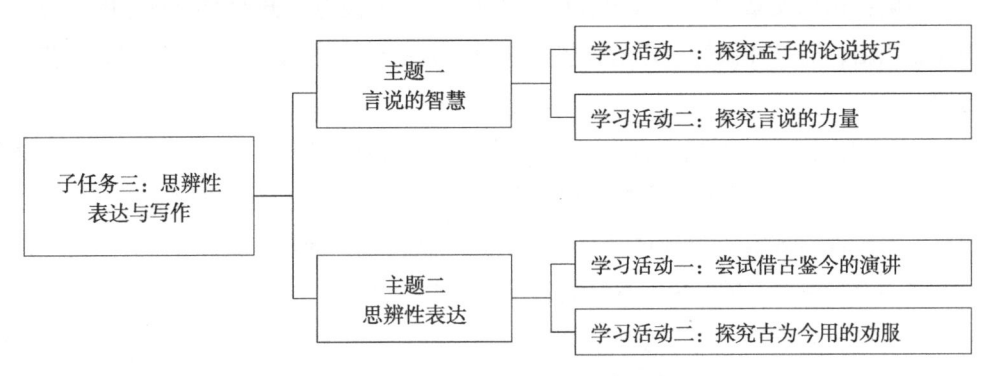

```
                          ┌─ 主题一 ─┬─ 学习活动一：探究孟子的论说技巧
                          │ 言说的智慧 └─ 学习活动二：探究言说的力量
子任务三：思辨性 ─────────┤
表达与写作                │
                          └─ 主题二 ─┬─ 学习活动一：尝试借古鉴今的演讲
                            思辨性表达 └─ 学习活动二：探究古为今用的劝服
```

图3-3 课时结构构架与活动程序

（六）教学过程设计

第1课时

言说的智慧

——步步为营智引导，绝处逢生巧说服

（1）导语设计

语言是表达自身观点的工具，而言说则是表达观点的方式。为了达到自己的言说目的，古人面对强劲的言说对象（往往是思想家说服君王），必得步步为营又不着痕迹，以顺利地将对方引入自己要劝说的范围内，从而使自己的主张得以推行；有时是面对掌握自己生死的言说对象，必须劝说对方才得以保命。古人先贤的言说智慧值得我们后世人仔细品鉴，并做到灵活运用，以便实现对"中华文明之光"的传承。

（创设意图：从学科知识情境的创设出发，激发学生对探究中国古代先贤言说智慧的学习欲望。）

（2）学习活动一：步步为营智引导——探究孟子的论说技巧

《齐桓晋文之事》是《孟子》七篇中少数千字以上的长文之一，虽然形式上是对话，但是却是一篇论点鲜明、论据充分、论证严密的政论文，它全面、集中地反映了孟子的王道思想，即行仁政、"保民而王"的政治主张，也充分体现了孟子善辩、善譬的语言艺术和纵横捭阖的文章气势。① 其实，孟子另外一篇论说文《寡人之于国也》同样也是推行仁政、行王道的范文。请仔细阅读两篇文章，思考孟子面对"好战"的梁惠王和想效仿齐桓公、晋文公霸业的齐宣王是如何展开论说的？赏析他论说的技巧。

（学生思考并讨论，自由发言，教师点评）

明确：两篇文章的论说有很多相似之处——都没有一开始便把自己的王道主张和盘托出，而是在做好一定的铺垫后才道出自己要表达的观点，环环相扣，步步为营。

《齐桓晋文之事》开始，齐宣王因为很想凭借武力称霸中原，所以劈头便问"齐桓晋文之事"，而孟子并没有顺着接招儿，而是以"仲尼之徒无道桓文之事"加以回避，然后便将齐宣王引到自己预设的话题中来，说"无以，则王乎"，这便成功地引起齐宣王对"王道"的好奇。而《寡人之于国也》则是以对方喜欢的话题"战"来加以论说，进而用"五十步笑百步"的例子让梁惠王对自我进行否定，从而顺理成章地将自己的观点和盘托出。

面对没有一点儿"保民"念头的齐宣王和自觉对百姓"尽心焉而已"的梁惠王显然不能用同一种方法，孟子并没有马上将自己的观点和盘托出，而是因势利导、步步为营：首先帮助齐宣王树立"保民而王"的信心，发掘对方的长处——不忍之心；但是又以"百姓皆以王为爱"这一误解让齐宣王陷入窘境，但孟子又马上为齐宣王摆脱困境，肯定齐宣王之"仁"从而赢得齐宣王的欢心。然后进一步用一系列的比喻来说明齐宣王为什么有了"不忍之心"还不能"保民而王"，即"是不为也，非不能也"；孟子再采取迂回战术，反复设问、旁敲侧击引出宣王的"吾不为是也"，之后再用"缘木求鱼"的比喻说明求霸业的危害，紧接着又以"邹与楚战"来侧面表明胜负、强弱的道理，顺理成章地点明"施仁政"的种种好处，关键是这句"其若是，孰能御之"迎合了齐宣王的称霸之心。最后才说行王道的方法，齐宣王也便能愉快地接受了。

所以，孟子的善于辞令、论辩汪洋恣肆可见一斑。但是，最高明之处还是在于在迎合对方的心理的同时不着痕迹、不露声色地将自我主张渗透了进去。这便是孟子言说的智慧。

---

① 课程教材研究所.普通高中语文必修（下册）教师教学用书[M].北京：人民教育出版社，2020.

（创设意图：通过对孟子两篇论说文的比较阅读，更能形象地看出孟子论说的技巧，也能在分析孟子论辩思路的过程中感受古代先贤的智慧，从而让学生感受到先贤的思想魅力，受之熏陶并自觉传承"中华文明之光"。）

　　（3）学习活动二：绝处逢生巧说服——探析烛之武、刘邦言说的力量

　　与孟子劝说君王推行自己的主张不同，烛之武和刘邦的论辩和言说则是在生死攸关时为了保全国家和自身而体现出的智慧，他们的言说很显然给国家和自身赢得了绝处逢生的机会，这是言说的力量。那么，请同学们再次回到两篇文本，分析烛之武和刘邦又是怎么凭借自己的言说拯救国家或自己的？

　　（学生思考、讨论，自由发言）

　　明确：关于烛之武，他能成功说服秦穆公，除了他对外在的局势的准确把握之外，最主要的是他在论说的时候能准确抓住秦穆公称霸的野心，抓住他对"利益"的渴求，所以从"亡郑"的弊端和"存郑"的好处具体来说明秦穆公能得到的"利益"是什么；其次是他自始至终的态度都很谦卑，以"君"来尊称秦穆公；最后是烛之武很巧妙地提到晋惠公不守信的事实，其实也暗示晋文公虽然受到秦穆公很多的恩惠，但是也难保不会像他的先辈一样损害秦国的利益……如此这般，烛之武字字句句都在为对方着想，丝毫不谈放过郑国对郑国有什么好处，这很难不让原本只是想来分一杯羹的秦穆公决定撤兵。所以，烛之武的言说关键在于能站在对方立场，层层铺垫、环环相扣从而达到自己的目的，而挽救了郑国危在旦夕的命运。

　　而刘邦能在杀机四伏、刀光剑影的鸿门宴上全身而退，除了有得力手下的帮助外，他自身为了保命的一番言语也是他智慧的体现。面对来通报的项伯，刘邦直言"吾得兄事之""奉卮酒为寿，约为婚姻"，其实从他逃回军营就斩杀了出卖自己的曹无伤可以看出他对叛徒的痛恨，但是他却掩盖内心的嫌恶来点头哈腰地讨好项伯，无疑是权宜之计；而后见到项羽后的一番言语更是能看出他极强的求生欲和能屈能伸、老谋深算的性格，他自称"臣"而称项羽为"将军"无疑抬高了对方身份，也迎合了项羽的傲气，然后表示自己等了对方很久没想到小人从中作祟挑拨关系，将自己的私心摘除得一干二净，不得不令自负重义又直爽的项羽打消杀他的念头且将告密的曹无伤的姓名脱口而出。所以，沛公的一番言语体现了他的隐忍、藏锋、灵巧，而这些都是他能最终打败项羽成就功业的关键品质。

　　（创设意图：面对生死存亡之际，也许言语、言说不是最有力的武器，但是很多时候也能起到至关重要的作用，和其他要素一起，为处于困局的人赢得生还的机会。探讨烛之武的言说和刘邦的言说可以丰富学生对言说魅力和力量的理解。）

（4）课堂小结

言说是人类向外界表达自我的方式，言说也可以赢得自我渴求的东西或者想要达到的效果，从而改变自我命运。探讨古人言说的智慧有利于建构我们的逻辑思维，提升思辨能力，并感受思想带来的魅力。

第2课时
借古鉴今，古为今用
—— 借用古人论辩智慧进行自我言说

（1）导语设计

孟子为了向君王推行自己的政治主张，因势利导、步步为营，运用纵横捭阖、汪洋恣肆的论说，最终说服了君王们采纳意见；烛之武为了解决国家危亡，老骥伏枥、临危受命，在全面深刻掌握时局形势后，利用人趋利性的本质，运用事实论证、比较论证让秦穆公明了利害关系，最终选择背弃和晋文公的盟约撤军回朝；刘邦看似外谦，实则野心勃勃，为了保存性命在言语中和行为上不惜低三下四、点头哈腰以赢得生还的机会，可见巧妙、智慧的言说在生活中的重要性。因此，我们应该学习借用古人论说智慧进行自我言说。

（创设意图：总结上节课探讨的内容有利于顺利引出本课时的学习活动，并能更好地指导本课时的写作教学。）

（2）学习活动一：思辨表达，借古鉴今——探讨，项羽是英雄吗？他对今人为人处世的借鉴意义是什么？

常言道"成者为王败者寇"，那么从这个意义上来讲，落得自刎乌江结局的项羽并不是英雄，对此，你怎么看呢？项羽的为人处世的性情有没有值得今人学习的？对此问题，班级将召开一场由同学们自选题目的演讲比赛，选择一个观点，写一篇800字以内的文章，要求观点明确、有理有据、符合逻辑，在班上展示论说。

（创设意图：成王败寇还是不以成败论英雄、古人性情的现实借鉴意义是两个具有现实针对性的论题，在学习了本单元的中华先贤思想和思辨质疑方法之后，举行这场演讲比赛是学以致用的最好体现。）

（3）学习活动二：古为今用，尝试有效说服

重庆北碚区有两处名人故居——老舍旧居和梁实秋的雅舍，都处于北碚的老城区，现有开发商看中这两处的商业价值，所以计划找政府协商将故居改建成高档小区。文化名人旧居本身就是文化的代表，也有明显的时代印记和时代意义，如果你是北碚区某高中学生，运用本单元所学古人论说的技巧尝试给当地政府写一封800字以内的劝说信，劝说政府保留旧居、保护遗址。

（创设意图：文化名人旧居被商业建筑取代，是时代的悲哀，也是对子孙后代不负责任的体现。文化的熏陶不能靠金钱补进，原生态的文化名人旧居原本就是活生生的文化遗产，让学生参与文化遗产保护的工作是一种文化传承的方式。而以言说的方式参与其中则体现了思辨性表达对学生语言建构、思维发展的价值，并指向课时大概念。）

（4）课堂小结

学以致用，所学才能真正发挥它的价值。人性本是复杂的，个人的性格特征也是多样的，选择对具有争议性的历史人物进行评说，既能更好地掌握历史，又能更全面、更多维地把握人物，从而加强自身的思辨能力。而对存在于现实生活中的文化现象进行思辨性表达，更利于文化的传承和发扬。

（七）教学反思

◆主要亮点：围绕课时大概念"思辨性表达与写作"对教学内容进行结构化设计，本节课的核心任务是用本单元所学的论说智慧进行思辨性写作，而要完成这一目的，必须首先对相关作品进行思辨性表达的领悟和品鉴，所以在教学过程中注重让学生自主探讨。在引导学生的学习过程中，主要围绕"思维发展与提升"和"文化传承与理解"这两个学科核心素养，注重创设带有思辨性的学科知识认知情境。

◆存在不足：本节课是思维训练和写作课，在借助本单元的几个篇目的言说智慧指导写作的时候，还可以更深入、更形象。本内容设计为两个课时四个学习任务，教学容量过大，没有留给学生足够的思考时间和空间。

◆再教设计：根据学生活动的教学目的，拓展迁移相关文本进行对比阅读，提高思维能力，并根据不同层次班级学生调整好课堂容量、设计个性化情境，满足不同能力层次学生需求，将写作指导真正落到实处。

第五节　课时大概念Ⅳ教学设计示例

教学设计：徐国芬

本课时大概念为"文言实词的辨析与梳理"，意在通过对《子路、曾皙、冉有、公西华侍坐》《齐桓晋文之事》《庖丁解牛》三篇先秦诸子散文的文言实词进行辨析与梳理，了解文言词语在不同上下文中的词义和用法，从而理解文意。本课时大概念需要一个课时完成，主题拟定为"辨析文言实词，深入理解文意"。

（一）大概念析读

1. 大概念理解

"文言实词的辨析与梳理"作为"中华传统文化经典的思辨性阅读"统领下的课时大概念，就本单元而言，其学习探究的重点是在引导学生通过对文言实词的辨析与梳理，能够把握文言字词，深入理解文意。可以说，它是必修（上册）第八单元"词语积累与词语解释"中"把握古今词义的联系与区别"这一活动的延续，学习要求也基本一致。但需要补充说明的是，对于文言文教学，王荣生教授在《文言文教学教什么》这本书中明确指出："文言文是文言、文章、文学与文化'一体四面'的经典。文言文教学首要正确认识文言文字词句的积累与文言文阅读教学的关系，不能简单地把文言文降格为古汉语知识语料，不能把文言文阅读教学等同于古汉语知识教学。"再加上本单元文本都相对较长，如果执着于每节课做文言字词的讲解，学生必定会感到枯燥乏味，这对于文言篇章的学习就会因小失大、舍本逐末。因此，在学习本单元时，对于字词和句篇的处理，我们在前期的学习过程中并不做逐字逐句的文言知识讲解，而是在最后用一课时对部分字词做集中讲解。

2. 大概念解构

实施"文言实词的辨析与梳理"大概念教学需要从单篇文本的梳理到三篇文本的整合，根据"单元学习任务"第四题的学习要求与范例，需要学生通过小组分工合作的学习方法，共同为本单元的一些义项较多的实词制作卡片，深化学生对文言实词的理解，训练思维，激发学生对汉语、汉字的兴趣，实现学生对课时大概念的理解，并指向单元大概念。

（二）学习目标

（1）（学生）再次阅读三篇选文，明确把握文言文实词词义在文言文阅读及高考中的重要地位。（语言建构与运用）

（2）（学生）通过反复诵读、小组合作探究等方式，梳理出三篇文本中义项较多的实词并制作卡片，掌握准确把握词义的方法。（语言建构与运用）

（3）（学生）通过总结规律，学会知识迁移，提高阅读能力。（思维发展与提升）

（三）学习重难点

◆学习重点：梳理三篇文本中义项较多的实词并制作卡片，掌握准确把握词义的方法。

◆学习难点：学会知识迁移，提高应试能力。

（四）学情分析

◆知能基础：学生在过去的学习阶段中也时常接触文言文，学习文言文的一些技巧和方法，学生能基本掌握。

◆素养基础：学生通过高一上学期的语文学习，尤其在文言文中，能借助课下注释或部分工具书解决基本的文意问题，在分组合作探究性学习方面也拥有一定的学习经验和探究能力，能够有效、有序地开展小组合作探究。

◆不足条件：文言文的学习，向来有不少学生怀有畏惧心理、排斥情绪，在课堂活动参与中部分学生更愿意做"倾听者"，而不愿动手操作，也不愿动脑记忆，为此，教师需要在教学上下足功夫，可以做一个"穿针引线"者，而不是做一个"事事亲为"者，要让学生主动参与进来，活跃课堂气氛，激发学生的学习兴趣。

（五）教学框架

基于"中华传统文化经典的思辨性阅读"学科大概念，以及"'诸子'散文和'史传'散文的思想魅力及说理艺术"的单元大概念，本课时大概念"文言实词的辨析与梳理"将设计一个课时展开学习活动。主要分以下学习活动完成：学习活动一，让学生在课下根据自己的学习实际情况，勾画出本单元未能理解的字词并做标记；学习活动二，让学生以小组合作探究等方式，梳理出三篇文本中义项较多的实词并制作卡片，课堂上推选代表进行发言总结；学习活动三，全班同学一起思考在文言学习中，如何更高效、便捷地积累并灵活运用文言实词。

子任务Ⅳ：文言实词的辨析与梳理
- 学习活动一：结合自身情况，勾画字词未明晰之处
- 学习活动二：小组合作探究，制作实词卡片
- 学习活动三：总结规律方法，攻克文言大关

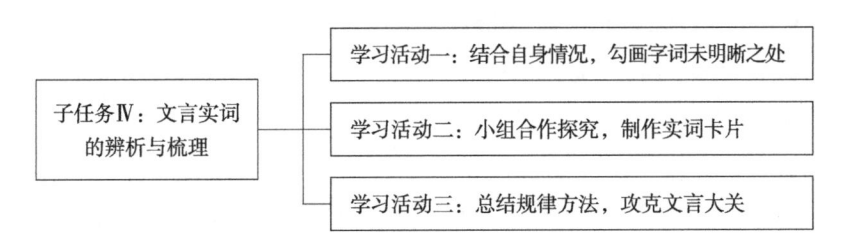

图3-4　课时结构构架与活动程序

（六）教学过程设计

辨析文言实词，深入理解文意
—— 文言实词的辨析与梳理导语设计

全国卷语文《考试说明》在"古诗文阅读"中对该考点提出的其中一个要求是

"理解常见文言实词在文中的含义"。所谓"在文中",即指在语境中。实词考查常有语境的限制,语境限制下的实词意义往往是确定的意义,这就需要我们具备依据语境理解和识别实词意义及用法的能力。考查重点有一词多义、古今异义词、单音双音词、通假字、异读字、偏义复词、词类活用等。其中对一词多义、通假字、偏义复词的考查是重中之重。从词性上说,主要侧重于名词、动词、形容词、代词。今天这节课的重点是辨析与梳理本单元出现的常见文言实词,共同探究积累文言实词的一些技巧,以期提高文言阅读和理解能力。

(1)学习活动一:结合自身情况,勾画字词未明晰之处

(创设意图:这一部分是学生自我检测的环节,文言字词的理解固然有时候会造成理解文意的障碍,但障碍也是因人因文而异的,因此需要根据自身情况进行勾画备注。)

(2)学习活动二:小组合作探究,制作实词卡片

(根据"单元学习任务"第四题的提示和范例,小组合作为本单元的一些义项较多的实词制作卡片。)

(一)道	
(1)仲尼之徒无道桓文之事者。(《齐桓晋文之事》)	(1)说,谈论
(2)臣之所好者道也。(《庖丁解牛》)	(2)规律,法则
(3)道芷阳间行。(《鸿门宴》)	(3)取道,道经
(4)若舍郑以为东道主……(《烛之武退秦师》)	(4)道路
(5)师道之不传也久矣。(《师说》)	(5)风尚
(6)赂秦而力亏,破灭之道也。(《六国论》)	(6)方法
(7)伐无道,诛暴秦;闻道有先后;行道之人弗受;益慕圣贤之道。(《陈涉世家》)	(7)道德;道理;道路;学说,主张
(二)方	
(1)方六七十,如五六十。(《子路、曾皙、冉有、公西华侍坐》)	(1)纵横,方圆
(2)可使有勇,且知方也。(《子路、曾皙、冉有、公西华侍坐》)	(2)礼义,道理
(3)秦王方还柱走。(《荆轲刺秦王》)	(3)正在
(4)方欲发使送武等。(《苏武传》)	(4)将要
(5)方其破荆州,下江陵。(《赤壁赋》)	(5)当

续表

(三)爱	
(1) 吾何爱一牛。(《齐桓晋文之事》)	(1) 吝啬
(2) 爱其子，择师而教之。(《师说》)	(2) 爱护
(3) 秦爱纷奢，人亦念其家。(《阿房宫赋》)	(3) 爱好
(四)族	
(1) 族庖月更刀，折也。(《庖丁解牛》)	(1) 众，一般的
(2) 每至于族，吾见其难为。(《庖丁解牛》)	(2) 筋骨交错的地方
(3) 族秦者秦也。(《阿房宫赋》)	(3) 灭族
(4) 士大夫之族。(《师说》)	(4) 类
(五)用	
(1) 吾不能早用子。(《烛之武退秦师》)	(1) 任用
(2) 焉用亡郑以陪邻。(《烛之武退秦师》)	(2) 使用（采用）
(3) 用心一也。(《劝学》)	(3) 因为，由于
(六)幸	
(1) 妇女无所幸。(《鸿门宴》)	(1) 宠幸
(2) 故幸来告良。(《鸿门宴》)	(2) 幸亏
(3) 缦立远视，而望幸焉。(《鸿门宴》)	(3) 帝王到某处
(4) 幸可广问讯，不得便相许。(《孔雀东南飞》)	(4) 希望
(七)辞	
(1) 卮酒安足辞。(《鸿门宴》)	(1) 推辞，拒绝
(2) 今者出，未辞也。(《鸿门宴》)	(2) 告辞，告别
(3) 大礼不辞小让。(《鸿门宴》)	(3) 讲究，计较
(八)谢	
(1) 哙拜谢。	(1) 感谢，道谢
(2) 旦日不可不蚤自来谢项王。(《鸿门宴》)	(2) 道歉，认错
(3) 乃令张良留谢。(《鸿门宴》)	(3) 告辞，告别
(九)故	
(1) 故遣将守关者。(《鸿门宴》)	(1) 特意
(2) 君安与项伯有故。(《鸿门宴》)	(2) 旧交情

续表

（3）扶苏以数谏故。（《陈涉世家》）	（3）缘故
（十）胜	
（1）沛公不胜杯杓。（《鸿门宴》）	（1）禁得起，受得住
（2）刑人如恐不胜。（《鸿门宴》）	（2）尽，完
（3）驴不胜怒，蹄之。（《黔之驴》）	（3）承受
（4）不违农时，故不可胜时也。（《寡人之于国也》）	（4）尽
（5）此所谓战胜于朝廷。（《邹忌讽齐王纳谏》）	（5）胜利
（6）日出江花红胜火，春来江水绿如蓝。（《忆江南》）	（6）超过
（7）予观夫巴陵胜状，在洞庭一湖。（《岳阳楼记》）	（7）优美的

（创设意图：通过文言文阅读，梳理文言词语在不同语境下的词义和用法，把握古今汉语词义的异同，做到准确把握文意，准确理解中华优秀传统文化作品。）

（3）学习活动三：总结规律方法，攻克文言大关

多义实词，一直都是文言文阅读考查的重点。"一词多义"即一个词具有多种含义，乃至属于不同词类。这种现象在现代汉语中较常见，在以单音词为主的文言文中更是普遍。一般来说，词的意义有本义、引申义、比喻义之分。如何对多义词进行词义辨析，以下图解技法可供参考。

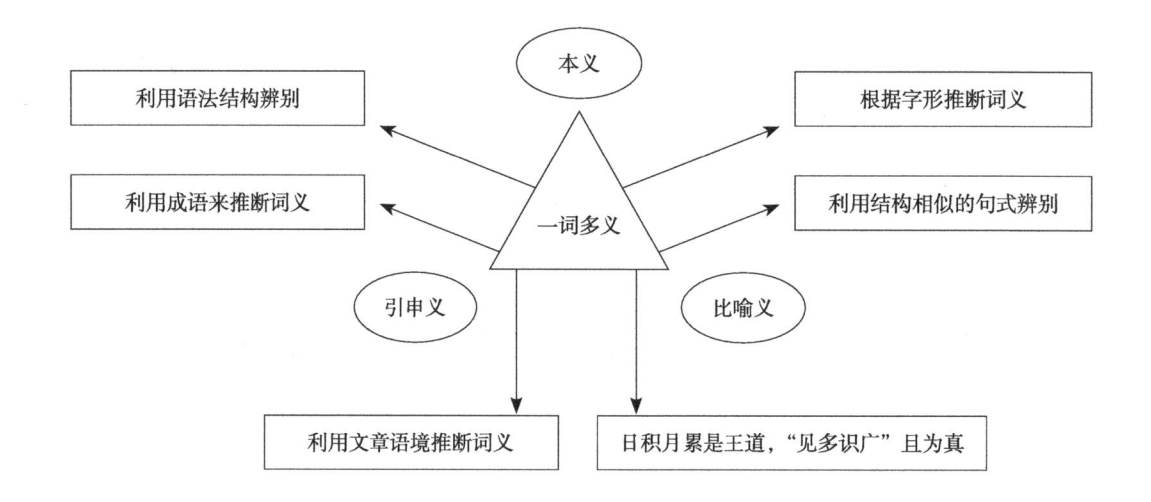

```
                    本义
利用语法结构辨别 ←         → 根据字形推断词义
                  ╱  ╲
利用成语来推断词义 ← 一词多义 → 利用结构相似的句式辨别
                  ╲  ╱
              引申义  比喻义
                 ↓      ↓
       利用文章语境推断词义   日积月累是王道，"见多识广"且为真
```

（创设意图：学生通过整理归纳本单元文言实词的一词多义现象，并从中总结一定的方法与技巧，学会知识迁移，提高阅读能力。）

（4）课堂小结

文言实词可以从以上不同的角度去把握。但是，真正要做到准确理解，日积月累才是真正的核心。我们既要紧扣课本，牢固掌握课本上的文言词语，也要注意课外篇章中实词的积累，虽然平时没有直接考课本上的原题，但题目在课外，答案在课内，要想考出好成绩，一定要牢固掌握课本上的基础知识，一定要脚踏实地的攻克实词大关。

（七）教学反思

◆主要亮点：本课时大概念为"文言实词的辨析与梳理"，主要围绕"语言建构与运用"学科核心素养，在教学过程中，注重培养学生的小组协作能力，围绕"辨析文言实词，深入理解文意"主题进行，以教材文本的知识总结为基础，并勾连相关文本句式及高考试题进行补充，既突出小组合作教学的优势，同时也有助于培养学生对知识的归纳总结的关键能力。

◆存在不足：本单元文本数量多，共由5篇经典文本构成，学生在整理归纳环节有很高的难度，再加上距离过去所学文本的时间较远，学生勾连所学文本的能力有待加强。由于课时安排的时长所限，学生探讨的深度不够深入，方法总结部分主要由教师讲，学生参与度不高，课后的巩固检测也需进一步优化。

◆再教设计：在学生的前置学习中给予适当的例子，给学生搭建一定的学习支架，课堂上也给予学生更多的研习探讨时间，课内突破教学重难点，课后进一步优化巩固训练，如果时间充裕的话，可利用这一学习契机，继续开展其他实词类的学习。

专家点评：

新时代的社会变革对人才培养质量提出了前所未有的高要求，未来要想真正培养出能够创造性解决问题的学生，全球教育工作者都必须用实际行动来回答"斯宾塞之问"。实施大概念教学正是顺应这一时代发展趋势的实际举措，是落实新一轮新课程改革的关键所在，也是核心素养目标落地的必然选择。这本书的编写恰逢其时，体现了贵州师范大学附属中学语文教师与时俱进、锐意改革的开拓精神。

本章必修（下册）第一单元教学设计编写的两位老师能够较深地理解"大概念"教学的理论精髓，也很好地贯彻了全书统一的编写要求。首先，单元大概念、课时大概念归纳做到了结合课标、结合教材分析、结合概念派生逻辑的基本原则，能够较好地统摄整个单元教学核心素养目标的内在体系，体现了教师的专家思维。相对于大单元教学而言，大概念教学的核心体现在目标层面。本单元的教学目标设定比较科学，能够根据学生实际情况，全面、准确地落实核心素养，这是大概念教学实施成功的关键所在。

在具体教学活动安排方面，两位教师做到了在真实情境中达成核心素养目标的新课标要求，课堂活动的趣味性、实操性、目的性、科学性大都比较高，能够支撑大概念教学的落地，符合以学生为主体、以素养为目标的新型课堂模式。比如第三节中第1课时学习活动二"研习矛盾、不合理处的玄妙"的活动安排，即能充分落实思维发展与提升这一核心素养，又能够真正激发学生的探究兴趣，也非常切合教材文本，是非常有效的教学安排。当然，有些活动安排需要适度调整，增加巧妙支架，使之更加切合现代生活，更好地激发学生探究内驱力。

本单元是文言文单元，教学难度较大，编写设计的两位老师能够在教学实施中制定可行路线，在保障基本知识能力提升和文本理解的基础上能够上升到思维提升、艺术赏析和文化传承的高度非常难得。我认为，大概念教学和传统的单篇教学也是可以兼容的，传统的文言文单篇教学注重语言基础知识讲授，诵读活动安排一般较为扎实，核心素养的生成也要依托基础知识和基本能力的坚实基础，故而建议在实操层面考虑新老结合，适当调整次序，放慢节奏，打牢基础后再进行创造性建构。

本单元教学设计还有一个亮点是能够有机结合评价，比如文言文实词的教学能够关联高考试题，根据《考试说明》的要求来安排教学，这是个既能切近当下又能观照长远的教学安排。评价改革一定会朝着新课改的整体方向调整，因此，大概念教学密切关联评价体系改革非常必要。

（贵州师范大学基础教育研究院副院长　冷江山）

第四章

必修（下册）第五单元教学研究与案例设计

单元研读：王菽梅

本单元属于"实用性阅读与交流"学习任务群，共有四篇选文，分为两课。第10课由《在〈人民报〉创刊纪念会上的演说》与《在马克思墓前的讲话》组成，两篇都是革命导师的著名演讲词，且都为译作。第11课由《谏逐客书》与《与妻书》组成，同为文言文，且都是写给特定对象、具有特定表达目的的文章。本单元四篇文章皆为名家名作，兼顾了实用性与经典性。

本单元的人文主题是"抱负与使命"，四篇文章都体现了作者对时代发展趋势的深刻认识。马克思和恩格斯不仅看到资产阶级革命的勃兴，更看出了这种革命其实只是更大规模社会革命的前兆，而后者应该是以无产阶级为主力的，是对资本主义制度的反抗和摧毁。李斯一方面看到了天下归秦的历史大势，另一方面也透彻地看出当前六国尚有余力，秦国应继续广占人才资源、不能自乱阵脚的形势。林觉民对妻子分析的"今日事势"，在于积贫积弱之国必须有人起来革命，才能避免举国皆为死地、人人面临绝境的惨祸。这些认识都是合乎当时的现实，也合乎历史发展趋势的。通过这一单元的学习，让学生感受时代精神，关注时代发展，树立远大的理想，培养担当精神，从而达成"提高社会责任感，增强为中华民族伟大复兴而奋斗的使命感"的课程目标。

本单元任务群旨在"引导学生学习当代社会生活中的实用性语文，包括实用性文本的独立阅读与理解，日常社会生活需要的口头与书面的表达交流。通过本任务群的学习，丰富学生的生活经历和情感体验，提高阅读与表达交流的水平，增强适应社会、服务社会的能力"[1]。

除了本单元，同属"实用性阅读与交流"这一学习任务群的还有必修（上册）第二单元和必修（下册）第三单元。三个单元的建构如下表4-1所示。

表4-1 "实用性阅读与交流"学习任务群教材篇目及单元任务梳理

单元	篇目	类别	阅读能力	交流目标
必修（上册）第二单元	《喜看稻菽千重浪——记首届国家最高科技奖获得者袁隆平》（人物通讯）《心有一团火，温暖众人心》（人物通讯）《"探界者"钟扬》（人物通讯）《以工匠精神雕琢时代品质》（新闻评论）	新闻传媒类（时效性、真实性）	提炼、阐述观点	学写写人记事的记叙文和新闻评论

---

[1] 普通高中语文课程标准修订组.普通高中语文课程标准（2017年版2020年修订）解读[M].北京：高等教育出版社，2020.

续表

单元	篇目	类别	写作 阅读能力	写作 交流目标
必修（下册）第三单元	《青蒿素：人类征服疾病的一小步》（演讲词+论文） 《一名物理学家的教育历程》（科学小品文） 《中国建筑的特征》（科技论文） 《说"木叶"》（文艺论文）	知识性读物（逻辑性、严密性）	运用理性思维	清晰地说明事理
必修（下册）第五单元	《在〈人民报〉创刊纪念会上的演说》（演说词） 《在马克思墓前的讲话》（悼词） 《谏逐客书》（奏疏） 《与妻书》（家信）	社会交往类（针对性）	分析复杂语句	学写演讲稿

梳理三个单元的教材篇目及单元任务，可以看出：

第一，实用类文本并不是一种具体文体，而是对以传递实用信息为主要功能、以满足人们生活需要为主要目的的众多文体的统称。所以，本学习任务群的教学实施紧扣"实用性"三个字引导学生带着实用性的目的去选择文本、发现有价值的信息，学习重点在于快速搜集资料、恰当理解文本、准确辨别信息、合理整合信息，帮助自己更好地与他人沟通，或解决生活中的难题，或改善在某些问题上的认知状况。而文体知识、学习策略、表达技巧的引入，应该服务于这些目的，不能为学知识而学知识。

第二，在《普通高中语文课程标准（2017年版2020年修订）》中，"实用性阅读与交流"学习任务群的学习内容被明确划分为"新闻传媒类""知识性读物类""社会交往类"三个类型，这三个类型对应的就是表4-1中的三个单元，不同类型的实用类文本传递的信息有所不同：必修（上册）第二单元以新闻传媒类作品为主，读新闻类文本是了解最近发生的事件，更强调时效性、真实性，从阅读能力上来讲，侧重要求学生能提炼、阐述观点，学习阐述观点的方法；必修（下册）第三单元以知识性读物为主，读说明类文本是了解物品的性状、背后的原理，读社科类文本是提高对某一事物的认识，强调逻辑性、严密性，从阅读能力上来讲，侧重要求学生运用理性思维分析文本；而本单元则包含了互动性较强的社会交往类文本，读社会交往类文本以获取生活资讯、实现交流服务为目标，或充分地发表见解、阐发主张，或明确立场、抒发情感，因此本单元突出的是针对性，从阅读能力上来讲，侧重要求学生理解不同文体中的复杂句子，学以致用。

第三，实用类文本是以满足生活需要为中心，解决实际问题为情境，因此知识性学习要为获取信息、实现交流服务。必修（上册）第二单元、必修（下册）第三单元主要是让学生学会如何写新闻评论、真实世界中的人物，如何阐明事理。而本单元涉及演讲词、悼词、奏疏、家书等，更加强调"真实生活的不同使用场景"，包括个人与家庭生活场景、社会生活、社会和历史文化场景，使用频率高，互动性更强。

基于以上对任务群、本单元内容的分析，从学科核心素养的实现上看，本单元是"语言的建构与运用"这一学科核心素养得以具体落实的重要依托。因此，我们确定本单元的大概念核心词为"社会交往类文本的阅读与写作"。

第一节　单元整体设计

单元设计：王葰梅

本单元属于"实用性阅读与交流"学习任务群，本单元的教学围绕单元大概念"社会交往类表达与交流要有针对性和感染力"，以实现"语言的建构与运用"这一学科核心素养的提升为目标，引导学生在阅读的过程中，学习多角度观察社会生活，掌握当代社会常用的实用文本，学习并运用新的表达方式；帮助学生真正理解"抱负与使命"的意义，进而学会观察社会现象、思考社会问题、把握时代特征，确立自己的目标，承担应有的使命。

（一）课程标准

◆根据具体的语言情境和不同的对象，运用口头和书面语言文明得体地进行表达与交流；能将具体的语言文字作品置于特定的交际情境和历史文化情境中理解、分析和评价。

◆能够辨识、分析、比较、归纳和概括基本的语言现象和文学现象，并能有理有据地表达自己的观点和阐述自己的发现。

◆感受和体验文学作品的语言、形象和情感之美，能欣赏、鉴别和评价不同时代、不同风格的作品，具有正确的价值观、高尚的审美情趣和审美品位。

◆通过学习语言文字作品，懂得尊重和包容，初步理解和借鉴不同民族、不同区域、不同国家的优秀文化，吸收人类文化的精华。

（二）大概念建构

根据《普通高中语文课程标准（2017年版2020年修订）》中课程内容"实用性阅读与写作"学习任务群模块，结合本教材单元教学内容，本单元教学拟设定"实用性阅读与写作"为学科大概念。在学科大概念统摄下，本单元重点关注社会交往类文本的阅读与写作，确定本单元的单元大概念为"社会交往类表达与交流要有针对性和感染力"（见表4-2）。在此基础上，将单元大概念转化为单元教学的核心问题，进而设计单元教学的各课时大概念。

围绕着单元大概念，本单元的核心任务将分解为四个子任务，子任务一为初步阅读本单元四篇文章，精读《在〈人民报〉创刊纪念会上的演说》《在马克思墓前的讲话》，探究社会交往类文本在文体、对象、场合、逻辑、修辞等方面交流的要求，对应的课时大概念为"Ⅰ.社会交往类表达与交流中的针对性"；子任务二为精读《谏逐客书》《与妻书》，理解掌握社会交往类表达与交流中的以理服人、以情动人，情理结合，对应的课时大概念为"Ⅱ.社会交往类表达与交流中的感染力"；子任务三为社会交往类写作，对应的课时大概念为"Ⅲ.演讲词的写作"；子任务四为"个人抱负与时代使命"，对应的课时大概念为"Ⅳ.个人抱负与时代使命"。

表4-2 统编高中语文教材必修下第五单元大概念层级

学科大概念	单元大概念	课时大概念
实用性阅读与写作	社会交往类表达与交流要有针对性和感染力	Ⅰ.社会交往类表达与交流中的针对性 Ⅱ.社会交往类表达与交流中的感染力 Ⅲ.演讲词的写作 Ⅳ.个人抱负与时代使命

（三）单元学习目标

◆（学生）运用基本的语言规律和逻辑规则，判别语言运用的正误，准确、生动、有逻辑地表达自己的观点。（语言建构与运用）

◆（学生）通过运用批判性思维审视语言文字作品，探究并发现语言现象和文学现象，形成自己对语言和文学的认识。（思维发展与提升）

◆（学生）感受和体验文学作品的语言、形象和情感之美，能欣赏、鉴别和评

价不同时代、不同风格的作品，具有正确的价值观、高尚的审美情趣和审美品位。审美鉴赏与创造：（审美鉴赏与创造）

◆（学生）通过学习语言文字作品，懂得尊重和包容，初步理解和借鉴不同民族、不同区域、不同国家的优秀文化，吸收人类文化的精华。（文化传承与理解）

第二节　课时大概念 I 教学设计示例

教学设计：向友谊　王菽梅

本课时大概念为"社会交往类表达与交流中的针对性"，带领学生精读《在〈人民报〉创刊纪念会上的演说》《在马克思墓前的讲话》，探究社会交往类文本在文体、对象、场合、逻辑、修辞等方面交流的要求。根据课程容量和学习内容，本课时大概念的探究预计安排两个课时。

（一）大概念析读

1. 大概念理解

"社会交往类表达与交流中的针对性"课时大概念的探究学习围绕"实用性阅读与交流"任务群强调的"实用性文本的独立阅读与理解"展开，指向对互动性较强的社会交往类文本的理解性阅读、鉴赏性阅读、研究性阅读，把握文章的针对性。

《普通高中语文教师教学用书》明确表述："在阅读实用性文章时，应尽量减少架空的、一般意义上的赏析，而应把赏析与对文章针对性（特别是交互性和情境性）的关注结合起来。"所谓"针对性"，主要指的是作者选取不同的文体、内容、表达方式、修辞手法、结构安排等为写作目的而服务，同时还关注读者（受众）与场合。本单元的四篇文章，都是为了满足不同的实用性用途，"意"是其表达的目的，"文"是其外在承载形式。

就本课时大概念的研习而言，教学重点在于引导学生探究四篇文章的文体及其特点，并学以致用，将所得运用至生活情景中；联读《在〈人民报〉创刊纪念会上的演说》《在马克思墓前的讲话》，体会演讲词的艺术技巧，理解社会交往类表达与交流中的针对性。

2. 大概念解构

实施"社会交往类表达与交流中的针对性"大概念教学，需要根据本单元的课文综合创设学科知识的认知情境和学生语文实践的真实情境，以学生学会实用性表达和交流为落脚点。在教学中，尤其注意引导学生借助文本情境，以任务驱动的方式，探寻实用性表达和交流的策略、方法，强化表达交流的文体意识、读者意识、情境意识、语体意识等，从而提升核心素养。教学内容主要从以下两个方面展开，引导学生走向对课时大概念的理解，并指向单元大概念。

（1）《在〈人民报〉创刊纪念会上的演说》《在马克思墓前的讲话》《谏逐客书》《与妻书》的文体分析；

（2）《在〈人民报〉创刊纪念会上的演说》《在马克思墓前的讲话》联读，体会演讲词的艺术技巧。

（二）学习目标

（1）（学生）通过文本细读，"走进"文本，明确不同实用文体的特点，并运用于现实生活情境中。（语言建构与运用）

（2）（学生）通过自主阅读与探究，揣摩、品味语句，体会演讲的语言魅力，体会关涉宏大命题的演讲词的艺术技巧。（思维发展与提升、审美鉴赏与创造）

（3）（学生）通过梳理文章结构，体会文中情感，探寻实用性文章的功能特点，把握社会交往类表达与交流中的针对性。（思维发展与提升、文化传承与理解）

（三）学习重难点

◆学习重点：结合使用文本的写作目的，把握其文体特点，体会文章的实用性和针对性，感受作者在态度、语气、语体风格等方面的差异。

◆学习难点：

（1）本单元四篇文本跨越古今中外，学生难以想象和理解马克思、恩格斯、李斯、林觉民等人的处境。

（2）《在〈人民报〉创刊纪念会上的演说》《在马克思墓前的讲话》为革命导师的著名演讲词，且均为译作，内容深奥，思想深邃，情感深沉；《谏逐客书》《与妻书》均为文言文，文言字词、段落疏通是必要前提。

（四）学情分析

◆知能基础：在同一任务群的前两个单元的学习中，学生对实用性文本有一定的了解。

◆**素养基础**：在研究性学习方面，学生对占有资料和分析判断等方面均具备一定的研习经验和探究能力，能够有效、有序地开展小组合作探究。

◆**不足条件**：学生对四位作者所处的历史时代背景缺乏深入的理解，对课文各自的文体特点、对长难句的丰富内涵掌握不足。

（五）教学框架

基于"社会交往类表达与交流要有针对性和感染力"的单元大概念，本课时大概念"社会交往类表达与交流中的针对性"拟设计两个课时展开学习活动。第1课时，以"倾听勇士之声，感受策士之风，体悟烈士之情"为研习主题，重点着眼于《在〈人民报〉创刊纪念会上的演说》《在马克思墓前的讲话》《谏逐客书》《与妻书》的文本解读，围绕四篇文章的文体，设计学习活动开展教学，具体从三个方面展开学习活动：学习活动一为"初读文本，梳理课文内容"；学习活动二为"再读文本，探究文体特点"；学习活动三为"学以致用，情境写作并分享展示"。第2课时，以"有的放矢，学以致用"为研习主题，通过揣摩品味语句，体会演讲词的语言魅力，体会关涉宏大命题的演讲词的艺术技巧，探寻实用性文章的功能特点，把握社会交往类表达与交流中的针对性。具体从四个方面展开学习活动：学习活动一为"感知文本，回溯语境"；学习活动二为"回归情境，拟写听众期待"；学习活动三为"细读文本，揣摩演讲技巧"；学习活动四为"拓展阅读，学以致用"。

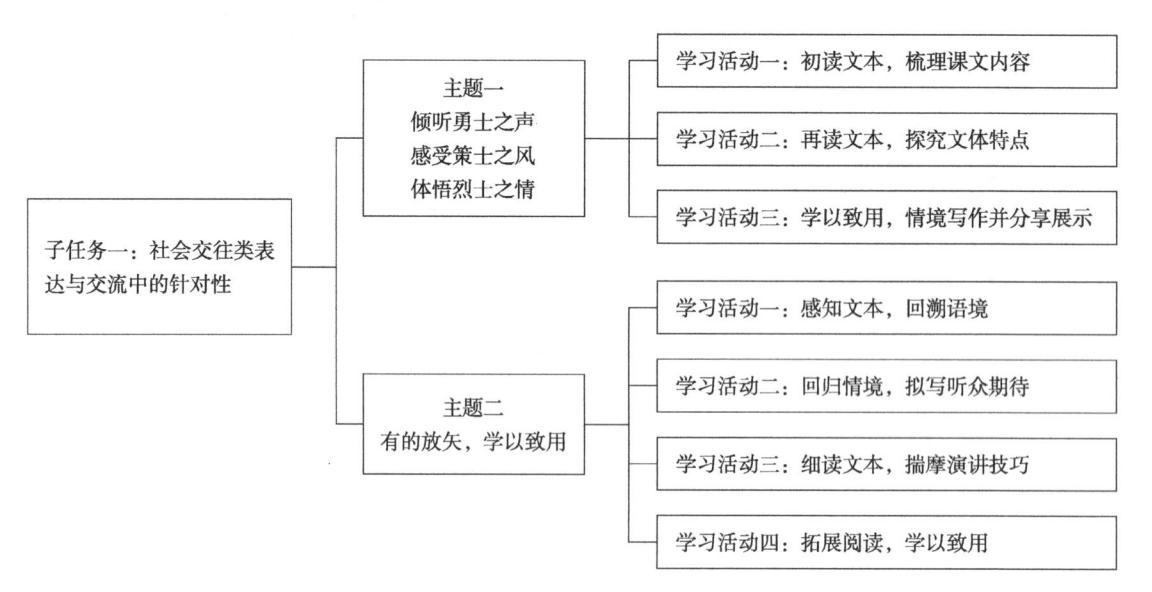

图4-1 课时结构构架与活动程序表

（六）教学过程设计

第1课时
倾听勇士之声，感受策士之风，体悟烈士之情
——《在〈人民报〉创刊纪念会上的演说》《在马克思墓前的讲话》《谏逐客书》《与妻书》联读

（1）导语设计

同学们，我们已经通过搜集、整理相关资料，了解了本单元四篇文章真实的写作背景和写作意图，尽可能地还原了真实的写作情境。今天，我们带着已有的认知，探究在不同的写作目的下，作者是如何选择不同的文体来作为其"意"的承载形式的，并从中掌握社会交往类表达与交流中的针对性这一特点。

（创设意图：创设学科知识认知情境，引导学生直截了当地从三篇实用性文本的写作背景和写作意图出发，探究文章的现实针对性，从而指向课时大概念。）

（2）学习活动一：初读文本，梳理课文内容

实用性文章的写作一般都带有很强的现实针对性，请同学们深入阅读本单元的四篇文章，查阅相关资料，分析马克思、恩格斯、李斯和林觉民是在怎样的一个现实环境中进行实用性写作的，他们的现实目的又是什么？

明确：

《在〈人民报〉创刊纪念会上的演说》是马克思面对志同道合的革命友人发表的即兴演说，以历史唯物主义的观点，阐发了蕴含在资本主义社会"干硬外壳"下的深层矛盾，富于前瞻性地向世界宣告无产阶级的历史使命。

《在马克思墓前的讲话》是恩格斯为他的亲密战友马克思写的悼词，深切缅怀马克思的伟大人格和崇高精神，赞颂了马克思的历史功绩和光辉思想。

《谏逐客书》是李斯针对秦王驱逐客卿的政令发表意见，旨在劝说君王收回成命，为了这一目的，他站在"跨海内，制诸侯"的高度看待逐客的利弊得失，历数秦国过去因任用客卿而逐渐富强的史实，切中了秦王一统天下的雄心，最终成功打动秦王。

《与妻书》是作者写信与妻诀别，倾诉衷肠，一方面表达对妻子的爱意，或直抒胸臆，或追忆往昔；另一方面冲破儿女情长，晓以国家大义，时时作解释和安慰，"吾至爱汝"的深情与"即此爱汝一念，使吾勇于就死也"的勇决，宛如两种旋律交错并进，使文章既缠绵悱恻，又充满浩然正气。

（创设意图：从对经典文本的解读出发，创设学科知识认知情境，明确课时大概念，确立课堂探究研习的内容和方向。）

（3）学习活动二：再读文本，探究文体特点

请同学们自由分组，结合《记梁任公先生的一次演讲》《就任北京大学校长之演说》，探究《在〈人民报〉创刊纪念会上的演说》的文体特点；结合《祭十二郎文》《祭妹文》《芙蓉女儿诔》，探究《在马克思墓前的讲话》的文体特点；结合《邹忌讽齐王纳谏》《出师表》《陈情表》《谏太宗十思疏》，探究《谏逐客书》的文体特点；结合《傅雷家书》，探究《与妻书》的文体特。完成下面表格。

文章	文本体裁	文章受众	受众属性	特点
《在〈人民报〉创刊纪念会上的演说》				
《在马克思墓前的讲话》				
《谏逐客书》				
《与妻书》				

学生表达与交流：

文章	表达与交流
《在〈人民报〉创刊纪念会上的演说》	马克思投身进步报刊，在《人民报》创刊纪念会上（公共场合）的演讲，讲解了无产阶级取代资产阶级的必然结果，具有煽动性。
《在马克思墓前的讲话》	恩格斯在马克思葬礼上（公共场合）的发言，属于悼词，解说了马克思对社会发展所做的贡献，具有评价性。
《谏逐客书》	李斯冒险进谏求生（智、勇），阐述客对国家发展的益处，具有说理性。
《与妻书》	林觉民写给妻子的书信，言说牺牲"吾身"（舍身）与"汝身"之福利（舍小家小爱）为天下人谋永福（为事业献身）的道理与情感，具有感染力。

明确：

作品	文本体裁	文章受众	受众属性	特点
《在〈人民报〉创刊纪念会上的演说》	演讲稿	工人阶级	公众	宣传性、鼓动性、临场性
《在马克思墓前的讲话》	悼词	悼念者（马克思的友人、同志、亲人、仰慕者等）	公众	怀念、评价

续表

作品	文本体裁	文章受众	受众属性	特点
《谏逐客书》	奏疏	君王（此文中为秦始皇）	君王、上级领导	说理、劝谏
《与妻书》	家信	皆可（此文中为作者妻子）	私人	传达情感

演讲词是在较为隆重的仪式上和某些公众场合发表的讲话文稿。演讲词是进行演讲的依据，是对演讲内容和形式的规范和提示，它体现着演讲的目的和手段。演讲主题要鲜明，还要讲究语言技巧。奏疏是随事谏诤、议论政务的文体，务求实效，因而要精心构思，巧妙措辞，选取适当的立足点和切入点。书信要抓住重点，力求写得充实、圆满、简短，要考虑收信人的文化水平及经历，使收信人看得懂信，要写得优美得体，使对方一看就深感真挚可亲。

（创设意图：以探究性学习的方式，选择相关资料，创设学科知识认知情境，引导学生深入分析材料并进行判断，深入理解课时大概念。）

（4）学习活动三：学以致用，情境写作并分享展示

请根据所学知识，结合以下情境，选取任一情景进行写作后向大家展示，小组互评，课后完成二次修改。

①校园艺术节即将到来，学校话剧社将以校史重要人物之一王若飞为中心创作一部话剧。作为参演人之一，请你为王若飞写一则悼词作为开幕独白。

②五四青年节即将到来，学校将举行以"五月·吾愿"为主题的演讲比赛，作为参赛选手之一，请你提交一篇不少于800字的演讲稿。

③"世界读书日"即将来临，学校将举办"晚春咏翰墨，文风传书香"读书周系列活动，你的同桌因心情不佳想放弃参加活动，请你给他写一封劝解信。

④寒食节，怀英烈。清明节将至，学校将组织每个班级的学生代表前往息烽集中营进行祭奠英灵活动，作为班级代表，请你为此集中营中的"小萝卜头"写一篇悼词。

⑤新学期开始，学校各社团招新活动举办得如火如荼，请你为学校辩论队或文学社进行一场招新演说。

（创设意图：创设语文实践参与情境，使学生通过学习实用类文体的类型，了解其特点，并撰写作品，学习有理有据地发表意见，阐发主张，获得语文实践能力；结合当代时代特征，厘清自己的使命，明确自身抱负，落实语文教学"立德树人"的实际作用。）

◆板书设计

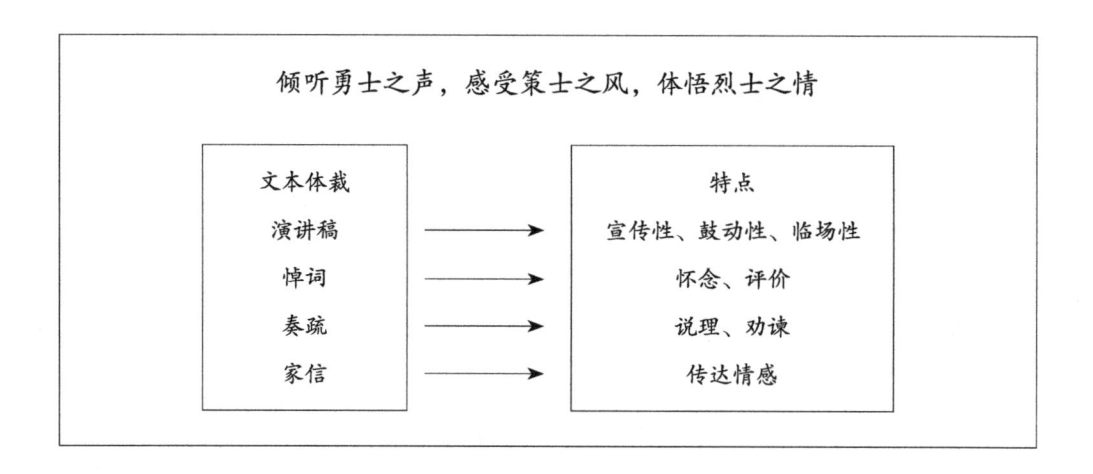

```
         倾听勇士之声，感受策士之风，体悟烈士之情

     ┌──────────┐              特点
     │ 文本体裁  │
     │ 演讲稿   │ ──→       宣传性、鼓动性、临场性
     │ 悼词     │ ──→       怀念、评价
     │ 奏疏     │ ──→       说理、劝谏
     │ 家信     │ ──→       传达情感
     └──────────┘
```

第2课时
有的放矢，学以致用

——《在〈人民报〉创刊纪念会上的演说》《在马克思墓前的讲话》联读

（1）导语设计

贵州师范大学附属中学一年一度的"校园文化艺术节"即将开启，高一语文组拟组织以"我看附中"为主题的征文比赛。为了让同学们能够在比赛中轻松地写作演讲稿，今天以第五单元的两篇经典演讲稿为范文剖析。作为演讲稿中的名篇，这两篇演讲稿都与马克思有关，一篇宣告无产阶级终将获得解放，另一篇是对马克思一生的追念与缅怀，都关涉宏大命题，且有很强的实用性。

（创设意图：以"校园文化艺术节"的征文比赛创设语文实践参与情境，激发学生探究性学习的探究方向，指向课时大概念。）

（2）学习活动一：感知文本，回溯语境

演说都是在一定的背景之下产生的，演说时也会选择一定的场合，面向特定的群体对象，最终实现一定的演说目的。请从这些角度梳理《在〈人民报〉创刊纪念会上的演说》和《在马克思墓前的讲话》两篇演说稿。

学生表达与交流：

演讲篇目	《在〈人民报〉创刊纪念会上的演说》	《在马克思墓前的讲话》	我之得
演说背景	19世纪中叶的欧洲崇尚革命、追求革命，发表这篇演说时，近代欧洲历史上规模最大、范围最广的资产阶级民主革命——1848年革命已经过去，新的革命高潮尚未到来。马克思受邀参加《人民报》创刊4周年纪念会。	1883年3月14日，马克思因病逝世，3月17日，他的葬礼在伦敦海格特公墓举行。作为马克思的亲密战友，恩格斯用英语发表了这篇讲话。	实用性文体的针对性、特定演讲对象、特殊写作目的
演说场合	英国伦敦，创刊四周年纪念宴会。	葬礼追悼会。	
演说对象	出席创刊纪念会志同道合的革命友人（以英国人为主）。	亲属、亲密战友。	
演说目的	马克思想借此鼓舞参加纪念会的志同道合的革命友人们继续战斗，号召大家坚定地投入无产阶级革命浪潮中。	告慰马克思，代表无产阶级对马克思表达敬意。	

明确：演讲稿与一般的文章不同，写作时需要考量具体的场合、听众及演说目的。为了达到演说目的，就必须了解听众期待。

（创设意图：以探究两篇文章的演说背景、场合、对象、目的为任务，以群文阅读的方式，创设学科知识认知情境，引导学生自主研究性探究学习，并得出探究结果。）

（3）学习活动二：回归情境，拟写听众期待

演讲是针对特定听众而展开的一场实用性演说，请同学们试着将自己置身于相应的演说情境之中，想一想，作为听众，你最期待听到的内容是什么？

	《在〈人民报〉创刊纪念会上的演说》	《在马克思墓前的讲话》
学生阐述示例	志同道合的革命友人：对革命未来的判断、鼓舞我坚信理想信念、指明出路。	亲人：如何得到安慰？ 亲密战友：如何评价马克思的功绩？如何表达哀悼之情？离世的具体情形。

（创设意图：回到演说现场情境，假设身份，引导学生在"听众"身份中表达对演说者的内容期待，初步理解社会交往类表达与交流中的针对性，指向对课时大概念的解读。）

（4）学习活动三：细读文本，揣摩演讲技巧

在演讲的过程之中，就听众而言，都是有一定的"听众期待"的，请同学们细读文本，思考演讲者是采用什么样的技巧满足"听众期待"，从而达成演说目的的。

学生表达与交流：

学生发言	《在〈人民报〉创刊纪念会上的演说》	《在马克思墓前的讲话》
学生甲	第1段（比喻）："所谓的1848年革命……本世纪革命的秘密。" 开篇将"轰轰烈烈的1848年革命"比作"细小的裂口和缝隙"，将"无产阶级运动"比喻成"一片汪洋大海"，两个比喻互相对照，无产阶级革命的磅礴气势和深远意义便不言而喻了，演讲的气势也在比喻中深刻起来。通过设喻的方式，展现出1848年革命对于无产阶级运动的意义，由它"宣布"预示的无产阶级解放运动。引起听众的共鸣，激发大家的战斗豪情。（满足听众期待的看法和方向）	第1段（讳饰）："3月14日下午两点三刻……便发现他在安乐椅上安静地睡着了——但已经是永远地睡着了。" 悼词开头，用讳饰的手法委婉地说明了马克思逝世的时间、地点及当时的情景，"停止思想了""永远地睡着了"等含蓄的说法，"下午两点三刻""不到两分钟"等具体数字，都体现作者无限的遗憾、不舍与悲痛之情。这里具体、详细地记录了马克思离世的情形，委婉地表达了情感，回应了听众期待。
学生乙	第4段（用典）："狡狯的精灵……这个会迅速刨土的老田鼠、光荣的工兵——革命。" 引用莎士比亚戏剧中的典故，将革命比喻为"我们的勇敢的朋友、好人儿罗宾，这个会迅速刨土的老田鼠，光荣的工兵"，既风趣幽默，又拉近了与在场的英国听众的距离。马克思借用"老田鼠"和"工兵"形象地比喻革命，表现出革命的行动力，鼓励了工人阶级革命运动。	第4段（比喻）："不仅如此。……而先前无论资产阶级经济学家或者社会主义批评家所做的一切研究都只是在黑暗中摸索。" 恩格斯将剩余价值规律发现之前的一切相关研究比喻为"都只是在黑暗中摸索"，说明马克思的理论成就具有划时代的意义。

续表

学生发言	《在〈人民报〉创刊纪念会上的演说》	《在马克思墓前的讲话》
学生丙	第2段（对比）："的确……同样，欧洲社会在1848年以前也没有感觉到从四面八方包围着它、压抑着它的革命气氛。" 蒸汽、电力和自动纺纱机代表工业革命、先进生产力；巴尔贝斯、拉斯拜尔和布朗基代表资产阶级革命代表（作用甚微），两者对比说明无产阶级才是真正的革命力量。	第8段（对比）："正因为这样……但未必有一个私敌。" 恩格斯将无产阶级与其敌人对待马克思的截然不同的态度相对比，将敌人对马克思的忌恨、污蔑与马克思的毫不在意相对比，这样的对比，既体现了马克思顽强的革命意志、宽广的领袖气度与胸怀，又表达了人们对他的敬仰与爱戴。
学生丁	第4段段末："我知道英国工人阶级从上一世纪中叶以来进行了多么英勇的斗争……而无产阶级就是执刑者。" 最后一句点明了无产阶级和无产阶级革命的前景，既表达了自己对于无产阶级革命的信心，又给听众以鼓舞和力量。从最终意义上说，审判官是历史，由无产阶级创造的历史；执刑者是无产阶级，产生于历史之中的无产阶级。听众由此受到了鼓舞，期待受到满足。	

师生交互课堂实录：

生：《在马克思墓前的讲话》第3段，"正像达尔文发现有机界的发展规律一样，马克思发现了人类历史的发展规律，即历来为繁茂芜杂的意识形态所掩盖着的一个简单事实：人们首先必须吃、喝、住、穿，然后才能从事政治、科学、艺术、宗教等等；所以，直接的物质的生活资料的生产，从而一个民族或一个时代的一定的经济发展阶段，便构成基础，人们的国家设施、法的观点、艺术以至宗教观念，就是从这个基础上发展起来的，因而，也必须由这个基础来解释，而不是像过去那样做得相反。"

这段话旨在说明马克思发现了人类历史的一般规律：生产力决定生产关系，经济基础决定上层建筑。此段内容先以自然领域中达尔文的发现作类比，表明马克思在历史领域中的发现的重要性。句子的主体部分具体解释马克思发现的"历史的发展规律"，分三层意思：（1）基础生存需求决定复杂的高级精神活动；（2）生活资料的生产是上层建筑的基础；（3）必须由经济基础来解释上层建筑，而不是用上层建筑来解释经济基础。精准地使用了"首先""然后""所以""因而"等表示逻辑关系的关联词。

师：这个小组逻辑非常清晰。这个句子很长，但就马克思的伟大成就来说，是非常精练的，而这种精练的表达很大程度上正来自作者的逻辑意识。这是长句的逻辑，大家可以尝试找一下两篇文章段落的逻辑或全文的逻辑。

生：《在〈人民报〉创刊纪念会上的演说》第4段，首先从唯物辩证法的角度出发说"在我们这个时代，每一种事物好像都包含有自己的反面"。接着列举了五组矛盾：机器减少人类劳动和使劳动更有成效与人的饥饿、疲劳；财富的新源泉与贫困的源泉；技术胜利与道德败坏；人类控制自然与个人的奴化；科学与愚昧无知。然后得出结论：表面上是"现代工业和科学为一方与现代贫困和衰颓为另一方的这种对抗"，矛盾的实质是"生产力与社会关系之间"的对抗。接着说"有些党派可能为此痛哭流涕；另一些党派可能为了要摆脱现代冲突而希望抛开现代技术；还有一些党派可能以为工业上如此巨大的进步要以政治上同样巨大的倒退来补充。"以三种态度来评价革命。最后指出解决这种矛盾的根本途径，"我们知道，要使社会的新生力量很好地发挥作用，就只能由新生的人来掌握它们，而这些新生的人就是工人"，即只有工人才能让社会的新生力量发挥作用，无产阶级革命必将推翻资产阶级统治。

师：这段演讲内容以"提出社会矛盾—分析社会矛盾—提出解决方法"为基本思路，条理清晰，逻辑严密，既回应了对革命的看法，也指出了革命的方向。

明确：在演讲中，为实现听众期待，演讲者会使用一些精妙的修辞，但不管是运用比喻和对比，还是讳饰、用典，演讲者都考虑到演说的对象，所以写作演讲词要有一定的对象意识，除此之外，还要有一定的逻辑意识。

（创设意图：引导学生细读两篇演讲词，揣摩演讲技巧、演说方式、逻辑结构等，创设学科认知情境，引导学生深入探究课时大概念。）

（5）学习活动四：拓展阅读，学以致用

阅读2020年五四青年节献给新一代青年的演讲词《后浪》，从写作目的、演说场合、听众期待等方面对这一篇演讲词进行体会并分析。

那些口口声声，一代不如一代的人，应该看着你们，像我一样。

我看着你们，满怀羡慕，人类积攒了几千年的财富，所有的知识、见识、智慧和艺术，像是专门为你们准备的礼物。

科技繁荣、文化繁茂、城市繁华，现代文明的成果被层层打开，可以尽情地享用。自由学习一门语言，学习一门手艺，欣赏一部电影，去遥远的地方旅行。很多人从小就在自由探索自己的兴趣，很多人在童年就进入了不惑之年，不惑于自己喜欢什么，不喜欢什么。

人与人之间的壁垒被打破，你们只凭相同的爱好就能结交千万个值得干杯的朋友。你们拥有了，我们曾经梦寐以求的权利，选择的权利，你所热爱的就是你的生活，你们有幸遇见这样的时代，但是时代更有幸遇见这样的你们。

我看着你们，满怀敬意，向你们的专业态度致敬，你们正在把传统的变成现代的，把经典的变成流行的，把学术的变成大众的，把民族的变成世界的。你们把自己的热爱变成了一个和成千上万的人分享快乐的事业，向你们的自信致敬，弱小的人，才习惯嘲讽与否定，内心强大的人，从不吝啬赞美与鼓励；向你们的大气致敬，小人同而不和，君子美美与共，和而不同。

更年轻的身体，容得下更多元的文化、审美和价值观。有一天我终于发现，不只是我们在教你们如何生活，你们也在启发我们怎样去更好的生活。那些抱怨一代不如一代的人，应该看看你们，就像我一样。

我看着你们，满怀感激，因为你们这个世界会更喜欢中国，因为一个国家最好看的风景，就是这个国家的年轻人。因为你们，这世上的小说、音乐、电影所表现的青春就不再是忧伤、迷茫，而是善良、勇敢、无私、无所畏惧，是心里有火，眼里有光，不用活成我们想象中的样子。

我们这一代人的想象力不足以想象你们的未来，如果你们依然需要我们的祝福，那么，奔涌吧，后浪！我们在同一条奔涌的河流。

明确：开篇以驳斥"一代不如一代的人"的方式，抓住听众心理，吸引听众注意。从修辞上来看，这篇演讲词不仅在句与句之中使用了排比，而且在段落之中也运用了排比，给人以一气呵成之感，加强表达效果，增强感染力，逐渐将听众情绪推向高潮。以排比说理，也使得演讲在观点阐述上变得更为深刻，行文结构清晰，逻辑严密。

（创设意图：以拓展阅读的方式，引导学生进入特定的时代场景，并创设认知情境和真实情境，让学生在对所给材料进行分析探究的基础上，学以致用，增强对语言文字的实用意识，走向对课时大概念的理解。）

◆板书设计

```
    修辞           对象
        ↘       ↙
        ┌─────┐
        │针对性│
        └─────┘
        ↗       ↖
    场合           逻辑
```

（七）学习测评

2023年11月贵州师范大学附属中学将迎来省级一类示范性学校的评估专家，请你以附中学子的身份，写一篇演讲词，向评审专家对学校进行宣讲。

（八）教学反思

◆主要亮点：本课时大概念为"社会交往类表达与交流中的针对性"，指向单元大概念"社会交往类表达与交流要有针对性和感染力"。在引导学生学习的过程中，注重创设学科知识认知情境，在教学过程中，重视学生的探究性研习，同时也注重培养学生在探究性研习过程中的独立阐述表达能力。所有学习活动以探究实用类文本的针对性为中心，以教材文本的深入阅读为基础，既突出了群文阅读教学的优势，同时也有助于培养学生的基于情境问题式的研究性学习的关键能力。

◆存在不足：四篇文章都涉及较复杂的历史、社会背景，其中既有文言文，又有翻译作品，特别是马克思、恩格斯两位革命导师的作品，内容主题颇有深度，阅读难度较高，学生对作品的思想深度难以拥有深刻认识。

◆再教设计：由于文章经典性强，在学生的前置学习中以文本的形式增补相关的历史文化背景知识材料，同时注重对单篇课文的解析和鉴赏，以帮助学生更好地理解文本。

第三节　课时大概念Ⅱ教学设计示例

教学设计：王菽梅　向友谊

本课时大概念为"社会交往类表达与交流中的感染力"，意在对《谏逐客书》《与妻书》两篇选文进行分析探究，明确作为实用类文本类型之一的社会交往类的文本，在表达和交流中，基于一定的表达对象和与目的，要达成一定的交流效果，就需要作者的文章具有感染力。学生明确"感染力"的内涵、实现的路径，可以更好地完成本单元的单元大概念的学习，实现"立德树人"的根本目标。根据课程容量和学习内容，本课时大概念的探究安排两个课时。

（一）大概念析读

1. 大概念理解

"社会交往类表达与交流中的感染力"课时大概念的探究学习指向单元大概念"社会交往类表达与交流要有针对性和感染力。"

"感染力"是指能引起别人产生相同思想感情的力量、启发智慧或激励感情的能力，蔡毅在《文学感染力特性描述》中这样阐释："它不是一种成分单纯、内容明确的推动力，而是一种内涵宽泛、成分多样的合力，是一个从'感'到'染'，即从感觉、感触、感动到传染、熏染、浸染的过程。既包含刺激、诱导、想象、联想、渗透、陶醉、震撼、启迪、共鸣等多种心理因素与心理成分，也包含渲染力、解释力、魅力、征服力等多种心理效应。"[1] 由以上对文学感染力的分析可知，文学感染力是文学作品带给读者的一切阅读的感受与影响，是文学作品特有的一种综合审美效应。

就本课时大概念的学习而言，以"社会交往类表达与交流中的感染力"为教学重点，对《谏逐客书》与《与妻书》进行研读与探究，引导学生思考、讨论两篇文本在"感染力"方面的表现与内涵，进而激发学生对于"社会交往类文本的感染力"探索与实践。

2. 大概念解构

实施"社会交往类表达与交流中的感染力"大概念教学，需要根据本单元的两篇选文综合创设学科知识的认知情境和学生语文实践的真实情境。尤其是两篇选文都是文言文，在达成教学目标的过程中，必须给学生搭建足够的学习阶梯。这是因为，其一，学生生活在现代的社会环境中，很难想象和理解李斯、林觉民等人的处境，需要给出相关的时代背景资料；其二，两篇文本为文言文，文言字词、段落疏通是必要前提。

"感染力"是一个相对主观、抽象的概念，在落实教学目标时，需要化虚为实，将可感、可悟的主观阅读体验转化为可听、可视的语言文字表达与交流，这需要设计的教学情境与问题具有层递性，由浅入深，由窄到宽，给学生可以表达与交流的支点与参照。

因此"社会交往类表达与交流中的感染力"课时大概念的教学内容主要从以下两个课时共五个方面进行展开，引导学生走向对课时大概念的理解，并指向单元大概念。其中第一个课时包含两个方面，一是掌握《谏逐客书》重点字词，疏通文意；

---

[1] 蔡毅.文学感染力特性描述[J].云南社会科学，2004（6）：148—152.

二是细读文本，梳理文本结构，完成《谏逐客书》《与妻书》的思维导图。

第二个课时包含三个方面，一是文学感染力的概念阐释；二是两篇文本感染力的体现，即《谏逐客书》以理服人，《与妻书》以情动人；三是回到今天，从感染力的角度谈谈你对两篇文本的感受。

（二）学习目标

（1）（学生）结合注释，理解文言字词，梳理文本内容。（语言建构与运用）

（2）（学生）细读文本，制作两篇文本的思维导图，理解文章的思路与结构。（思维发展与提升）

（3）（学生）通过对文章语言、形象、情感的感受和体验，明确两篇文本感染力的体现：《谏逐客书》以理服人，《与妻书》以情动人。（审美鉴赏与创造）

（4）（学生）继承和弘扬中华优秀传统文化、革命文化，拓展文化视野，增强文化自觉，提升中国特色社会主义文化自信。（文化传承与理解）

（三）学习重难点

◆学习重点：了解掌握文学作品感染力的内涵；思考分析两篇文本感染力的体现，即《谏逐客书》以理服人，《与妻书》以情动人。

◆学习难点：对文学感染力这个抽象概念的理解与运用；两篇文本的感染力具体的体现及对当下学生价值观的影响。

（四）学情分析

◆知能基础：在上一个课时大概念的学习中，学生对社会交往类文本已有比较深刻的了解，本课时大概念依然是针对社会交往类文本的阅读，不过是其另一个表现特征。在高中语文必修阶段，学生对优秀的传统文化、革命文化也有一定的解读。

◆素养基础：在研究性学习方面，学生在对资料的占有和分析判断等方面均具备一定的研习经验和探究能力，能够有效、有序地开展小组合作探究。

◆不足条件：学生对文学感染力这个抽象概念的理解与运用有一定的难度，需要给予充分的概念阐释，并且搭建学习支架，帮助学生理解和掌握。

（五）教学框架

基于"社会交往类文本阅读与写作"的单元大概念，本课时大概念"社会交往类表达与交流中的感染力"拟设计两个课时展开学习活动。

以"社会交往类表达与交流中的感染力"为学习主题，梳理、分析本单元两篇文本《谏逐客书》《与妻书》作为"书"在文学感染力上的不同表现，以期实现对这一社会交往类文本感染力的探寻，具体从五个方面展开学习活动。学习活动一，结合阅读文本，提出并阐释文学感染力的概念；学习活动二，结合课下注释，掌握《谏逐客书》重点字词，疏通文意；学习活动三，在疏通文本的前提下，完成《谏逐客书》《与妻书》的思维导图；学习活动四，回溯语境，探究两篇文本对于秦始皇、陈意映具有感染力的特点；学习活动五，探讨两篇文本对当今读者所具有的感染力。

```
子任务二：社会交往类表 ── 主题：感染力 ── 学习活动一：文学感染力的概念阐释
达与交流中的感染力                         学习活动二：掌握《谏逐客书》重点字词，疏通文意
                                           学习活动三：完成《谏逐客书》《与妻书》的思维导图
                                           学习活动四：回溯语境，探究两篇文本对于秦始皇、
                                                     陈意映具有感染力的特点
                                           学习活动五：两篇文本对当今读者的感染力
```

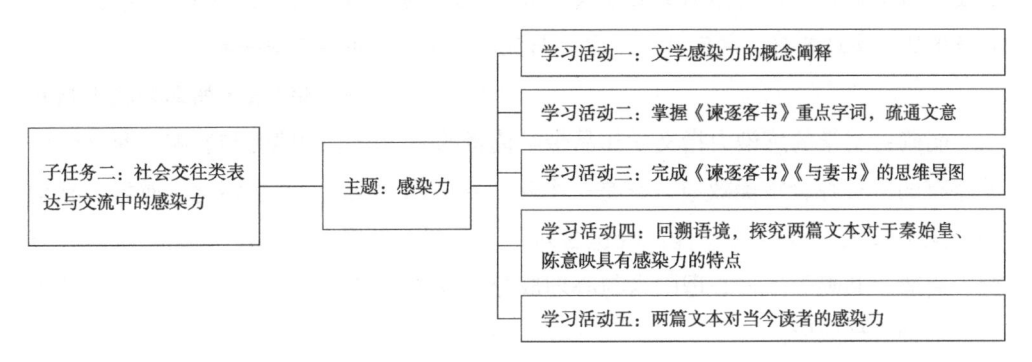

图 4-2　课时结构构架与活动程序表

（六）教学过程设计

纵横捭阖与侠骨柔情皆动人
——《谏逐客书》《与妻书》联读

第 1 课时

（1）导语设计

《谏逐客书》《与妻书》两篇文本标题中虽然都有一个"书"字，但它们的阅读对象不同、文体不同，给读者带来的感受也有着显著的差异，尽管如此，它们仍以其独特的方式给人以强烈的感染力。那么，什么是文学作品的感染力？我们一起来完成学习活动一。

（创设意图：创设学科知识认知情境，激发学生探究性学习的方向，指向课时大概念。）

（2）学习活动一：文学的感染力

阅读下面两段文字，结合你的阅读经历谈谈你对文学感染力的认识。

文段一：

读诸葛孔明《出师表》而不堕泪者，其人必不忠；读李令伯《陈情表》而不堕泪者，其人必不孝；读韩退之《祭十二郎文》而不堕泪者，其人必不友。

——青城山隐士安子顺

文段二：

当我还是个小孩子的时候，就晕头转向地倾倒于这位狂热的作家（雨果）。我一口气读了五遍《悲惨世界》。刚刚读完书，当天又从头读起。我弄到一张巴黎地图，把小说中提到的地方一一在地图上标示出来。我仿佛亲身经历了《悲惨世界》中的情节，直到今天，在我内心深处仍把冉阿让、珂赛特、伽弗洛什视作我童年时代的朋友。自那时起，巴黎不只是维克多·雨果笔下的人物的故乡，也成了我的故乡。我虽然还未去过巴黎，却已爱上了它。而且这种感情一年强烈似一年。①

——[俄]康·帕乌斯托夫斯基

明确：文学的感染力指文学作品带给读者的一切阅读的感受与影响，是文学作品特有的一种综合审美效应，它是一个从"感"到"染"，即从感觉、感触、感动到传染、熏染、浸染的过程，既包含刺激、诱导、想象、联想、渗透、陶醉、震撼、启迪、共鸣等多种心理因素与心理成分，也包含渲染力、解释力、魅力、征服力等多种心理效应。

一切经得起时间检验的、沉淀下来的经典文学作品都具有其特殊的感染力。无论是小说、散文、诗词，还是具有交际功能的社会交往类的文本都有这样的特性，概无例外。这节课我们将联读《谏逐客书》《与妻书》，探讨社会交往类表达与交流中的感染力。

（创设意图：从学生的阅读经验出发，创设生活的真实情境、知识情境，学生结合自己的阅读经历，谈谈文学作品带给自己的阅读感受，包括激起的情绪波动、情感的共鸣、长久的思想冲击，以及对智慧、心灵的启迪等。教师就学生发言进行总结，明确课时大概念，确立课堂探究的内容和方向。）

学生表达与交流：

（3）学习活动二：结合课下注释，疏通《谏逐客书》《与妻书》。

明确：快速疏通文意，明确文本的基本内容。

（创设意图：学生阅读思考相结合，创设知识情境，明确实现课时大概念基本路径，为课堂探究的内容和方向奠定基础。）

（4）学习活动三：完成《谏逐客书》《与妻书》的思维导图。

根据你对文本内容的理解，为这两篇文本绘制思维导图，并分享给大家。

---

① [俄]康·帕乌斯托夫斯基.金蔷薇[M].戴骢，译.上海：上海译文出版社，2013：267.

《谏逐客书》思维导图

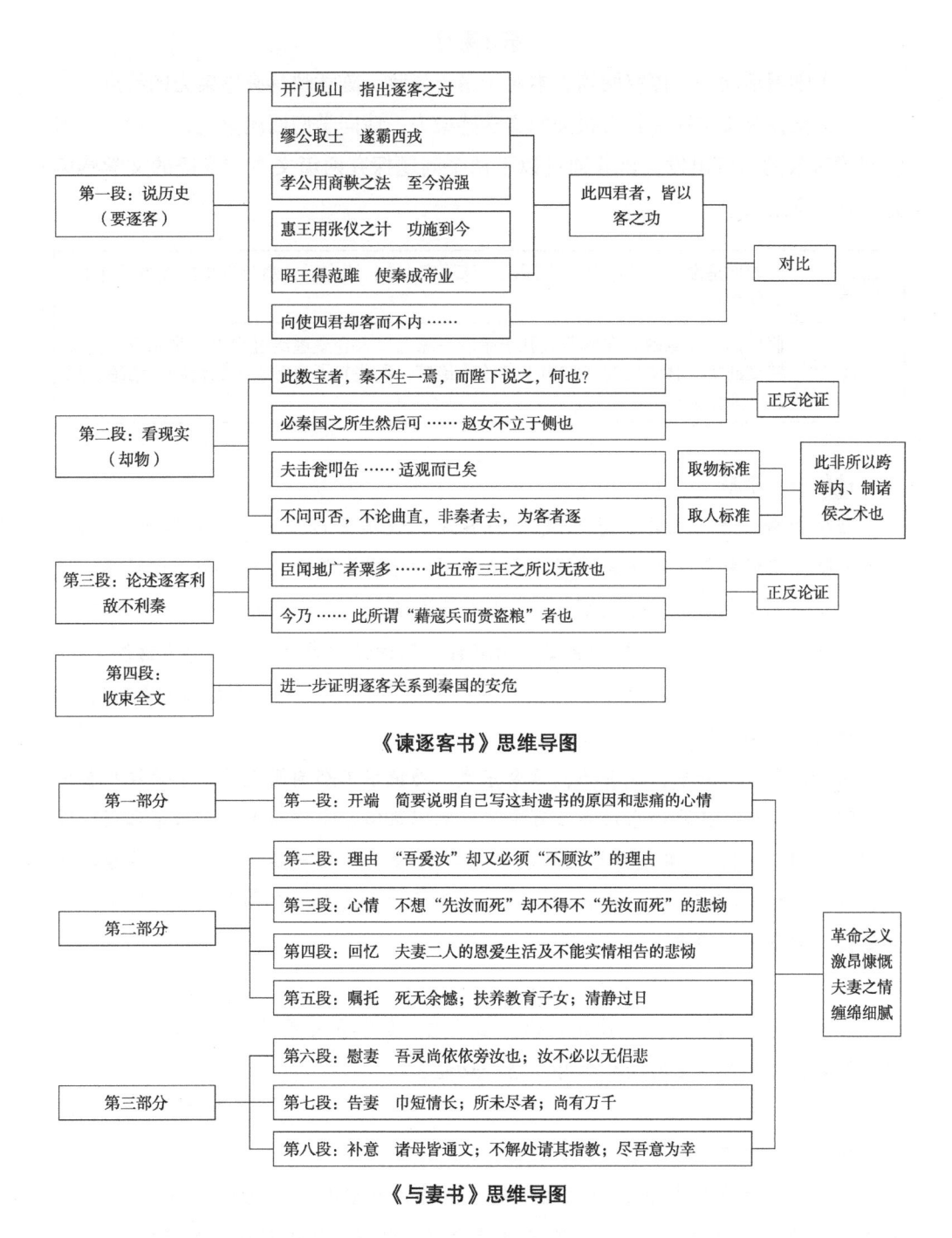

- 第一段：说历史（要逐客）
  - 开门见山　指出逐客之过
  - 缪公取士　遂霸西戎 ┐
  - 孝公用商鞅之法　至今治强 ├─ 此四君者，皆以客之功 ── 对比
  - 惠王用张仪之计　功施到今 ┤
  - 昭王得范睢　使秦成帝业 ┘
  - 向使四君却客而不内……

- 第二段：看现实（却物）
  - 此数宝者，秦不生一焉，而陛下说之，何也？ ── 正反论证
  - 必秦国之所生然后可……赵女不立于侧也
  - 夫击瓮叩缶……适观而已矣 ── 取物标准 ┐
  - 不问可否，不论曲直，非秦者去，为客者逐 ── 取人标准 ┴─ 此非所以跨海内、制诸侯之术也

- 第三段：论述逐客利敌不利秦
  - 臣闻地广者粟多……此五帝三王之所以无敌也 ── 正反论证
  - 今乃……此所谓"藉寇兵而赍盗粮"者也

- 第四段：收束全文
  - 进一步证明逐客关系到秦国的安危

《谏逐客书》思维导图

《与妻书》思维导图

- 第一部分
  - 第一段：开端　简要说明自己写这封遗书的原因和悲痛的心情

- 第二部分
  - 第二段：理由　"吾爱汝"却又必须"不顾汝"的理由
  - 第三段：心情　不想"先汝而死"却不得不"先汝而死"的悲恸
  - 第四段：回忆　夫妻二人的恩爱生活及不能实情相告的悲恸
  - 第五段：嘱托　死无余憾；扶养教育子女；清静过日

- 第三部分
  - 第六段：慰妻　吾灵尚依依旁汝也；汝不必以无侣悲
  - 第七段：告妻　巾短情长；所未尽者；尚有万千
  - 第八段：补意　诸母皆通文；不解处请其指教；尽吾意为幸

革命之义　激昂慷慨
夫妻之情　缠绵细腻

《与妻书》思维导图

学生表达与交流：

（创设意图：创设学科知识认知情境，引导学生将文本阅读与思维训练相结合，为课时大概念的探究和落实奠定基础。）

第2课时

（1）学习活动一：探究两篇文本对于秦王嬴政、陈意映具有感染力的特点

社会交往类文本往往具有很强的文学感染力，请同学们回溯语境，从两篇文本的阅读对象的角度出发，试着通过以下两个问题探究两篇文本中渗透的文学感染力，并分享给大家。

问题一	假如你是秦王，你收到了李斯的《谏逐客书》，读完后，最打动你的地方是什么，为什么？
问题二	假如你是陈意映，在挺着大肚子带着一家七口人仓皇逃离过程中，收到革命党人转交的丈夫林觉民写在方巾上的临终绝笔，哪些句子会触动你的情绪、情感、思想，为什么？

材料一：李斯

乃从荀卿学帝王之术。学已成……至秦，说秦王曰："……自秦孝公以来，周室卑微，诸侯相兼，关东为六国，秦之乘胜役诸侯，盖六世矣。今诸侯服秦，譬若郡县。夫以秦之疆，大王之贤……足以灭诸侯，成帝业，为天下一统，此万世之一时也……"秦王乃拜斯为长史，听其计，阴遣谋士赍持金玉以游说诸侯。

——《史记·李斯列传》

材料二：郑国渠事件

而韩闻秦之好兴事，欲罢之，毋令东伐，乃使水工郑国间说秦，令凿泾水自中山西邸瓠口为渠，并北山东注洛三百余里，欲以溉田。中作而觉，秦欲杀郑国。郑国曰："始臣为间，然渠成亦秦之利也。"秦以为然，卒使就渠。渠就，用注填阏之水，溉泽卤之地四万余顷，收皆亩一钟。於是关中为沃野，无凶年，秦以富强，卒并诸侯，因命曰郑国渠。

——《史记·河渠书》

会韩人郑国来间秦，以作注溉渠，已而觉。秦宗室大臣皆言秦王曰："诸侯人来事秦者，大抵为其主游间於秦耳，请一切逐客。"

——《史记·李斯列传》

材料三：林觉民与陈意映

1905年，林觉民与陈意映结婚。婚后，陈意映受林觉民影响，带头放小脚，入福州女子师范学堂学习。林觉民亲自教授国文课程，抨击封建之黑暗吃人礼教，并介绍欧美先进国家的社会制度和男女平等情况，陈意映也成了该校首届毕业生。

陈意映与林觉民感情深厚，支持林觉民进行革命活动，曾对他说："君此后有

远行，必以告妻，愿偕行。"林觉民深为自己感到幸运，他曾对友人说："意映的性情与偏好，都与我相同。这真真是一个天真浪漫的女子，此生得之，我何其有幸！"

而相处之中，林觉民的思想意志也震撼着她。她理解他，无条件支持他。自己的丈夫是一个堂堂的热血男儿，他愿做一切，只愿国好，而她愿做一切，只为他好。

1911年3月，林觉民从日本回福州，召集同志谋往广州起义，交密在西禅寺制炸弹装棺木中，运往支援革命党人，陈意映打算打扮成贵妇的样子随行掩护，但因怀着身孕最终没有同行。

同年，陈意映带着一家大小七口人在光禄坊早题巷一幢偏僻的小房子中安顿。在这里，她收到了革命党人辗转送来的林觉民在香港滨江楼上写下的《与妻书》。

——《八闽文脉·记忆》

学生表达与交流：

学生甲	我选择第一个问题谈谈我的理解。如果我是秦王，我会被李斯的格局触动。他作为一个被列于驱逐之内的客卿，不顾个人前途，却有"跨海内，制诸侯"的境界，着实令人意外。李斯此文最难得的地方就是排除一己之私，从秦国兴衰的角度成就此文，让我不得不再次考虑"逐客"对秦国的大业是否有利。
学生乙	触动我的是他的雄辩滔滔，思路清晰，文采飞扬，纵横捭阖。郑国渠事件带来了连锁反应，客卿成为秦国眼中钉，每个人都有身负六国使命、前来刺探秦国的间谍的嫌疑。而他始终站在是否有利于一统天下的高度上发议论，把每个层次的落点都建立在这样一个根本利害关系上，"纳客就能统一天下，逐客则可能亡国"。这就抓住了问题的关键，击中了我的要害。
学生丙	确实。"妙在绝不为客谋，而通体专为秦谋"。他的文章回顾历史与剖析眼前相结合，继而展望将来，从古说到今，从现在说到将来。时间推移有一定的顺序，可谓"道古论今"。"道古"是借鉴历史，"论今"是解释是非，"展望"的是家国命运。利害关系一步比一步重要。所选事实是被说服者最接近、最熟悉的。秦国历史上的国君很多，为什么只选了这四位呢？因为这四个君王在重用客卿和功业方面是最突出的。在物与人的对比中，也选用的是秦王生活中熟悉的场景，大量列举事实做依据，产生了事实胜于雄辩、论据无可辩驳的说服力量，事例的典型性、重要性，大大强化了说理的根据和分量。

明确：同学们的发言非常精彩，抓住了问题的核心，也解决了为什么李斯凭借一篇几百字的文章就可以让秦王改变想法的问题。李斯的格局、文章论证的严谨、各位"秦王"的雄才大略让我们看到了，即使是一篇奏疏也具有其强大的感染力——以理服人。

学生表达与交流：

学生甲	我始终是以陈意映的身份和视角来读这封信的，内心痛苦至极。拿到丈夫绝命书的这一刻，我能想象到她痛苦极了，甚至跪坐在地上不停地哀号着，人世间最悲惨的结局为何要她来承受。他走了，可她呢，可她肚子里未出生的孩子呢？她能理解丈夫的大义，丈夫成就了大义，不负天下和苍生，可独独负了她。信中的字字句句都化作了一根根钢针，一针一针扎在她的心上。她只是一个乱世中的柔弱女子，所求不过是和丈夫相伴，愿意支持丈夫的事业：君此后有远行，必以告妻，愿偕行。
学生乙	我和同学的感触不太一样。若我是陈意映，收到丈夫的遗书，我会悲伤，会痛苦，但我会理解丈夫的选择。他铮铮侠骨，为了国家的前途、民族的未来、天下人的永福，英勇赴死。正是他，给了我生的希望与力量。他选择义无反顾，并不是绝情断义，我要和孩子们以他之名活下去，完成他未竟的事业。
学生丙	我同意前边同学的发言。略有不同的地方是，作为陈意映，我能感受到丈夫心中的不舍和笔端的矛盾。正是经过了这样的矛盾和斗争，他做出了为革命献出自己的生命的抉择。革命前，他还嘱托妻子，教导稚儿像他一样，有报国的赤诚之心，有革命的热血之魂。真正的革命人格和爱国精神，就是无论面对怎样的困难，无论身处何种境地，都将家国之魂深藏于心，都始终捍卫祖国万里山河，在追求人民幸福、国家安宁的过程中百折不挠地奋斗。

明确：同学从林、陈二人的夫妻情深，林觉民的侠骨铮铮、舍生取义两个方面谈谈读这封家书的感受。流淌在文字背后的是林觉民百般劝解的深情，是矛盾交织的心情，是胸怀天下的真情，简而言之，《与妻书》的感染力在于以情动人。

文学的感染力是作品中文字的力量的具体体现，它存在于真诚的书写、生命的激情、深刻的用意、高远的理想之中。

（创设意图：创设学科知识认知情境、回到历史现场，引导学生由课本学习到个人心灵体验，围绕课时大概念，落实"社会交往类表达与交流中的感染力"课时大概念。）

（2）学习活动二：两篇文本对当今读者的感染力

文章中的感染力及其体现出来的精神能够穿越时空，跨越历史，请从历史的角度谈谈你对文中感染力的认识。

师生交互课堂实录：

生：无论是李斯还是林觉民，他们都对时代有着清醒的认知。李斯师从荀子，从"厕鼠"到"仓鼠"，他始终怀有远大抱负，他可以为了实现自己的人生理想不远千里来到秦国，为了实现理想冒着生命危险向秦王谏言，足见他有抱负，且有为了抱负敢于牺牲的决心。同样，林觉民深知时代之不幸，远赴日本求学，忍受与家人分别的痛苦，不愿在乱世苟活，他学习新知识，学习救国救民之方，牺牲自我，无怨无悔,亦感人至深。如今,我们新时代的青少年,恰逢盛世,风华正茂,又该以怎样的姿态担负起时代的使命呢?

我认为,我们要有远大的抱负。随着生活水平提高,我们越来越追求有品质的生活,而往往忽略了个人价值,这也是为什么越来越多的人叫喊着"迷茫""空虚"。那么,我们就要多读书,去明理,去看世界,在这个过程中,去思考,去探求本我,去追求人生价值。让理想指引前进的方向,让理想唤醒年轻的不安分的心,带你筑梦、圆梦!

一个人能有多大的成就,不在于他有多大的能力,而在于他所在的高度。一个常常看到泪水的人,必然有一颗悲悯的心,也就更懂得如何让他人幸福;一个常常以天下为使命的人,也必然有指点江山的气魄,更懂得如何为生民立命。所以,不要让思维局限了自己的未来,不要让视野挡住了方向。

师:一封奏疏,纵横捭阖,扭转乾坤,成功地令秦王改变了驱逐客卿的决定,自己再次获得秦王重用。"跨海内,制诸侯",群臣同心,天下一统成为可能,李斯以满腹才华与一腔孤勇书写统一天下的高远之志,铺排扬厉,让人精神为之一振;一封家书,写尽牵挂与不舍,在夫妻柔情与民族前途的矛盾抉择中舍生取义,信中有伟大的爱情,更有革命志士为了于"遍地腥云,满街狼犬"中"为天下人谋永福"的自我奉献与牺牲,林觉民用肺腑之言书男儿之志,娓娓道来,让人潸然泪下。两篇文本的感染力带给了秦王和陈意映,也带给了后世一代又一代的中华儿女。

文学作品的感染力,不只在于当时当地对固定的阅读对象,还在于对后世的影响。"感染力与作家艺术家的情感态度、思想高度、话语方式、文化品位和世界观、人生观都紧密相关,作家只有致力于人们普遍感兴趣的问题,倾情文字,以真诚的心灵坚持书写真诚的文字,以优雅的情致坚持创造精美的作品……才能在历史与时代、个体与人类、生活与实践的全新高度上感染、征服读者,为人类思想、情感和智慧的发展做出应有的贡献。"[①]

◆板书设计

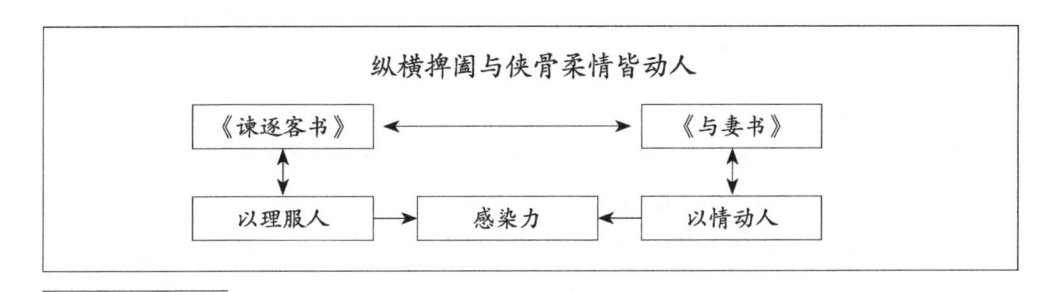

```
            纵横捭阖与侠骨柔情皆动人
    ┌─────────┐              ┌─────────┐
    │《谏逐客书》│ ←─────────→ │《与妻书》│
    └─────────┘              └─────────┘
         ↕                         ↕
    ┌─────────┐   ┌──────┐   ┌─────────┐
    │ 以理服人 │ → │感染力│ ← │ 以情动人 │
    └─────────┘   └──────┘   └─────────┘
```

---

① 蔡毅.文学感染力特性描述[J].云南社会科学,2004(6):148—152.

（七）教学反思

◆**主要亮点**：其一，本课时大概念聚焦于社会交往类表达与交流中的感染力，对《谏逐客书》《与妻书》进行解构与建构，探究两篇文本作为实用类文本为了实现交流、交际的目标而具有的感染力，尤其是化抽象为具体，从以理服人和以情动人两个角度完成对"感染力"的阐释，为学生学习提供了可实现的路径。其二，以回溯语境的方式，带领学生重返现场，以秦王、陈意映的视角研读文本，提供了相对合理的情境，为实现教学目标搭建合理的台阶。

◆**存在不足**：对于文学理论的阐释不够充分，备课的"度"的掌握不是特别理想。

◆**再教设计**：在信息化的时代，应该鼓励并支持学生利用各种有效的途径自主搜集并获取与学习活动相关资料，在教学课堂上对如何理性、深入地分析已获取的资料进行示范。教师也可以适当地对需要涉及的资料进行补充和解读。

第四节 课时大概念Ⅲ教学设计示例

教学设计：向友谊 王葹梅

（一）大概念析读

本课时的大概念为"演讲词的写作"，根据学习内容和课堂容量，本课时概念的学习需要一个课时，基于《在〈人民报〉创刊纪念会上的演说》《在马克思墓前的讲话》两篇演讲稿的文本解读，设计学习活动，归纳演讲稿的文体特征，让学生制作评价量表，从而学习如何撰写演讲稿。

1. 大概念理解

"演讲词的写作"课时大概念的探究学习围绕"实用性阅读与交流"学习任务群强调的"实用性文本的独立阅读与理解"展开，"演讲词的写作"解读重点是"演讲词"和"写作"。关于演讲词的文体特征，学生在前面理解性阅读、鉴赏性阅读的课堂中已经有了初步了解；关于写作，课堂教学则由理解性阅读、鉴赏性阅读走向审辨性阅读和实用性表达，以学生学会社会交往类文本的表达和交流为落脚点。

2.大概念解构

阅读是输入和内化，表达则是输出和外化，强调提升学生的表达水平，增强在实际生活情境中有效交流和表达的能力。本课时大概念对应的内容为统编版高中语文必修（下册）第五单元学习任务一，教学活动过程涵盖了阅读、比较、交流等环节，体现了统编版高中语文教材将写作任务融入整体学习活动的理念。本单元的两篇演讲稿都有明确的写作意图和实际的作用，其结构安排、内容选择、语言运用等都与前者密切相关，因此本课首先需要设计真实的情境，让学生回溯语境，重新整合对两篇课文的理解，引导学生把评析和演讲稿的针对性、感染力结合起来，反思自己的阅读收获，提升思维品质和表达能力。

（二）学习目标

（1）（学生）通过梳理课文中比较突出的逻辑结构特点和语言运用特点，阐述自己的观点，积累言语经验。（语言建构与运用）

（2）（学生）通过分组探究与讨论制定评价量表，强化表达交流的情境意识、问题意识，提升思维发展，提高实用性表达的素养。（思维发展与提升、审美鉴赏与创造）

（3）（学生）通过小组讨论、探究，理解作者的深刻思想，深化对社会问题或现象的思考，体现时代精神。（思维发展与提升、文化传承与理解）

（三）学习重难点

◆学习重点：制作演讲稿的评价量表。

◆学习难点：理解作者的深刻思想，深化对社会问题或现象的思考。

（四）学情分析

◆知能基础：学生在初中阶段已知演讲稿写作的相关教学内容，对演讲稿的文体特征和基本写作方法有一定了解。

◆素养基础：在研究性学习方面，学生对占有资料和分析判断等方面均具备一定的学习经验和探究能力，能够有效、有序地开展小组合作探究。

◆不足条件：学生对马克思和恩格斯这两位革命导师所面临的历史时代背景缺乏深入的理解，欠缺深刻观察社会现象、思考社会问题、把握时代特征的能力。

（五）教学框架

基于"社会交往类表达与交流要有针对性和感染力"的单元大概念，本课时大概念"演讲词的写作"拟设计一个课时展开学习活动。在本课时内，以"学习写演讲词"为主题，借助前面课程对于《在〈人民报〉创刊纪念会上的演说》《在马克思墓前的讲话》两篇演讲稿的文本解读，围绕演讲稿的文体特征，设计学习活动开展教学。具体从三个方面展开学习活动：学习活动一为"回顾课文，归并角度"；学习活动二为"明确任务，拟写提纲"；学习活动三为"交流评价，有效表达"。最后修改提纲，完成演讲稿的写作。

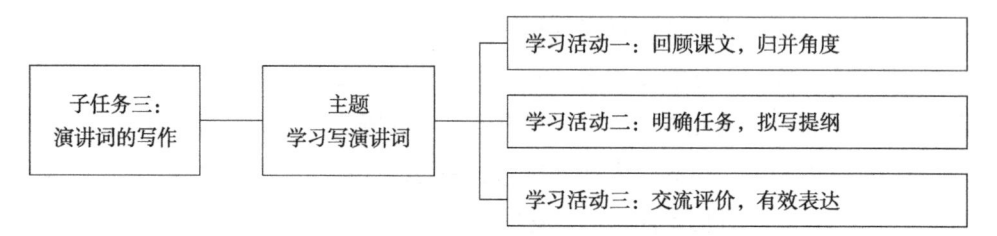

图4-3 课时结构构架与活动程序

（六）教学过程设计

（1）导语设计

同学们，临近五四青年节，学校准备举办一场"跨越时代的青春之歌"演讲稿评选活动，具体写作要求以2019年全国Ⅱ卷作文真题为准。在前几节课的学习中，我们已经初步掌握了演讲词的文体特征。今天，我们将开展班级评改交流会，结合《在〈人民报〉创刊纪念会上的演说》与《在马克思墓前的讲话》这两篇文章，总结写作方法，让同学们能够在评选活动中顺利撰写演讲词。

（创设意图：从高考对学生关键能力的考查出发，结合本单元演讲词的阅读分析，创设语文实践参与情境，引导学生尝试写作演讲词。）

（2）学习活动一：回顾课文，归并角度

假如你是《超级演说家》的评委，你将如何定义一篇优秀的演讲词，请从逻辑结构和语言运用形式等方面，对这两篇文章进行评析，根据对两篇课文的评析，小组讨论，草拟演讲稿的评价量表，并在课堂上分享展示。

作品	《在〈人民报〉创刊纪念会上的演说》	《在马克思墓前的讲话》
文本体裁	演讲稿	演讲稿（悼词）
文章受众	工人阶级	悼念者（马克思的友人、同志、亲人、仰慕者等）
逻辑结构		
语料选择		

续表

作品	《在〈人民报〉创刊纪念会上的演说》	《在马克思墓前的讲话》
语言风格		
语言体式		
语言技巧（论证方法、修辞等）		
其他		

学生表达与交流：

学生甲	《在〈人民报〉创刊纪念会上的演说》与《在马克思墓前的讲话》这两篇文章在语体上都运用口语，但是所讲的内容具有很强的理论性，因此也相应地用了复杂的长句，思想很深刻。
学生乙	马克思的演讲气势恢宏，体现了伟大革命家的胸怀。因为在纪念会上讲话，所以用了很多生动形象的比喻，有幽默感，活跃了现场气氛；恩格斯的演讲是在墓地，是写给伟大的无产阶级革命家的悼词，语调庄重、哀伤又有力量。
学生丙	两篇演讲稿都很有逻辑。比如恩格斯的悼词总体思路是"悲痛 — 颂扬 — 悼念"，主体的颂扬部分清晰归纳马克思在革命理论和革命实践两方面的卓越贡献，再分层叙述，环环相扣，体现了作者思维的缜密。
学生丁	另外，我还发现两篇文章在内容选材上很有讲究。《在马克思墓前的讲话》初稿回顾了马克思夫人的逝世，但后来删掉了，我想这是刻意为之，删掉后能让悼念马克思的演讲主题更加突出。《在〈人民报〉创刊纪念会上的演说》先提到1848年的革命，在场的听众大多是志同道合的革命友人，他们或许对这场革命记忆犹新，马克思从这个内容说起，既能引起观众共鸣，又符合创刊纪念会这一个特殊的演讲场合，主题很明确。

演讲稿评价量表制作：

演讲稿评价量表

评价角度	分值	得分
逻辑清晰 （事实、论述与观点具有清晰的逻辑关系，运用合适的论证方法）	25分	
思想深刻 （价值取向正确、反映社会现象或问题，并把握本质、现象或问题，分析深入透彻）	25分	
内容充实 （语料充足典型、安排合理）	25分	

续表

评价角度	分值	得分
语言形式 （把握语境、语体和语义的关系，选择合适的语言风格、表达方式，合理使用修辞）	25分	
	100分	（总得分）

明确：写演讲词，一定要关注场合、对象、社会现实、演讲目的等，使之具有针对性；同时，也要关注语料的选择编排、逻辑的清晰度等，使之具有感染力和鼓动性。一篇优秀的演讲词，它的表达要"有效"，要能达到演讲者的目的，对它的评价，要侧重它是否把握主题、简明扼要，对问题的分析是否深入透彻，事实与观点是否具有逻辑关系，等等。

（创设意图：引导学生通过评析两篇演讲稿的结构、语言等，学习演讲词说理严密、思想深刻、有针对性、有感染力等特点，以草拟演讲稿评价量表的任务，驱动学生对课文细致解读，串联文本赏析和交流表达，并指向课时大概念。）

（3）学习活动二：明确任务，拟写提纲

习近平总书记强调："青年一代有理想、有本领、有担当，国家就有前途，民族就有希望，实现我们的发展目标就有源源不断的强大力量。"根据"跨越时代的青春之歌"演讲稿评选活动要求，请同学们根据要求写一篇演讲稿提纲。

（创设意图：作文题的写作情境分别指向"过去"和"现在"，引导学生从演讲文本走向演讲现场，走进立体的演讲活动，学以致用，有的放矢，指向课时大概念。）

（4）学习活动三：交流评价，有效表达

班级选取五名学生组成评委团，根据演讲稿评价量表对提纲进行评价和打分，并阐述理由。

（创设意图：立足真实情境的写作评价任务指向语文核心素养中的"思维发展与提升"，评价语言侧重于"语言建构与运用"，引导学生将课文作为学习资源，归纳所得，最终回到现实生活中解决问题，指向课时大概念与单元大概念。）

（七）教学反思

◆主要亮点：本课时大概念为"演讲词的写作"，指向单元大概念"社会交往类表达与交流要有针对性和感染力"。本课教学设计以制作演讲稿评价量表时所选取的角度为主线，以课本为范本推进。所有学习活动以探究实用类文本的针对性为中心，以教材文本的深入阅读为基础，既突出了群文阅读教学的优势，同时也有助于培养学生的基于情境问题式的研究性学习的关键能力。

◆存在不足：对演讲稿的评价必然涉及思想、结构、语言等多个维度，但在评析范本时难免挂一漏万，且学生的自评或他评主观性较强，难以达成共识。

◆再教设计：由于课文经典性强，在学生的前置学习中以文本的形式增补相关的历史文化背景知识材料，通过对文本深入进行具有思辨性、研究性的解读，获得更有效的交流和表达策略，培养学生实用性表达的素养。

第五节　课时大概念Ⅳ教学设计示例

教学设计：王菽梅　向友谊

本课时大概念为"个人抱负与时代使命"，意在对《在〈人民报〉创刊纪念会上的演说》《在马克思墓前的讲话》《谏逐客书》《与妻书》四篇选文进行分析探究，帮助学生理解在特定的时代中个人的抉择与使命，明白"抱负与使命"的内涵与外延，从而将实现个人价值与担当时代使命相结合。唯有真正的使命感，才会有真正的激情，而唯有真正的激情才能让使命感呈现出来。根据课程容量和学习内容，本课时大概念的探究拟设计安排一个课时。

（一）大概念析读

1. 大概念理解

"个人抱负与时代使命"课时大概念的探究学习指向的是落实本单元人文主题。本单元的人文主题为"抱负与使命"。在单元导语的第一段有一个需要我们在完成这个单元的教学时回答的问题："今天，新时代的中国青年应当具有怎样的抱负，承担怎样的使命？"

通过查阅资料，"抱负"的释义为手抱肩负，引申为个人的远大志向、理想。而"使命"是应负的责任，这个解释模糊而抽象，学生并不容易理解透彻，更遑论从榜样的身上汲取精神的力量，勇敢担当。在设计本单元前，有一连串的问题等着教师去解决："使命"如何界定，不同的"使命"是否有云泥之别、是否有高下之分；个人价值的实现与时代使命之间的关系，学生如何明白个人的抱负和肩上的责任。

就本课时大概念的学习而言，对个人抱负与时代使命的教学重点在于引导学生分析并体会四篇选文中作者在当时的时代背景之下如何认识时代的使命并且担当起责任的，进一步引导学生认识当下的时代使命与个人抱负之间的关系。

2. 大概念解构

本课时大概念"个人抱负与时代使命"在教学上特别容易落"空"，所谓"大而无当"，变成空喊口号与大声呼告，并不能给学生带来真正的思维提升、审美的体验，进而让学生在学习中自我觉醒，反而把语文课变成思政课。尽管语文教学需要落实"立德树人"的总任务，也需要与思政课相结合，但语文课必须先是"语文"，必须遵循语文的教育教学规律，实现发展学生的核心素养的目标。

因此，实施"个人抱负与时代使命"大概念教学，需要根据本单元的四篇选文综合创设学科知识的认知情境和学生语文实践的真实情境，这需要我们辅以理论构建，为学生的学习提供思考的维度。在落实"使命"这个主题的时候，借鉴一些社会学、心理学、文艺美学等相关领域的成熟理论，与学生的生活实际相结合，有效地衔接学生的真实生活世界与文本中呈现的历史的真实世界之间的巨大差异。学生可以站在马克思、恩格斯、李斯、林觉民等历史人物的视角，理解他们在时代洪流中的个人抉择，甚至站在时代的前沿，擘画时代发展的蓝图，思考如何坚定不移地践行自己心中的远大理想，不论风雨，不惧坎坷，不怕失败，不计牺牲。

"个人抱负与时代使命"，简而言之，就是个人在当前的时代背景下的"志"，因此本课时大概念的教学内容主要从以下三个方面进行展开，引导学生走向对课时大概念的理解，并指向单元大概念。

（1）群文探"志"；

（2）群文析"志"；

（3）学生说"志"。

（二）学习目标

（1）（学生）梳理文本和学案资料，分析重点语句，揣摩其中蕴含的深刻含义。（语言建构与运用）

（2）（学生）由历史背景入手，分析文章中个人抉择与时代之间的关系，让学生辩证地认知个人抱负与时代使命的联系。（思维发展与提升）

（3）（学生）通过对文章语言、形象、情感之美的感受和体验，明确有志之士的抱负与使命，领悟文章表达出的精神力量，增强新时代青年的使命感。（审美鉴

赏与创造）

（4）（学生）继承和弘扬中华优秀传统文化、革命文化、社会主义先进文化，拓展文化视野，增强文化自觉，提升中国特色社会主义文化自信。（文化传承与理解）

（三）学习重难点

◆学习重点：通过思考、质疑，体会时代洪流与个人志向、人生选择之间的深切联系，理解有志之士的精神品质和自我价值，生发出对祖国前途命运和当下社会现实的关切之情。

◆学习难点：在宏大主题的观照下，让学生对"时代使命"和"理想抱负"的思考落地，从而对自己现实人生的"志"的选择有指导。

（四）学情分析

◆知能基础：学生对"个人抱负"和"时代使命"这两个概念均有不同程度上的理解。在高中语文必修阶段，学生对优秀的传统文化、革命文化也有一定的解读。

◆素养基础：在研究性学习方面，学生对占有资料和分析判断等方面均具备一定的研习经验和探究能力，能够有效、有序地开展小组合作探究。

◆不足条件：学生对四位作者写作时所面临的时代背景缺乏深入的了解，对个人的人生选择与时代的使命的关系的认知会有一定的难度。

（五）教学框架

基于"社会交往类表达与交流要有针对性和感染力"的单元大概念，本课时大概念"个人抱负与时代使命"拟设计一个课时展开学习活动。以"个人抱负与时代使命"为学习主题，探究马克思、李斯、林觉民所处不同时代"志"的内涵，具体从三个方面展开学习活动。学习活动一为"探'志'"，结合文本，梳理第五单元四篇文章中人物所处时代背景、个人处境及其志向；学习活动二为"析'志'"，结合相关资料，谈谈谁的"志"最触动学生，学生在"寻志"过程中产生过怎样的疑惑；学习活动三为"说'志'"，联系本节课对三位英雄人物"志"的梳理、分析，审视学生的抱负与时代使命的关系，再言己志。

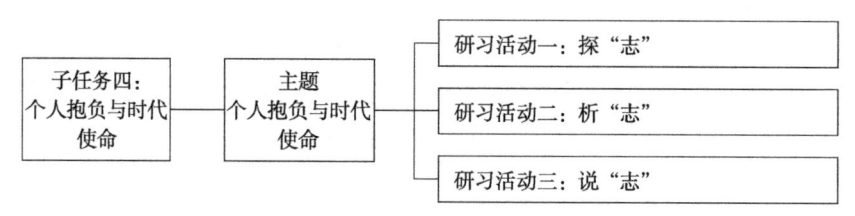

```
子任务四:              主题              研习活动一:探"志"
个人抱负与时代    ──  个人抱负与    ──  研习活动二:析"志"
   使命                  使命              研习活动三:说"志"
```

图 4-4 课时结构构架与活动程序

(六)教学过程设计

风云变幻,矢志担当
—— 第五单元群文探"志"

(1)导语设计

随着新高考改革,志愿填报从"先大学后专业"变为"先专业后大学"。大家在本学期已经经历了选科时的深思熟虑,相信同学们所选择的组合里一定蕴含着你们愿意为之努力的梦想,请在老师为你们准备的纸上写下你的志向。大家都写好后,请把你们的梦想揣进口袋。让我们怀揣梦想,带着历史的、政治的眼光,走进文本,跨越时空,去聆听有志之士对我们的召唤。

(创设意图:从高考志愿的选择、职业生涯的规划出发,创设生活的真实的情境,明确课时大概念,确立课堂探究的内容和方向。)

(2)学习活动一:探"志"

请结合教材和阅读资料(见本课时后所附辅助资料),梳理本单元四篇文章中的人物所处时代背景、个人处境及其志向,有理有据地完成表格内容,并在班上分享。(须在教材、阅读资料中找到文本依据)

篇目	人物	时代背景	个人处境	探"志"
《在〈人民报〉创刊纪念会上的演说》	马克思	无产阶级革命蓬勃兴起,工人阶级登上历史舞台	流亡英国	为革命事业奋斗终身
《在马克思墓前的讲话》	恩格斯		失去挚友	
《谏逐客书》	李斯	秦王下逐客令驱逐客卿	被逐离秦	君臣同心实现大一统
《与妻书》	林觉民	中华民族面临亡国危机	老父孕妻幼子	为天下人谋永福

(创设意图:以探究性学习的方式,选择相关资料,创设学科知识认知情境,引导学生深入分析材料并进行判断,深入理解课时大概念。)

（3）学习活动二：析"志"

汇集同学们的智慧，发现这四位人物处在不同的时代背景中，面临着不同的人生际遇，却都有奋斗一生的志向。结合学习活动一的表格，请同学们在组内展开交流：谁的"志"最触动你，你在分析伟人之"志"的过程中产生过怎样的疑惑？小组相互讨论，最后由小组代表呈现小组交流的成果。

学生困惑：
①马克思、恩格斯因为革命，生活坎坷，历经艰难，流亡英国，为什么还积极革命？
②李斯被驱逐离秦，为什么还能为秦大一统冒死劝谏？
③林觉民深爱家人，明知危险，为何还会选择就义牺牲？

马斯洛需求层次理论提出，人的需求分为五个层次，生理需求、安全需求、爱与归属、尊重需求和自我实现。请结合马斯洛需求层次理论，在3分钟内，分小组探究同学们的困惑。

学生发言，探讨马克思、李斯、林觉民的个人抱负与时代的关系，人生选择带给学生的困惑，并且讨论、解惑。教师在学生发言中加以适当的引导、点评、总结。

明确：
——马克思、恩格斯：舍小我为大我

马克思、恩格斯之所以有为革命事业奋斗终身的"志"，是时代使然，他发现了历史本身是审判官，无产阶级是执行者，无产阶级是历史的选择，必将成为资产阶级的掘墓人这一历史真相，之所以能在坎坷境况下继续逐志是个人要实现的不同需求层面使然，哪怕脱离原有阶级，流亡他国，也要为了革命付出一切。

——李斯：舍个体为群体

李斯之所以写《谏逐客书》，是因为他对历史趋势和自我诉求有清楚的认识。分裂终将走向统一，人才也势必要百川汇海。他自觉地投入这一历史大势，为自身安全需求，也为秦实现一统天下出谋划策。他将个人之志和时代结合，顺应时代，也在一定意义上开创了属于李斯的时代。

——林觉民：舍小家为大家

林觉民为了自我价值的实现，宁愿放弃爱的需求，放弃安全需求，把个人小爱扩大为对国家、民族无私的大爱，谋求天下人之永福而甘愿牺牲生命。

请同学们将集体智慧集中，从中抽丝剥茧，用一句格言式的短句来回答刚才提出的质疑。

明确：承担时代使命，发展个人抱负。

（创设意图：以探究性学习的方式，引进行为科学的理论马斯洛需求层次，创设学科知识认知情境，围绕课时大概念，引导学生深入文本阅读与分析。）

（4）学习活动三：说"志"

个人只是历史洪流中的一粒沙，我们被时代裹挟着前行。请拿出小纸条，不知此时的你，内心是否有所触动，请审视你的梦想与时代的关系，再言己志。

明确：结合学生回答，引出冯友兰人生四境：一本天然的"自然境界"，讲求实际利害的"功利境界"，"正其义，不谋其利"的"道德境界"，超越世俗、自同于大全（积极地、主动地参与全球化历史进程）的"天地境界"。虽然四人都完成了马斯洛需求层次中的最高层——自我价值的实现，但境界有高低，格局有大小。格局决定了抱负，而抱负又加持了高远格局中的使命。学了这一课，相信同学们有的坚定了目标，有的产生了新的想法。我们终其一生以时代为航标，将心跳与时代脉搏同频共振，与时同行。

（创设意图：创设学科知识认知情境、生活的真实情境，由课本学习到学生的个人选择，围绕课时大概念，落实"个人抱负和时代使命"的课时大概念。）

（5）课堂小结

古诗有云："乔木亭亭倚盖苍，栉风沐雨自担当。"乔木以扎根为使命，终成森林的繁盛；浪花以奔腾为使命，终为河海的博大；青年以时代为使命，终成复兴的伟业。

◆板书设计

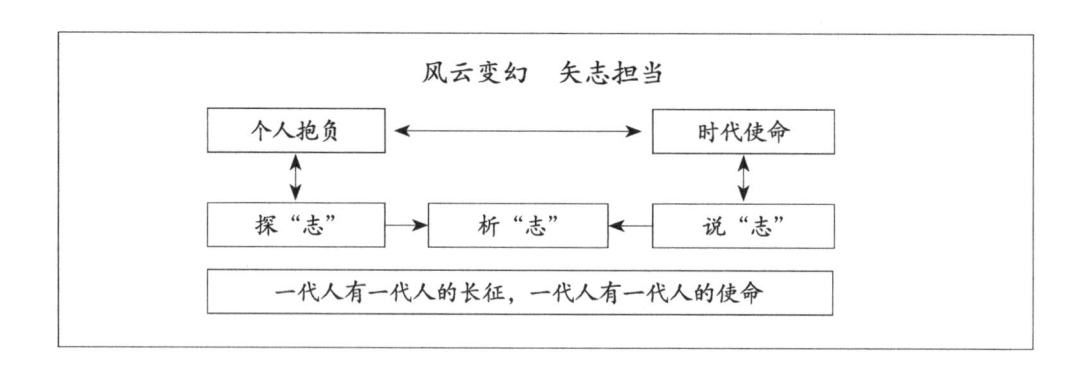

```
           风云变幻  矢志担当
    ┌─────────┐           ┌─────────┐
    │ 个人抱负 │◄────────►│ 时代使命 │
    └─────────┘           └─────────┘
         ▲                     ▲
         ▼                     ▼
    ┌─────────┐  ┌─────────┐  ┌─────────┐
    │  探"志" │─►│  析"志" │◄─│  说"志" │
    └─────────┘  └─────────┘  └─────────┘
    ┌───────────────────────────────────┐
    │ 一代人有一代人的长征，一代人有一代人的使命 │
    └───────────────────────────────────┘
```

（七）教学反思

◆主要亮点：本课时大概念为"个人抱负与时代使命"，课时大概念与时俱进，一方面落实本单元的人文主题，另一方面与当今社会对青年人的价值引领息息相关，具有现实意义与现实价值。在学习活动过程中，问题设计合理，具有梯度性，能将学生的思考和探究从课内选文的阅读延伸到课外的相关作品的阅读。

◆存在不足：研习课时的阅读教学往往不局限于选文本身，常常还会涉及与选文相关的思想背景和历史背景的认知。在学习过程中，学生对于选文相关的资料获取和分析上仍然缺乏深入理性的分析，容易陷入个人的感性的解读。

◆再教设计：在信息化的时代，应该鼓励并支持学生利用各种有效的途径自主搜集并获取与学习活动相关的资料，在教学课堂上对如何理性深入地分析已获取的资料进行示范。教师也可以适当地对需要涉及的资料进行补充和解读。

专家点评：

实用性文本教学的"实"与"活"

实用性文本教学以前大多是不太受很多语文教师的待见的，原因大抵如下："在许多人心目中，实用文就是过去所说的'应用文'，是说明文的代名词，这类文本没有多么高深的内容，只是介绍一些生活的常识。"[①] 实用文在工具性与人文性的侧重上，更突出工具性，即便于工作生活的交流，故而语言少委婉，多直白；少修辞，多简明；罕有微言大义，暗喻褒贬，多是明白晓畅，准确平实。概而言之，这类文本是学生容易读懂的。数篇典型课文教完，学生基本能读懂大多数应用文。所以，习惯于鉴赏阅读教学的老师，的确会觉得这类文章没有什么教学空间。然而，语文的工具性，不仅仅是阅读，还有表达，即交流应该是双向互动的，既通过阅读获取别人的信息，还需通过规范表达，向别人传递自己的信息。因此，只重视阅读的实用文教学是有所偏废的不完整的教学。无怪乎很多学生读完高中，学会了分条作答阅读理解题，却不会拟写请假条、申请书、演讲稿和通讯消息等生活、工作所必需的常见应用文。换言之，我们的实用性文本教学不"实"。

习惯于鉴赏阅读教学的老师，对实用性文本也多采用语言分析、技巧鉴赏、思想情感探究等趋向文学作品赏析的教学思路，而忽略了文体特征的教学凸显，以至于有些学生走火入魔似的读文必问思想感情。这是教师教学思维的狭隘导致了对阅读教学内涵的简化，语文教师应该让学生建立不同文体有不同阅读方法的基本意识。更何况，阅读只是实用性文本教学的半壁江山，《高中语文课程标准》将实用性文本教学设成"实用性文本阅读与交流"学习任务群，就是在要求教师们还要注

---

① 王意如，叶丽新，郑桂华，等.普通高中课程标准教师指导.语文[M].上海：上海教育出版社，2020：186.

重"交流"的教学，而"交流"部分的教学更加突出学生的实践操作过程，落实这个过程，就能让学生不仅是会读，而且还会写，从而走出"讲起来一套一套的、写起来错漏百出的"眼高手低的窘境。于是，实用性文本教学的方法就应该是多种多样的。因为生活是丰富多彩的，与之密切联系的实用性文章也是丰富多彩的。教师的教学自然可以依照生活样态创设丰富多彩的教学情境和任务，让实用性文本教学课堂丰富多彩起来。也就是说，我们的实用性文本教学应该"活"。

纵览本章教学研究与案例设计，我们欣喜地看到了作者对实用性文本教学的实与活的有意探究。

第一，先说"实"。

其一，教学架构"圆实"。本章用五节内容呈现了一个完整的大单元教学设计架构，第一节阐述单元整体设计，其思路为，第一个部分解读《普通高中语文课程标准》学习任务群，然后在解读基础上结合选文内容，提炼学科大概念、单元大概念大和课时大概念，逐层分解细化，最后确定单元学习目标；第二个大的部分则是用四节教学设计依次完成各课时目标；第三个部分则是教学测评与教学反思，回应第一部分提出的目标。整个单元设计呈现圆形结构特征，且四个课时目标，既相互独立，又构成由浅入深、不可颠倒的逻辑关系。因此，本单元教学架构可以作为大单元教学设计的一种参考范式。

其二，教学环节严实。课时教学设计分八个环节，分别为：（一）大概念析读，含大概念理解与解构；（二）学习目标；（三）学习重难点；（四）学情分析；（五）教学框架，明确具体学习活动；（六）教学过程设计，含导入设计和活动设计，每一项活动又由若干个有着内在联系的问题来推动；（七）学习测评；（八）教学反思。八个环节，环环相扣，形成一个严实的课时教学整体。

其三，教学目标务实。教学目标的拟定，紧扣了《普通高中语文课程标准》对学习任务群的要求，突出了社会交往类文本要有针对性和感染力的特征，并根据选文类型，凸显语言建构与运用、思维发展与提升以及文化传承与理解三大语文学科核心素养，落脚于课文的理解与鉴赏、演讲词的写作和个人抱负与时代使命的精神内化。教学目标体现了提升学生语文素养和综合素养的务实取向。

其四，教学方法切实。因为有了前期的学情分析，教学设计中的教学方法选择切合实际需要，既切合国家课程的上位要求，也切合学生的学习认知水平，故而凸显学生体验。举例说明，在第二节第1课时中，为了让学生更深入地理解社会交往类文本要突出针对性这一要点，教师在学习活动二的填写表格中，特意增加"文章受众""受众属性"两栏，旨在让学生体验作者的立场和情感，确实可以增强教学效果。在第2课时中也有让学生拟写听众期待的活动设计。体验式活动设计，可以唤醒学生的经验，助力学习的深化。因为体验是"一种注入了生命意识的经验"，"是一种激活了的知识经验"，"是一种个性化了的知识经验"[①]。注重学生体验的教学方法，让学生是课堂的主体这一观念得以在各个环节彰显。

其五，情境任务真实。本章的教学设计充分体现了新课改的要求，除落实大单元、大概念以外，还有设置情境、任务驱动方面的良好表现。说表现良好，是因为它们真实。如第二节第2课时中，首先创设了"贵州师范大学附属中学一年一度的'校园文化艺术节'即将开启，高一语文组拟组织以'我看附中'为主题的征文比赛"的情境，学生学习第五单元的两篇经典演讲稿，即《在〈人民报〉创刊纪念会上的演说》和《在马克思墓前的讲话》，就有了明确的方向。这一情境的设置，既是具有语文学科性的，又是生活化的，还具有引导性，符合首都师范大学王云峰教授对语文学习情境设置的要求。

综上所述，本章教学设计扣住了文体特征，让学生基本掌握演讲稿、悼词、奏疏、书信等文章的阅读技巧，突出了语文学科核心素养的培育，让学生既掌握了写作演讲稿这一工具，又获得了精神文化上的滋养，体现了新课改理念在课堂教学中的落实，给出了操作范例，是一种实打实的研究和设计。

第二，再说"活"。

把课上实，是基础；把课教活，则有几分教学艺术的意味了。本章内容颇可见到作者的意欲教活的匠心。

其一，内容鲜活。选入教材的文章皆为经典作品，经典就意味着时间的沉淀，也就意味着与学生时空的隔膜。因此，有经验的教师往往会采用一些方法，拉近文本与学生的距离，增强教学内容的鲜活度。在本章内容中，作者主要用了以下几种方法。一是作品增补法，即增加与课文意理想通的相关作品来增加教学内容的鲜活度。如第三节中，增加了《史记·李斯列传》和《史记·河渠书》中的郑国渠事件，以及《八闽文脉·记忆》中林觉民与陈意映的内容，使《谏逐客书》《与妻书》的内容得以延展，教学内容更加丰富感人。二是时代关联法，即用现代社会中与之相关的内容作引入，或作拓展，来打通学生生活时代与作品的关联，从而增加教学内容的鲜活度，如本章中引入了三则材料，"2020年五四青年节献给新一代青年的演讲《后浪》"，"习近平总书记强调：'青年一代有理想、有本领、有担当，国家就有前途，民族就有希望，实现我们的发展目标就有源源不断的强大力量。'根据'跨越时代的青春之歌'演讲稿评选活动要求，请同学们根据要求写一篇演讲稿提纲"，

---

① 郑金洲.体验教学[M].福州：福建教育出版社，2005：6.

"2023年11月贵州师范大学附属中学将迎来省级一类示范性学校的评估专家，请你以附中学子的身份，写一篇演讲词，向评审专家宣讲附中"。三是角色代入法，让学生代入文中角色，去体验、去思考、去选择。如本章中第三节第2课时学习活动一"探究两篇文本对于秦王嬴政、陈意映具有感染力的特点"中设计的两个问题，"问题一 假如你是秦王，你收到了李斯的《谏逐客书》，读完后，最打动你的地方是什么，为什么？""问题二 假如你是陈意映，在挺着大肚子带着一家七口人仓皇逃离过程中，收到革命党人转交的丈夫林觉民写在方巾上的临终绝笔，哪些句子会触动你的情绪、情感、思想，为什么？"即可使旧文焕发鲜活的魅力。

其二，方法灵活。在每日漫长的学习过程中，相较于成年人，学生似乎更容易出现审美疲劳，所以，有经验的教师会有意识地灵活运用各种教学方法，来保持学生的学习积极性。纵观本章内容，教学方法可谓丰富灵活，既有借助表格或思维导图梳理文章内容，也有角色代入体验深入理解；既有情境任务下的演讲稿、悼词和劝解信的写作，也有写作的评价；既有作品内蕴的探究活动，也有精神文化内化后的主观表达。灵活多样的教学方法让实用性文本教学充满了生活味与趣味性。

其三，学生激活。伊根和考查克曾经提出过四种激活学生学习兴趣的方法：一是创设认知冲突或好奇新颖的任务情境，二是给学生呈现富有挑战性的任务，三是唤起学生的情绪反应，四是给学生能够选择或控制的活动。① 本章教学设计中，不乏四种方法的体现。一是在第五节学习活动二的析"志"环节中，教师提出"你在分析伟人之'志'的过程中产生过怎样的疑惑？"学生陈述的疑问是："①马克思、恩格斯因为革命，生活坎坷，历经艰难，流亡英国，为什么还积极革命？""②李斯被驱逐离秦，为什么还能为秦大一统冒死劝谏？""③林觉民深爱家人，明知危险，为何还会选择就义牺牲？"对于生活在和平盛世的今天的学生来讲，这些问题的确会和他们的认知产生认知冲突，于是，教师顺势抛出马斯洛的需求层次理论，从深层次解决了学生的问题，并引导学生追求更高的人生价值。二是多次给学生呈现具有挑战性的任务，比如拟写听众期待。三是《与妻书》中，借助带感情的诵读唤起学生的情绪反应。四是在数次活动中，教师均给出了数种可选择的任务，并突出学生的自主性，如第二节第1课时学习活动三中，教师要求学生根据所学知识，结合以下情境，选取任一情景进行写作后向大家展示，三个问题为："①校园艺术节即将到来，学校话剧社将以校史重要人物之一王若飞为中心创作一部话剧。作为参演人之一，请你为王若飞写一则悼词作为开幕独白"，"②五四青年节即将到来，学校将举行以'五月·吾愿'为主题的演讲比赛，作为参赛选手之一，请你提交一篇

---

① 王小明.教学论——心理学取向.[M].上海：上海教育出版社，2005：177—179.

不少于800字的演讲稿","③'世界读书日'即将来临,学校将举办'晚春咏翰墨,文风传书香'读书周系列活动,你的同桌因心情不佳想放弃参加活动,请你给他写一封劝解信"。四种方法,其聚焦点均在学生身上,充分体现了以生为本的前提是基于学生立场进行教学的观点。

实用性文本教学如何教"实"教"活",我想,本章内容可以给我们一些参考和启发,又或许,它所带来的启发,不仅仅限于实用性文本的教学吧。

（正高级语文特级教师,贵阳市高中语文学科带头人工作站站长　谢基祥）

附：本课时阅读资料

材料一：马克思和恩格斯

出身上流社会的两位少年

马克思和恩格斯出生在19世纪普鲁士王国莱茵省,这是当时普鲁士经济最发达的地区。

1818年5月5日,卡尔·马克思在特里尔城出生。他的父亲是这个城市的高级诉讼法庭法律顾问,同时在特里尔地区法庭供职,年收入在1500塔勒左右。他家拥有一套气派的住宅,还有一座可以俯瞰全城的酒庄及大量债券。由此可以看出,马克思的家庭虽算不上顶级富豪,但至少属于中上流阶层。

弗里德里希·恩格斯于1820年11月28日出生在巴门市一个纺织工厂主家庭。他的家族在德国乃至英国拥有多家企业和工厂,属于典型的资产阶级家庭,比马克思家更富有。

令人称奇的是,这两位富家子弟、聪明少年,后来在成长中都没有安于父辈为他们设计的职业规划和人生道路,而是走上了"背叛"家庭、"背叛"家庭所属的那个阶级的革命道路。

他们选择了崇高事业

从家庭条件和个人才华来看,马克思、恩格斯完全有可能跻身所谓的"上流社会",求得令人羡慕的个人前程。但他们的理想和追求使他们与"上流社会"总显得有些格格不入。那么,他们会如何抉择人生之路呢?"如果我们选择了最能为人类而工作的职业,那么,重担就不能把我们压倒,因为这是为大家做出的牺牲;那时我们所享受的就不是可怜的、有限的、自私的乐趣,我们的幸福将属于千百万人,我们的事业将悄然无声地存在下去,但是它会永远发挥作用。而面对我们的骨灰,高尚的人们将洒下热泪。"这是马克思在《青年在选择职业时的考虑》中所写的，从中我们仿佛可以预见他们要选择的道路。

志同道合到永远

马克思毕业后担任《莱茵报》主编，1843年《莱茵报》发行许可被普鲁士国王撤销，马克思因此失业。

由于马克思对共产主义事业的贡献和对地主、资产阶级无情揭露批判，使得一切保守势力排挤他、驱逐他，他不得不携家人四处转移，其生活困难有时达到难以想象的地步。马克思和燕妮共生了四女二子，只有三个女儿长大成人。

从1852年2月27日马克思给恩格斯的信中我们看到这位全世界著名理论家的困境，马克思写道："一个星期以来，我已达到非常痛苦的地步：因为外衣进了当铺，我不能再出门，因为不让赊账，我不能再吃肉。"不久他又写信向恩格斯倾诉："我的妻子病了，小燕妮病了，琳蘅患有一种神经热，医生我过去不能请，以后也不能请，因为没有买药的钱。八至十天以来，家里吃的是面包和土豆，到底是否能够弄到这些，还成问题。"饥饿贫困和家务琐事，困扰着马克思，他心情愤怒、烦躁，无法集中精力和智慧进行理论创作。

对马克思的困境，恩格斯当作是自己的困难。他在给马克思的信中写道："2月初我将给你寄5英镑，往后你每月都可以收到这个数。即使我因此到新的决算年时负一身债，也没有关系。……当然，你不要因为我答应每月寄5英镑就在困难的时候也不再另外向我写信要钱，因为只要有可能，我一定照办。"……从1851年至1869年，马克思总共收到了恩格斯的汇款3121镑。这对当时的恩格斯来说，已是倾囊相助。

材料二：《史记·李斯列传》

李斯者，楚上蔡人也。年少时，为郡小吏，见吏舍厕中鼠食不洁，近人、犬，数惊恐之。斯入仓，观仓中鼠，食积粟，居大庑之下，不见人、犬之忧。于是李斯乃叹曰："人之贤不肖，譬如鼠矣，在所自处耳！"乃从荀卿学帝王之术。学已成……至秦，说秦王曰："……自秦孝公以来，周室卑微，诸侯相兼，关东为六国，秦之乘胜役诸侯，盖六世矣。今诸侯服秦，譬若郡县。夫以秦之疆，大王之贤……足以灭诸侯，成帝业，为天下一统，此万世之一时也……"秦王乃拜李斯为长。听其计，阴遣谋士赍持金玉以游说诸侯。

材料三：林觉民生平经历

林觉民于1887年（清光绪十三年）出生在福州三坊七巷。幼年时过继给叔父为子，其嗣父是个饱学多才的廪生，以诗文闻名于时；嗣母是个生性善良仁爱、典型的贤妻良母。林觉民天性聪慧，读书过目不忘，深得嗣父的喜爱，自幼就由嗣父亲自教导读书。后参加科举考试，无意获取功名，遂在考卷上题了"少年不望万户侯"七个大字，离开考场。

1905年（清光绪三十一年），回乡与陈意映结婚。在家中办女学，动员妻子陈意映、堂妹林孟瑜等亲友10余人入学。他亲授国文课程，抨击封建礼教，并介绍欧美先进国家的社会制度和男女平等情况。在他的劝导下，家中一众女眷纷纷放脚，还有人进入福州女子师范求学，成为该校第一届毕业生……

1911年1月底，中国同盟会在香港成立了统筹部，策动广州起义。黄兴、赵声分别任统筹部的正、副部长。林觉民得知后，从日本回国参加广州起义，遂赴香港，后回福建召集革命志士。林觉民告别了陈意映，带着20余人从马尾登船驰往香港。4月11日，林觉民到达香港。此时，参加起义的人员陆续从各地赶来。林觉民一趟趟地在香港与广州之间来来往往，负责把这批人护送进广州。

4月24日夜，林觉民临行前回家探望了父母和妻子陈意映，跟家人说学校正在放樱花假。当时陈意映已经怀孕。在香港，林觉民深夜里在手帕上写下了给父亲的《禀父书》及给妻子的《与妻书》。

4月25日，清政府增兵广州，加紧搜捕，部分秘密机关也遭破坏。黄兴只得临时决定于27日发动起义，进攻计划由原定的十路改为四路。

4月27日，陈更新等率福建志士进入广州，林觉民参加黄兴领导的广州起义。下午5时30分，林觉民随黄兴勇猛地攻入总督衙门，纵火焚烧督署。……1911年5月3日，林觉民在广州天字码头被枪杀，年仅24岁。

材料四：马斯洛马斯洛的需求层次理论[①]

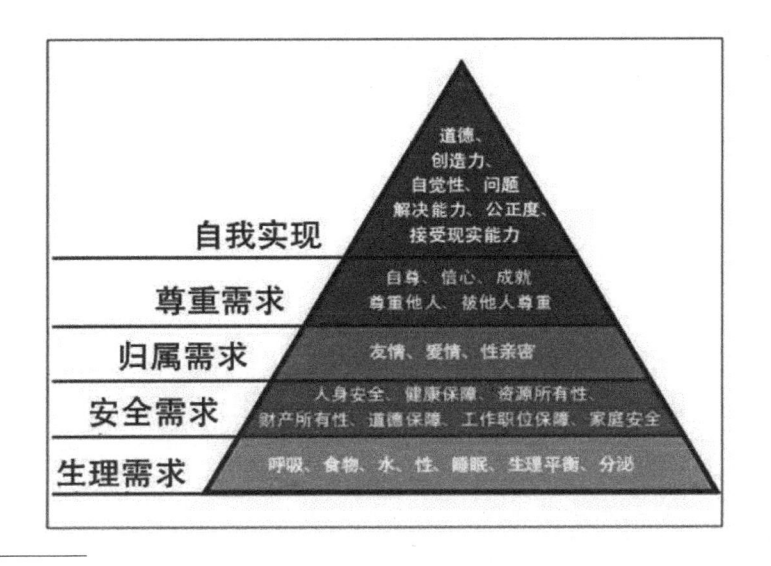

①[美]亚伯拉罕·马斯洛.动机与人格[M].林萱素，译.北京：民主与建设出版社，2023.

生理需求，也称级别最低、最具优势的需求，如食物、水、空气、性欲、健康。

安全需求，同样属于低级别的需求，其中包括对人身安全、生活稳定以及免遭痛苦、威胁或疾病等。

社交需求，属于较高层次的需求，如对友谊、爱情以及隶属关系的需求。

尊重需求，属于较高层次的需求，如成就、名声、地位和晋升机会等。尊重需求既包括对成就或自我价值的个人感觉，也包括他人对自己的认可与尊重。

自我实现需求，是最高层次的需求，包括针对真善美至高人生境界获得的需求，因此前面四项需求都能满足时，最高层次的需求方能相继产生，是一种衍生性需求，如自我实现、发挥潜能等。

第五章

选择性必修（上册）第四单元教学研究与案例设计

单元研读：韩玉珏

本单元属于统编版教材选择性必修（上册）第四单元"逻辑的力量"，属于课程标准中的"语言积累、梳理与探究"任务群，《普通高中语文课程标准（2017年版2020年修订）解读》中明确指出："本任务群旨在培养学生丰富语言积累、梳理语言现象的习惯，在观察、探索语言文字现象，发现语言文字运用问题的过程中，自主积累语文知识，探究语言文字运用规律，增强语言文字运用的敏感性，提高探究、发现的能力，感受祖国语言文字的独特魅力，增强热爱祖国语言文字的感情。同时，反思和总结自己写作时遣词造句的经验，建构初步的逻辑和修辞知识，提高语用能力，增强表达的个性化。"[1]

语言与思维是密不可分的。语言是思维的载体、外壳，是思维的表现形式，语言不仅是交际工具，也是思维工具。而逻辑则是从属于思维活动的，是思维的重要准则。在高中语文阶段学习逻辑学相关内容，就是在探索言语的秘密，学习人的言语中隐含的思维过程，包括思维陷阱、推理、认证等，进一步提高学生的逻辑思维能力，增强思维的敏锐性和严密性，同时提高语言的表现力，提升语用能力，让学生能在学习中或是生活中更正确、更准确、更理性地使用语言。

这个单元主要由三个部分构成，分别是逻辑、推理、论证。其中，"逻辑"指的是逻辑规律和简单的逻辑方法，推理和论证是逻辑的运用与体现，所以本单元的三个部分是从认知到推理再到论证，也就是从理论到实践的学习过程，层层深入地落实核心素养"语言建构与运用"和学习任务群的相关要求。

---

[1] 普通高中语文课程标准修订组.普通高中语文课程标准（2017年版2020年修订）解读[M].北京：高等教育出版社，2020：16.

第一节　单元整体教学设计

单元设计：韩玉珏

在本单元的教学中，围绕单元大概念，既要深化学生对逻辑的理解，认识到逻辑的重要性，同时也要让学生懂一点儿逻辑，更好地识别谬误，筛选海量信息，把握事实真相；既要让学生能够对生活中的现象发表观点，做出论证，又要让学生知道如何使推理更合理、论证更严密、表达更准确；既要让学生掌握一些逻辑方法，又要让学生学会理性思考，滋养理性精神。

（一）课程标准

◆通过学习逻辑，辨识信息，把握事实真相。

◆学习逻辑，对生活中的现象发表观点，做出论证，使思维更缜密、论证更严谨。

◆学会在工作、学习中基于事实进行推理，做出判断，掌握一些逻辑方法，由已知探寻未知。

◆接触一些基本的逻辑方法，辨析逻辑错误，进行简单的逻辑推理，运用逻辑方法来构建并完善论证。

◆发展思维逻辑，滋养理性精神，提升思维品质。

（二）大概念建构

根据《普通高中语文课程标准（2017年版2020年修订）》中课程内容的"语言积累、梳理与探究"学习任务群模块，结合本教材以"善用逻辑思维，滋养理性精神"为主题的单元整合，本单元教学拟设定"逻辑"为学科大概念。在学科大概念统摄下，本单元重点关注逻辑识别谬误、简单的有效推理和合理论证，并将本单元的单元大概念确定为"逻辑是语言建构与思维运用的重要准则"。在此基础上，将单元大概念转化为单元教学的核心问题，即"逻辑如何更好地帮助我们建构与运用语言？"，进而设计单元教学的核心任务为"学习逻辑相关知识，并结合具体语境分析逻辑现象，积累逻辑经验，在语言理解和运用中正确使用逻辑"。

围绕着单元大概念，本单元的核心任务将分解为三个子任务，子任务一为"识别'键盘侠'辨析其逻辑谬误",学生能结合具体语境进行辨析逻辑谬误,对应课时大概念"Ⅰ.即逻辑是甄别语言谬误的有力武器"。子任务二为"逻辑是有效推理的基础",通过阅读鲁迅的文章,跟着鲁迅识推理、明类型,析推理、判正误,用推理、促思辨,解推理、活思维,对应课时大概念"Ⅱ.即逻辑是有效推理的基础"。子任务三为"学会论证及论证方法",通过学习论证,梳理探究论点、论据、论证等议论文要素;重点学习间接论证的三种方法,尤其是归谬法;通过对典型议论文的分析、梳理,反思总结写作时所需逻辑知识,对应课时大概念"Ⅲ.即逻辑让论证更为严密"。

表 5-1　选择性必修(上册)第四单元大概念层级建构

学科大概念	单元大概念	课时大概念
逻辑	逻辑是语言建构与思维运用的重要准则	Ⅰ.逻辑是甄别语言谬误的有力武器 Ⅱ.逻辑是有效推理的基础 Ⅲ.逻辑让论证更为严密

(三)单元学习目标

◆(学生)通过学习逻辑相关知识,学会在具体语境中判定逻辑谬误,准确使用语言;能总结自己写作时的逻辑知识,提高语用能力。(语言建构与运用)

◆(学生)明确逻辑是思维的重要准则,发展逻辑思维,有助于他们思考缜密、表达准确、论证严谨、推断合理。(思维发展与提升)

◆(学生)能用思维审视语言文字作品,提高对语言和文学的认知程度。(审美鉴赏与创造)

◆(学生)能理解逻辑的重要性,运用逻辑,探究事物真相,学会理性表达,做一个理性的、会思考的现代公民。(文化传承与理解)

第二节　课时大概念Ⅰ教学设计示例

教学设计：韩玉珏

本课时的大概念为"逻辑是甄别语言谬误的有力武器"，从"键盘侠"的情境入手，让学生认知逻辑的基本规律和常见的逻辑谬误，并且能够在日常语言表达中发现逻辑谬误。根据学习内容和课堂容量，本课时大概念的学习需要三个课时，其中第1课时为"逻辑概念界定"；第2课时为"认识逻辑的四个基本规律"；第3课时为"辨析常见的逻辑谬误"，主题拟定为"拒绝'键盘侠'，善用思维逻辑"。

（一）大概念析读

1. 大概念理解

"逻辑是甄别语言谬误的有力武器"的解读重点是逻辑和语言谬误的密切关系。"逻辑学所说的谬误特指具有一定迷惑性的逻辑错误，逻辑错误往往违反了思维和表达的一些基本规律，而逻辑正是甄别信息与辨析语言谬误的有力武器。"[1]

本课时大概念对应的内容为统编版高中语文选择性必修（上册）第四单元"逻辑的力量"中的第一板块：发现潜藏的逻辑谬误。由教材上的内容提示和学习任务可知，这一板块并不是教授纯粹的逻辑学知识，而是结合语文学科的特点，从经典名作、生活场景、交际对话等角度切入，合理设置情境，旨在让学生发现并体会日常语言表达中的逻辑谬误。因此，本课时大概念的教学将重点引导学生能结合具体语境甄别信息，辨析语言中的逻辑谬误，既要有知识性内容的学习，又要将静态学习转变为动态训练，在实践中完成能力的提升。

2. 大概念解构

基于上述对大概念的理解，实施"逻辑是甄别语言谬误的有力武器"课时大概念的教学，需要设置真实的情境，将陌生变为熟悉，将理论落实为实践，将枯燥变为生动，将遥远变为切身，这样才有利于学习活动的开展。在简要解释具体的概念如"逻辑""概念的内涵与外延""概念间的关系""逻辑的基本规律"后，需要完

---

[1] 课程教材研究所.普通高中语文选择性必修（上册）[M].北京：人民教育出版社，2020：92.

成以下教学内容，最终实现对课时大概念的理解，并指向单元大概念。

（1）认识常见的谬误类型；

（2）如何运用逻辑来识别谬误。

（二）学习目标

（1）（学生）通过在具体的语境中分析逻辑现象，分组探究与讨论，分析自己的言语活动经验。（语言建构与运用）

（2）（学生）通过分组探究与讨论，判定逻辑谬误，积累逻辑经验，提升思维能力，滋养理性精神。（思维发展与提升、审美鉴赏与创造）

（3）（学生）从认识"键盘侠"出发，分析"键盘侠"常用的逻辑谬误，总结辨析"键盘侠"的经验，以助于学生识别"键盘侠"，树立正确的价值观。（思维发展与提升、文化传承与理解）

（三）学习重难点

◆学习重点：知道"键盘侠"惯用的逻辑套路。

◆学习难点：辨析15个常见的逻辑谬误。

（四）学情分析

◆知能基础：学生在义务教育阶段，拥有一定的逻辑经验。在统编教材中，学生在积累"语言逻辑"方面并非一张白纸，与学生积累"语用逻辑"关系较密切的单元有：必修（上册）第五单元《乡土中国》整本书阅读，必修（上册）第六单元"学习之道"，必修（下册）第八单元"理性之声"等。

◆素养基础：通过高一阶段以及义务教育阶段的学习，学生已经具备了对逻辑的初步认知，以及掌握了一些论证方法。在分组合作探究性学习方面也拥有一定的学习经验，能够有效、有序地开展小组合作探究。

◆不足条件：虽然学生在很多单元中都有接触逻辑，但以"逻辑"为题进行语用学习还是第一次，且与逻辑相关的内容比较复杂难懂，学生从小又比较缺乏相应的理论讲解和实践，可能在理解上会有一定难度。

（五）教学框架

基于"逻辑是语言建构与思维运用的重要准则"的单元大概念，本课时大概念"逻辑是甄别语言谬误的有力武器"将设计三个课时展开研习活动。

第1课时以"概念"为主题设计任务专题。讲解逻辑的谬误，一定绕不开最基础的逻辑知识，如"概念的含义""概念的划分"等，概念在语文学习中非常重要，同时又是逻辑的起点，因此，诸如概念的内涵与外延、定义与划分等知识就属于学生必须掌握的基本知识，这部分在教材中没有过多提及，就需要教师在教学时做必要补充。

第2课时以"逻辑规律"为主题设计任务专题。逻辑谬误既是对逻辑规律的违背，那该课时概念的完成同样离不开对逻辑规律的学习。本课时主要带领学生学习逻辑的四大规律，并能结合相应事例对违背的规律进行辨析。

第3课时以"逻辑谬误"为主题设计任务专题。本课时以"键盘侠"为大情境进行知识建构，第一环节引导学生理解"键盘侠"和逻辑谬误之间的相互联系；第二环节主要探究"键盘侠"的惯用手段，从而认识多种常见的逻辑谬误；第三环节思考如何应对"键盘侠"，体悟逻辑的重要性，完成对课时大概念的升华。

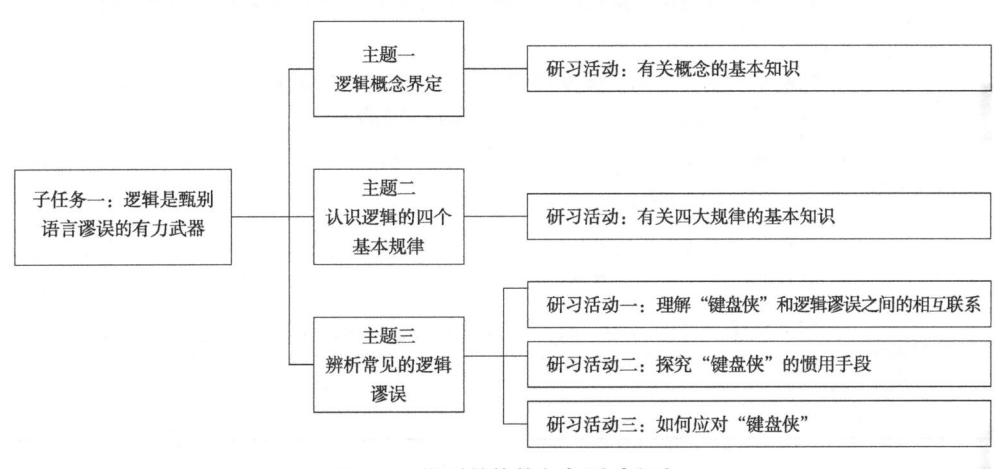

```
                              ┌─ 主题一 ──────── 研习活动：有关概念的基本知识
                              │  逻辑概念界定
                              │
子任务一：逻辑是甄别 ─────────┼─ 主题二 ──────── 研习活动：有关四大规律的基本知识
语言谬误的有力武器             │  认识逻辑的四个
                              │  基本规律
                              │                    ┌─ 研习活动一：理解"键盘侠"和逻辑谬误之间的相互联系
                              └─ 主题三 ──────────┤
                                 辨析常见的逻辑    ├─ 研习活动二：探究"键盘侠"的惯用手段
                                 谬误              │
                                                   └─ 研习活动三：如何应对"键盘侠"
```

图 5-1　课时结构构架与活动程序

（六）教学过程设计

第 1 课时

认识"键盘侠"，来到逻辑的起点

（1）导语设计

生活中，有人说话总爱给人"扣帽子"；有人特别会抬杠；某些话明明有道理却没人信，经不起推敲的话却信者众多；有些话从不喜欢的人口里说出来，被你不屑一顾，而同样的话从"自己人"口中说出来，却让你觉得无比正确；有些文章充满了情绪化的表达，动辄"10万+"的阅读量，而有的文章理性、客观，回应者却寥寥无几。这些现象在我们的生活中都很常见，更有甚者，这几年网络上出现了一个新的群体，这一群体人数多、影响大，这个群体还有一个专有名字——"键盘侠"。

有一段被称为"灵魂砍价"的新闻。2021年国家医保局与药商企业代表进行谈判。在谈判现场，医保局局长的"灵魂砍价"刷屏全网。一款"救命药"从70万元的天价砍到3.3万元，七种罕见病用药纳入医保目录，目录新增74种药品，包括67种谈判新药。在这场谈判中，双方用了一个半小时，进行了八次协商，最终达成一致。这则新闻在网络上发布以后，很快就引起了众多网友的关注。大家纷纷在微博上留言。老师从中截取了一些评论，请大家看到学习任务单上的任务一，你为"键盘侠"进行定义。

"键盘侠"	评论
畅月凤至	对，当时看完这段谈判，就觉得这句话说得特别好！我爱我的国家，我的国家也爱我！
架香派源	这些罕见病的药马上就要失效了，以前就曝出新闻说有药纳入医保后数量减少了不说，连质量也大打折扣，救命药变成毒药。
洛脖嘻时	有关部门不要一味地始降低价格，也要看价格降低之后药片是否存在数量减少、质量降低的问题，不要明降实升。
我是你的	这段谈判视频看得我快哭了，想起了《我不是药神》，希望能有更多天价药能够降低价格，被纳入社保，有的病真的会吃垮房子、吃垮家人。
停停走走	超级反感这样的新闻，站在制高点上凸显自己的优越感，想想那些落马的官员，当官的有几个是干净的？强烈建议取消这些公务员医疗特权！
……	……

明确："键盘侠"是没有逻辑毫无事实的指责，不通情达理；"键盘侠"其实就是一群看似很有道理、义正词严，实则毫无逻辑可言的人。

（创设意图：创立现实生活情境，通过下定义的方式，在具体语境中判断哪些是"键盘侠"，哪些不是，从而引出概念和内涵，为本课时的学习做铺垫。）

（2）研习活动一："键盘侠"的含义

我们对一个事物的认识了解乃至辨别，往往都是从概念开始的，下定义就是确立概念的基本方式，请从概念的角度谈谈你对"键盘侠"的理解。

明确：概念是思维的基本形式之一，反映客观事物的一般的、本质的特征。人类在认识过程中，把所感受到的事物的共同特点，从感性认识上升到理性认识，抽象成本质属性。我们可以借概念准确地区分一事物与他事物、一现象与他现象。

"键盘侠"具备看似很有道理，义正辞严，实则毫无逻辑可言的特点，这是概念的"内涵"。由此我们认识了这个概念，也是因为这个概念的存在，我们才能准确区分一般网友和"键盘侠"的区别，这就是概念的作用。那在这个概念下，我们发现很多网友都符合这个特征，这些网友就是概念的"外延"。每一个概念都有自己的"内涵"和"外延"，内涵是概念所反映的对象的根本属性，外延则指概念所反映的对象的具体范围。

（创设意图：通过"键盘侠"的事例，让学生理解概念的内涵和外延，将枯燥变生动，让学生更容易理解、接受。）

（3）研习活动二：了解概念间的关系

在我们的生活中，概念是无处不在的，不胜枚举。在网络上，除了键盘侠，我们还经常会看到"杠精""热血青年""大V""吃瓜群众""理性群众"等。请梳理概念与概念之间彼此有怎样的关联。

学生表达与交流：

概念间的关系		举例	特征
相容关系	同一关系	"北京"与"中华人民共和国首都"	两个概念的外延完全重合
	交叉关系	"医生"与"科学家"	两个概念的外延部分重合
	从属关系	"大学生"与"学生"	一个概念的部分外延与另一个概念的全部外延重合
不相容关系	矛盾关系	"金属"与"非金属"	两个概念的外延没有任何一部分重合
	反对关系	"好"与"坏"	两个概念的外延没有任何一部分重合

明确：概念与概念之间存在相容关系和不相容关系。

（创设意图：从学生熟悉的事物入手，调动学生的学习兴趣，通过比较这几个概念，来落实概念间的关系这个知识点，从而指向课时大概念。）

（4）课堂小结

通过这节课，让学生了解到了概念，以及概念间的关系。至此，我们站在了逻辑的起点上。同时，也进一步认识了"键盘侠"。"键盘侠"，与其说只懂感性和宣泄，不如说不懂理性和逻辑；与其说不懂语言的尺度，不如说不懂自由的尺度。无脑评论并非言论自由，因为"没有约束的自由，不是真正的自由"。"键盘侠"往往只有价值取向，没有逻辑判断，所以他们的言论常常站不住脚，漏洞百出，喜欢站在道德的制高点去攻击他人。

如今，"键盘侠"在互联网上越来越多，随处可见，我们不能忽视这种趋势。

互联网固然有自身的局限性，作为公众，要有打破这种局限性的自觉，不要觉得理性的声音过于理性就不去关注和传播，也不要让非理性的声音仅仅因为声音大就占据上风。我们应该要能够识别"键盘侠"，破解"杠精文化"，更要有意识地让自己不要成为"键盘侠"。既然"键盘侠"只讲价值取向，不讲逻辑判断，那逻辑就是我们识别"键盘侠"最有力的武器。

◆板书设计

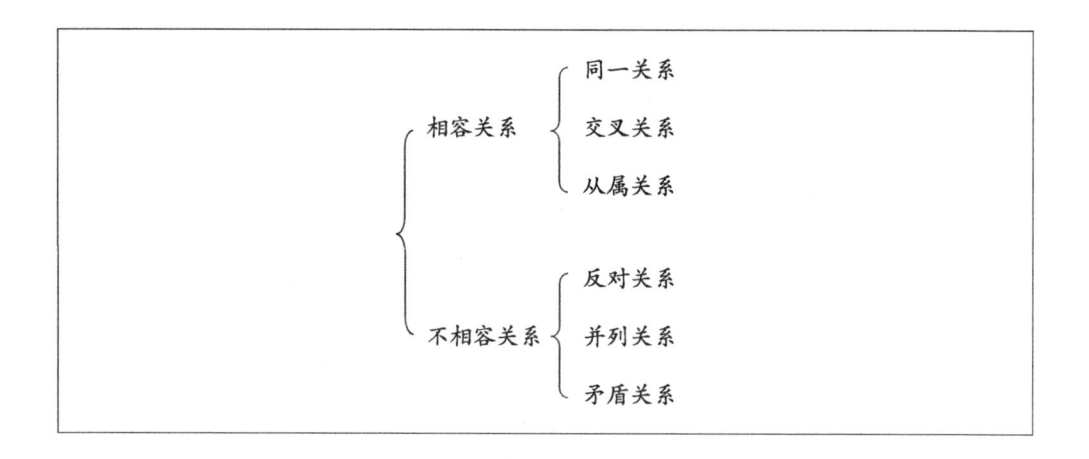

$$
\begin{cases} \text{相容关系} \begin{cases} \text{同一关系} \\ \text{交叉关系} \\ \text{从属关系} \end{cases} \\ \text{不相容关系} \begin{cases} \text{反对关系} \\ \text{并列关系} \\ \text{矛盾关系} \end{cases} \end{cases}
$$

第2课时
辨析"键盘侠"，拾起逻辑武器

（1）导语设计

"键盘侠"是不讲逻辑的，看起来义正辞严，其实言论通常都会存在一些逻辑谬误。那么，我们在面对这些不当言论时，该怎样进行有效的辩驳呢？这里需要我们掌握一定的言语逻辑，以逻辑的武器维持正义。

（创设意图：仍然以对"键盘侠"的辨析为学习情境，引导学生进一步探究语言逻辑背后的普遍规律，从而指向课时大概念。）

（2）研习活动一：逻辑谬误连连看

逻辑谬误有不同的表现类型，请细致辨析下面的逻辑谬误，将下列的逻辑错误和对应的例子进行连线，认识常见的逻辑谬误类型。

逻辑谬误
偷换概念：将一些似乎一样的概念进行偷换，实际上改变了概念的修饰语、适用范围、所指对象等。

续表

偷换论题：	把讨论的焦点转移到另一个话题，从而逃避质疑或攻击。
强加因果：	在本身没有因果关系的事物之间强加了因果关系。
自相矛盾：	指同时肯定两个相互矛盾或相互反对的断定。（因为两个相互矛盾的思想不能都是假的，其中必有一个是真的）
假二择一：	指明明存在多种可能性，却假想成只有两种极端可能，其中一个不能选就只能选择另一个。
以偏概全：	把一个事物的局部特性当作总体特征，或者在证据不足、缺乏严谨论证的情况下，仅凭一些个人经验或者偶然的例子，就匆忙下结论。
循环论证：	在论证过程中，尚待证明的结论不能出现或暗含在前提中，否则就是循环论证。本质是"因为A，所以A"。
模棱两可：	又叫"两不可"，即同时否定两个互相矛盾或相互反对的断定。（因为两个相互矛盾的思想不能都是假的，其中必有一个是真的）
稻草人谬误：	也叫"歪曲观点"。把对方的观点A歪曲成观点B，然后攻击观点B。其论证过程好像制造出一个稻草人，然后再把这个稻草人击倒。
滑坡谬误：	典型形式为"如果发生A，接着就会发生B，接着就会发生C……接着就会发生Z"。即夸大一个行为可能带来的结果，说事情A发生了，就会导致事情Z的发生。其实，Z仅仅是一种对极端情况的臆测。不去仔细分辨A本身，而是用Z引发人的恐惧心理来论证自己的观点。
不当预设：	问题中隐藏着一个预设，对方的回答无论是肯定还是否定，都意味着承认了这个预设。而这个预设很有可能是虚假的。
诉诸人身：	不去谈这个人说得做得是否有道理，而是把注意力引向他的态度、处境等"外部"因素，从而避开理性讨论，试图用对这个人的印象来取代对他做的事情的理性评判。
诉诸情感：	避开基于事实和真相的严谨论述，通过操纵他人情感获得认同。
诉诸大众：	因为很多人都在做同一件事或者相信同一件事，所以这件事就是对的。
诉诸无知：	人们断定一件事物是正确，只是因为它未被证明是错误，或断定一件事物是错误，只因为它未被证明是正确，都属诉诸无知。

序号	例子
①	每次一下雨我就要倒霉。
②	今年过节不收礼，收礼只收脑白金。
③	中国人是勤劳的，我是中国人，所以我是个勤劳的人。
④	某某明星演技真差，看来明星的演技都不怎么样。
⑤	你要么马上捐10万元，要么承认自己不爱国。

续表

⑥	妈妈:"怎么这么晚回家?" 小明:"你怎么总是不信任我?"
⑦	"逻辑其实挺简单的。" "逻辑一点儿都不简单。小明,你觉得呢?" 小明:"你们两个人的意见我都不同意。"
⑧	小明:"国家应该多投入资金去发展教育。" 小红:"想不到你这么不爱国,居然想减少国防资金,让列强有机可乘。"
⑨	"大师,我许的愿为什么不灵?" "心诚则灵。" "怎么才能知道自己心诚不诚呢?" "愿望实现了,就能证明你心诚了。"
⑩	"你玩游戏就考不上好大学,考不上好大学就找不到好工作,找不到好工作你的人生就完了呀。"
⑪	这种减肥药的月销量都有几十万元,说明这个药效果肯定好。
⑫	"他的意见非常好。" "他曾经被记过,这种人的意见能采纳吗?"
⑬	至今没有任何证据可以证明中医可信,所以中医是不可信的。
⑭	一个贫困家庭的孩子抢了别人的钱,法律应该对他从轻处罚。
⑮	陌生人突然问你:"你不再偷东西了吗?"

明确:

③	偷换概念	⑥	偷换论题
①	强加因果	②	自相矛盾
⑤	假二择一	④	以偏概全
⑨	循环论证	⑦	模棱两可
⑧	稻草人谬误	⑩	滑坡谬误
⑮	不当预设	⑫	诉诸人身
⑭	诉诸情感	⑪	诉诸大众
⑬	诉诸无知		

(创设意图:对绝大多数学生而言,知道逻辑术语远不如能分析语言现象更为重要。所以本活动注重学生自己的归纳与理解,让学生学习15种常见的逻辑谬误,通过"键盘侠"情境任务强化理解,学会辨析,以理解逻辑现象为本,知道逻辑术

语为末。同时，学生通过具体的情境支架，对"键盘侠"的认知从朦胧感知走向理性认知。）

（3）研习活动二：认识四种基本逻辑规律

我们掌握了几种常见的逻辑谬误，思考这些逻辑谬误为什么会被称为谬误，评判的标准是什么。逻辑有其自身的规律，不管使用什么概念和命题，进行何种推理和论证，都必须遵守最基本的逻辑规律；如果违反了逻辑规律，就会产生逻辑谬误。

明确：基本的逻辑规律主要有四种，即阐释同一律、（不）矛盾律、排中律、充足理由律。

（创设意图：大部分教学都是先讲逻辑规律，再讲逻辑谬误，这样做容易将知识割裂。其实规律和谬误是密不可分的，让学生先了解谬误类型，再思考为什么它们是谬误，原因在于违背逻辑规律，这样的思路更具有条理性、连贯性，更容易让学生理解和接受。）

（4）研习活动三：探究逻辑谬误和逻辑规律的关系

逻辑的基本规律主要有四种，在"逻辑谬误连连看"中提到的这些谬误类型分别违反的是哪条逻辑规律呢？请以小组为单位讨论、思考，把对应的谬误类型填写在表格中。

逻辑规律	阐释	谬误类型
同一律	在同一思维过程中，一切思想都必须与自身保持同一，包括概念同一和论题同一。	
矛盾律（不矛盾律）	两个互相矛盾或互相反对的命题不能同真，必有一假。必须否定其中一个，不能两个都肯定。	
排中律	两个互相矛盾的命题不能同假，必有一真。不能都否定，必须肯定其中一者。	
充足理由律	在同一思维和论证过程中，一个思想被确定为真，要有充足的理由。	

（创设意图：进一步让学生掌握常见的逻辑谬误，理解这些谬误产生的根本原因，同时进一步强化有关逻辑学的知识。）

（5）课堂小结

这节课我们学习了常见的逻辑谬误，也知道了这些谬误产生的原因是违背了逻辑的四大规律。同学们可以留心观察一下生活，看看我们的生活中是否也有逻辑谬误现象，如果有，又违背了什么逻辑规律。

◆板书设计

<blockquote>
四大规律

同一律

（不）矛盾律

排中律

充足理由律
</blockquote>

第3课时
拒绝"键盘侠"，善用思维逻辑

（1）导语设计

俗话说，知己知彼，方能百战百胜，不想成为"键盘侠"，就得知道"键盘侠"常犯的逻辑谬误有哪些。接下来，就让我们一起来看看在现实生活中，"键盘侠"在言语表达时普遍存在的逻辑谬误。

（创设意图：引导学生从现实生活中观察并辨析普遍存在的逻辑谬误，掌握正确的语言表达方式。）

（2）研习活动一：诊断"键盘侠"，归纳逻辑谬误

审读下列关于"灵魂砍价"新闻中的相关网友的观点，这些观点都属于"键盘侠"的发言。请运用所学的逻辑知识，找到这些"键盘侠"言论中的逻辑谬误，并归纳"键盘侠"惯用伎俩。（任务要求：请参照示例，选择任务单中的一个"观点"，小组讨论、分析、归纳"键盘侠"的逻辑错误。）

①是药三分毒，医好了这个病，吃出了那个病，吃不吃药又有什么差别呢？不如去关注其他事。

②超级反感这样的新闻，站在制高点上凸显自己的优越感，想想那些落马的官员，当官的有几个是干净的？强烈建议取消这些公务员医疗特权！

③大家都在说药价降低之后药片的数量就会减少、质量也会降低，现在浪费时间来降价有用吗？

④罕见病用药有用就好了，为什么要花费那么多精力去说价格，还不如干点儿实事。

⑤你怎么可以相信一个商人的话呢？他们会干不赚钱的事情吗？商人眼里只有利。

⑥要么就砍到免费，让每一个穷人都吃得起，要么就不要砍，让有钱人也吃不起天价药。

⑦砍价后厂家利润降低了，就肯定会偷工减料，病人就要买更多的药来达到相同的药效，到时候花费只会更多，他们的生活只会更悲惨。

⑧把罕见病用药全部纳入医保是不对的，不把任何一种罕见病用药纳入医保也是不对的。要具体情况具体讨论。

逻辑错误单

[观点] 观点 _____

[分析] _____

_____

[归纳] 我认为这个观点的逻辑错误是 _____

明确：通过刚才的学习，现在我们对"键盘侠"已经有了一个比较全面的诊断。可有的网友会附和甚至认同他们，觉得他们说的话有道理，给他们点赞，可能是因为他们同样不讲逻辑，或是意识不到这群"键盘侠"看似义正词严话语当中潜藏的思维陷阱，逻辑谬误。所以，面对网络上形形色色、真真假假的言论，我们必须具备识别逻辑谬误的能力，用逻辑去甄别信息，发现潜藏的逻辑谬误，否则即便你不是"键盘侠"，也有可能成为下一个为"键盘侠"点赞的人。

（创设意图：逻辑是抽象难懂的学科，如果纯粹从逻辑学的角度机械地讲解知识，脱离实际生活，那本单元的课堂教学极易沦为知识的生硬灌输，违背教学本意。本活动依然从"键盘侠"情境的角度入手，通过诊断"键盘侠"的方式来落实知识，这不仅能将晦涩难懂的知识生动化、形象化、变高深为浅近，也能让学生意识到逻辑与生活的紧密关系。）

（3）研习活动二：如何应对"键盘侠"

知乎上有一个提问叫"如何反击网络上的'喷子'？"这个提问有100多万的浏览量800多个回答，说明现实生活中很多人可能都遭遇过"键盘侠"，有的甚至深受其害。下面节选了四个高赞回答。在这四个回答中，你支持哪一个？或是反对哪一个？请说明理由。如果以上回答你觉得都不够好，那你认为该如何应对"键盘侠"呢？

1	当在网络上受到攻击，最好的选择是无视，根本不把他当回事，不做任何回应。而当你选择全然的拒绝，这些谩骂便无法伤害你。虽然一开始可能会觉得愤怒，但是只要你远离它们，很快便会平静下来。不必受那些人影响，至少在精神层面上，你们并不在同一个世界。他们选择了活在仇恨和暴戾的世界，不意味着你也要身处那样的环境。需要适当地保护自己，谨慎选择发言的场合。如果受到了远超一般限度的侵害，也要及时地拿起法律武器保护自己。
2	你就顺着"喷子"思路走，告诉他们，对对对，你是对的，你是宇宙的主宰，世间的神话，你每天一睁眼，天亮了，你闭上眼睛就是天黑。你们为什么都这么厉害，我好怕，我好冷，我好无助。"喷子"在真实社会肯定都是loser，没有例外，你就让他觉得他都是对的，loser好不容易来网上找找自信，你还不鼓励一下他们？
3	因为我平时在知乎积累了大量怨气，所以经常在玩游戏的时候发泄出来，也因此积累了大量对付"喷子"的经验，我自己被人挂在贴吧骂不计其数（这种行为其实就像小孩被人打哭了回家找爸妈一样，是"喷子"无助感爆发的表现，所以才会借助自己熟悉的力量追求精神胜利），当然，我还不至于会因为这种行为自豪。我认为对付"喷子"只有一个原则——那就是穿透对方的"装甲"，直接伤害到对方。"喷子"非常敏感，他们会对所有的外在刺激给出反馈，而他们之所以被称为"喷子"，就是因为他们的反馈刺激的方式是"发怒"——发怒是"喷子"被伤害的标志，如果你想反伤一个"喷子"，你的目的应该直指一点——激怒他们，无止境地激怒他们。
4	意见不合者尚可谈笑，失礼之徒只需删评拉黑，不必多言。

（创设意图：该活动是让学生思考应对"键盘侠"的策略，引导他们能在具体情境中做出不同选择的回应。学生通过具体情境的应对，能更进一步认知"键盘侠"，同时理解逻辑之于选择的重要性，升华主题，回应单元大概念。）

（4）课堂小结

面对同样的问题，其实大家的目的都是一样的，只是选择的方式不一样，有以彼之道还施彼身的进攻派，有拉黑删除的无视派，有什么都是你说得对的捧杀派，还有你们说的讲理派、法律派，等等。这个问题，实际上没有唯一的标准答案。你选择成为哪一派，选择用何种方式进行反击，其实都是基于你的价值取向和逻辑判断共同得出的答案。世界上可能有很多人和你有相同的价值取向，但不同的行为逻辑会导致你们在遇到相同问题时产生不同选择。如果价值取向是选择的终点，那么逻辑就能为你的选择提供可行的路线图。没有逻辑作为支撑，你的选择就可能迷路。没有逻辑作为支撑，你的方向就可能错误。同理，没有逻辑作为支撑，你可能就会成为只有价值取向的"键盘侠"。所以同学们，是否要成为一个"键盘侠"，不仅仅是个价值取向的问题，更是个逻辑判断的问题。很多时候，我们以为自己是在网络上维护正义，可却没有意识到自己已经是键盘侠中的一员了。运用逻辑思维，善于理性思考，才能够帮助我们在面临问题时，尽量做出更正确的选择。

◆板书设计

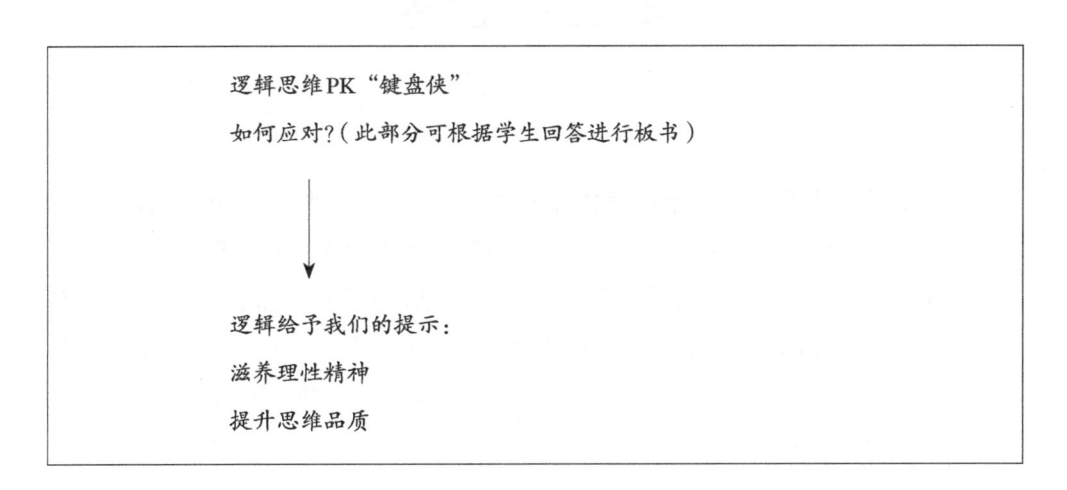

```
逻辑思维PK"键盘侠"
如何应对？（此部分可根据学生回答进行板书）
          ↓
逻辑给予我们的提示：
滋养理性精神
提升思维品质
```

（七）学习测评

假如你是一个去偏远山区支教的志愿者，需要向该地的学生解释什么叫"键盘侠"，请你根据本节课所学内容，构建一个思维导图，用思维导图的方式帮助学生快速、清晰、正确地认识以及应对键盘侠。

（八）教学反思

◆主要亮点：围绕本节的课时大概念"逻辑是甄别语言谬误的有力武器"对教学内容进行结构化设计，特别是利用"键盘侠"的真实情境引出问题任务，在逻辑知识教学中，活动情境的设计很有必要，有效的情境创设，可以使学生更有学习动力，让学生在自主探究与合作探究中达成知能目标，实现核心的强化。

◆存在不足：本内容教学难度不低，知识理解难度大，学生接受、转化的效果需要时间，且容量过大，短短三个课时要完成概念、规律、逻辑谬误等抽象程度极高的教学内容，导致学生可能只是一知半解，并且不同教学班级学生知识与能力水平差异较大，教学中难度的弹性不够。

第三节　课时大概念Ⅱ教学设计示例

教学设计：史学玲

本课时大概念为"逻辑是有效推理的基础",对应《普通高中语文课程标准（2017年版2020年修订）》的第四个学习任务群"语言积累、梳理与探究",旨在引导学生在探究语言文字运用的过程中,更好地理解语言中体现的逻辑思维,建构学生的逻辑推理知识体系,提高学生的语用能力,着力培养学生思维的逻辑性。根据课程容量和学习内容,本课时大概念需要两个课时,主题拟定为"跟鲁迅学推理"和"有效运用推理"。

（一）大概念析读

1.大概念理解

"逻辑是有效推理的基础"作为课时大概念,其学习探究的重点是培养学生在语文学习的过程中,通过语言的运用,初步掌握推理的科学思维方法,有效地帮助学生解决推理方面遇到的问题,落实"思维发展与提升"这一语文核心素养目标。

2.大概念解构

实施"逻辑是有效推理的基础"大概念教学,需要根据言语中的逻辑推理活动来设置情境,让学生从"认识推理形式 — 有效的推理形式 — 运用有效的推理形式"的序列出发,完成以下教学内容,最终实现课时大概念,并指向单元大概念。

（1）概括鲁迅杂文中言语活动的推理过程,提炼推理形式;

（2）理解推理形式的推理规则,判断推理是否有效;

（3）学习如何有效运用逻辑推理。

（二）学习目标

（1）（学生）通过对鲁迅杂文中具体语言材料的分析,感知推理,初步认识逻辑推理的七种类型。（语言建构与运用）

（2）（学生）通过概括鲁迅杂文中言语活动的推理过程,提炼推理形式,建构逻辑思维。（思维发展与提升）

（3）（学生）通过理解推理形式的推理规则,判断推理是否有效,学习如何有

效地运用逻辑推理。(审美鉴赏与创造)

(4)(学生)通过学习鲁迅运用逻辑推理的艺术,走进鲁迅杂文,感受鲁迅对时代、对社会、对人性的理性思考;通过对教材中古代论说文逻辑推理的分析,更好地理解人的思维方式,更好地解读、传承古代论说文。(文化传承与理解)

(三)学习重难点

◆学习重点:学习如何有效地运用推理形式。

◆学习难点:

(1)概括鲁迅杂文中言语活动的推理过程,提炼推理形式;

(2)理解推理形式的推理规则,判断推理是否有效。

(四)学情分析

◆知能基础:统编版教材中,编选了一些论说文,如必修(上册)第六单元的《劝学》《师说》《反对党八股》《拿来主义》,必修(下册)第一单元的《齐桓晋文之事》《烛之武退秦师》,第五单元的《谏逐客书》,第八单元的《谏太宗十思疏》《答司马谏议书》《六国论》等,学生已接触过运用推理来说理的文章,了解如何通过阅读、分析文本来解构作者的说理逻辑结构,对推理有一些认识。此外,在平时语言文字运用题的练习中,学生会接触到逻辑推断题、逻辑填充题等类型的题目。在作文论证方面,也会运用一定的推理知识来分析说理。学生在日常生活中会看一些推理类的小说,有一定的逻辑推理思维。

◆素养基础:学生在合作探究学习方面有一定的学习经验和探究能力,能够合理分工、有序开展小组合作,且能勇敢表达所想,分享所得。

◆不足条件:在本单元学生是第一次正式接触"逻辑",并且是第一次以"逻辑"为专题进行"语言积累、梳理与探究"任务群学习,因而不少同学有畏难怕难情绪,这就需要教师在设计学习活动时,抓住学生的兴趣点,以任务为驱动,引导学生自己一步步解决问题,获得成就感。

(五)教学框架

基于"逻辑是语言建构与思维运用的重要准则"的单元大概念,本课时大概念"逻辑是有效推理的基础"将设计两个课时展开学习活动。第1课时以"跟鲁迅学推理"为主题,具体从两个方面展开:研习活动一为"识推理,明类型";研习活动二为"析推理,判正误"。第2课时以"有效运用推理"为主题,主要从两个方面展开学习活动:研习活动一为"用推理,促思辨";研习活动二为"解推理,活思维"。

```
子任务二：逻辑是有效推理的基础
├── 主题一 跟鲁迅学推理
│   ├── 研习活动一：识推理，明类型
│   └── 研习活动二：析推理，判正误
└── 主题二 有效运用推理
    ├── 研习活动一：用推理，促思辨
    └── 研习活动二：解推理，活思维
```

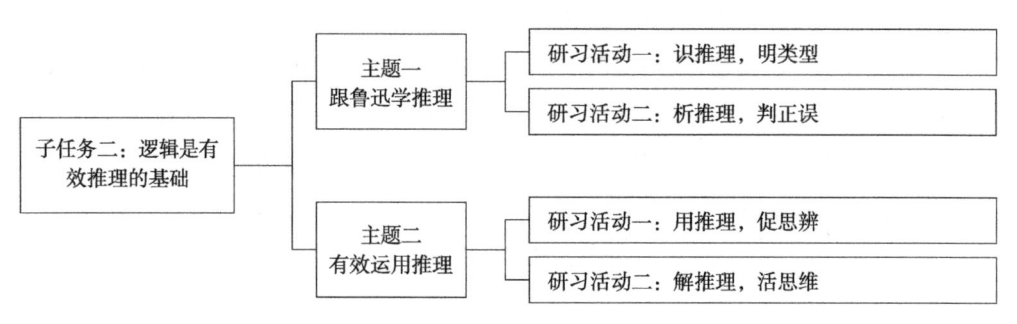

图5-2　课时结构架构与活动程序

（六）教学过程设计

第1课时：
跟鲁迅学推理

（1）导语设计

《记念刘和珍君》中"几个所谓学者文人的阴险的论调"使鲁迅"觉得悲哀""出离愤怒"，可类似的污蔑不胜枚举。1926年北京女子师范大学的风潮后，鲁迅发表感慨："明白说出自己所观察的是非。"陈西滢在《闲话》中又一次发表阴险论调："以前我们常常听说女师大的风潮，有在北京教育界占最大势力的某籍（注释中注明'某籍'指的就是鲁迅的籍贯浙江）某系的人在暗中鼓动，可是我们总不敢相信。……但是这篇宣言（指鲁迅等七名教员在《京报》上发表的《对北京女子师范大学风潮宣言》）一出，免不了流言更加传布得厉害了"，遂觉"可惜"，等等。面对这一言论，鲁迅针对"某籍"著文《我的"籍"和"系"》予以正面回击："何以一有流言，我就得沉默，否则立刻犯嫌疑，至于使和我毫不相干的人如西滢先生者也来代为'可惜'呢？那么，如果流言说我正在钻营，我就得自己锁在房里了；如果流言说我想做皇帝，我就得连忙自称奴才了。"

很显然，陈西滢妄图用"流言"作为武器来吓退鲁迅，阻止他发表正义的声音，"吓哑"他的嘴。但鲁迅利用归谬法，以谬论"一有流言，就得沉默"为大前提，在其外延范围举出具体例子"如果流言说我正在钻营""如果流言说我想做皇帝"作为小前提，通过演绎推理，顺着陈西滢的荒谬逻辑推理下去，得到了荒谬无比的结论——"我就得自己锁在房里了""我就得连忙自称奴才了"，从而揭露其原论题的虚假，也将陈虚伪丑恶的嘴脸揭露无遗。诚如鲁迅所言："生存的小品文必须是匕首，是投枪，能和读者一同杀出一条生存的血路的东西。它给人的愉快和休息是休养，是劳作和战斗前的准备。"（《南腔北调集·小品文的危机》）他用杂

文在当时的社会背景下战斗着，把逻辑推理当作他强有力的武器，层层推理，一针见血地揭露敌论中的漏洞，犀利地一个个击破。

推理可以用于案件侦破、参政议政、科学发现、外交场合、文学表达等多个方面，在语文学习中，有效的推理，可以帮助我们解读文本，可以增强论证过程的逻辑性和合理性，从而增强文章和言语活动的说服力。

（创设意图：从学科认知情境的创设出发，从《记念刘和珍君》中的一个注释入手，借助陈西滢两次抨击诬蔑鲁迅，鲁迅幽默反击的言语活动，引入将要学习的内容为鲁迅如何利用逻辑的强大力量来击败敌人，暗示推理具有重要作用，激发学生对鲁迅杂文中逻辑推理的学习欲望。）

（2）研习活动一：识推理，明类型

①推理的作用那么强大，那什么叫推理呢？请同学们阅读下面材料，谈谈自己对材料的初步感知，结合自己的理解和总结，谈谈你对推理的理解。

材料一：

诗歌虽有眼看的和嘴唱的两种，也究以后一种为好，可惜中国的新诗大概是前一种，没有节调，没有韵，它唱不来，就记不住，记不住，就不能在人们的脑子里将旧诗挤出去，占了它的地位。我以为……新诗先要有节调，押大致相近的韵。

——《致窦隐夫》

材料二：

可是我实在无话可说。我只觉得所住的并非人间。四十多个青年的血，洋溢在我的周围，使我艰于呼吸视听，那里还能有什么言语？长歌当哭，是必须在痛定之后的。而此后几个所谓学者文人的阴险的论调，尤使我觉得悲哀。我已经出离愤怒了。

——《记念刘和珍君》

明确：何为推理？材料一的说理内容可以转化为由"没有节调，没有韵"推断"唱不来，就记不住"，再由"记不住"推断"就不能占有新诗地位"，从而推断"要将新诗挤出去，占了它的位置"，最后推断"新诗先要有节调，押大致相近的韵"的形式，它是从一个或几个前提推出新结论的过程，这便是推理。推理中，已知的命题称为命题的前提，包括大、小前提，由前提出发推出的新命题，称为结论。

集中运用推理，可以使说理更翔实，情感更充沛。如材料二，鲁迅在《记念刘和珍君》中一气呵成，连用五个推理："我只觉得所住的并非人间""四十多个青年的血，洋溢在我的周围，使我艰于呼吸视听，那里还能有什么言语？""长歌当哭，是必须在痛定之后的""而此后几个所谓学者文人的阴险的论调，尤使我觉得悲哀""我已经出离愤怒了",集中推出结论"我实在无话可说",抒发了作者心中的悲痛和愤怒。

（创设意图：让学生初步感知和体验推理，变静态的言语材料为动态、开放的语言实践活动，让学生可以更直观地认识推理。）

②鲁迅思想研究专家唐弢在《鲁迅杂文艺术特征》中评价道："鲁迅的全部杂文都是论战性的，雄辩的，表现了明确、肯定、无可反驳的逻辑力量。"下面我们就跟着鲁迅先生来学习如何推理，感受他的推理艺术。请同学们判断下面的语言材料属于何种推理类型？并分析其推理过程。

材料一：

这正是"资本家的走狗"的活写真。凡走狗，虽或为一个资本家豢养，其实是属于所有的资本家的，所以它遇见所有的阔人都驯良，遇见所有的穷人都狂吠。不知道谁是它的主子，正是它遇见所有阔人都驯良的原因，也就是属于所有的资本家的证据。即使无人豢养，饿得精瘦，变成野狗了，但还是遇见所有的阔人都驯良，遇见所有的穷人都狂吠的，不过这时它就愈不明白谁是主子了。

——《"丧家的""资本家的乏走狗"》

总之，倘是咬人之狗，我觉得都在可打之列，无论它在岸上或水中。

——《论"费厄泼赖"应该缓行》

类人猿、类猿人，原人，古人，今人，未来的人……如果生物真会进化，人性就不能永久不变。不说类猿人，就是原人的脾气，我们大约都很难猜得着的，则我们的脾气，恐怕未来的人也未必就会明白，要写永久不变的人性，实在难哪。

——《文学与出汗》

只要略有知觉的人就会知道：这回学生的情愿，是因为日本占据了辽吉，南京政府束手无策，单会去哀求国联，而国联却正和日本是一伙。读书呀，读书呀，不错，学生是应该读书的，但一面也要大人老爷们不至于葬送土地，这才能够安心读书。

——《"友邦惊诧"论》

这样的时候，人是很容易性急的。例如罢，田军早早的来做小说了，却"不够"真实，狄克先生一听到"有人"的话，立刻同意，责别人不来指出"许多问题"了，也等不及"丰富了自己以后"，再来做"正确的批判"。但我以为这是不错的，我们有投枪就用投枪，正不必等候刚在制造或将要制造的坦克车和烧夷弹。可惜的是这么一来，田军也就没有什么"不该早早地从东北回来"的错处了。立论要稳当真也不容易。

——《三月的租界》

大概是物以希为贵罢。北京的白菜运往浙江，便用红头绳系住菜根，倒挂在水果店头，尊为"胶菜"；福建野生着的芦荟，一到北京就请进温室，且美其名曰"龙舌兰"。

——《藤野先生》

但是，如果反对这宅子的旧主人，怕给他的东西染污了，徘徊不敢走进门，是孱头；勃然大怒，放一把火烧光，算是保存自己的清白，则是昏蛋。不过因为原是羡慕这宅子的旧主人的，而这回接受一切，欣欣然的蹩进卧室，大吸剩下的鸦片，那当然更是废物。"拿来主义"者是全不这样的。

他占有，挑选。

——《拿来主义》

学生表达与交流：

推理类型	推理过程分析
三段论推理	不知道主子是谁的是所有资本家的走狗。（大前提） 论敌不知道主子是谁。（小前提） 所以，论敌是所有资本家的走狗。（结论）
二难推理	不知道主子是谁的是所有资本家的走狗。（大前提） 论敌不知道主子是谁。（小前提） 所以，论敌是所有资本家的走狗。（结论）
充分条件推理	如果生物真会进化，人性就不能永久不变。 生物真会进化。 所以，人性不能永久不变。
必要条件推理	只有大人老爷们不葬送土地，学生才能安心读书。 现在大人老爷们投降卖国，葬送土地。（"日本占据了辽吉，南京政府束手无策"） 所以，学生无法安心读书。（结论省略）
类比推理	田军没等"再丰富了自己以后"就做小说，"不够真实"，说明田军是性急的。 狄克没等"丰富了自己以后"再作正确的批评，而是一听到"有人"的话，就迫不及待地否定作品，指责作者，攻击别人不来指出"许多问题"。 可见狄克也是性急的。
归纳推理	北京的白菜运往浙江，因为稀缺而珍贵。 福建野生着的芦荟到北京，因为稀缺而珍贵。 所以，鲁迅在《藤野先生》一书中提出"物以希为贵"。

续表

推理类型	推理过程分析
排除法	对待"大宅子"（文化遗产）的态度或是"孱头"，或是"昏蛋"，或是"废物"。 "拿来主义"者全不这样的（即不当"孱头""昏蛋""废物"）。 所以，"拿来主义"者对待文化遗产是占有、挑选。

（创设意图：让学生从逻辑推理的视角重读鲁迅杂文，从具体的语言材料中概括出推理过程，通过语文实践活动，帮助学生掌握推理的七种形式。）

（3）研习活动二：析推理，判正误

①根据个别与一般的关系，我们把上面的七种形式推理大致划分为三大类型，分别为演绎推理、归纳推理、类比推理。请同学们把材料一中的推理过程按顺序把前提和结论一一列出来后，只保留形式框架，具体内容用字母代替，写出推理形式。完成下表，在小组内并与组员交换、对比，商议后确定一份组内的优秀表格，在全班进行交流分享。

七种推理形式：

推理类型		推理形式
演绎推理	三段论推理	
	二难推理	
	充分条件推理	
	必要条件推理	
	排除法	
归纳推理		
类比推理		

明确：

推理类型		推理形式
演绎推理	三段论推理	所有S都是M， 所有M都是P， 所有S都是P。
	二难推理	如果p，那么r； 如果q，那么r； p或者q， 总之r。
	充分条件推理	如果A，那么B； A； 所以，B。
	必要条件推理	只有非A，才B； 非非A， 所以，非B。
	排除法	或者A，或者B，或者C，或者D； 非A，非B，非C； 所以，D。
归纳推理		S1是P，S2是P……Sn是P， 所有S是P。
类比推理		A对象具有c、d属性， B对象也具有c属性， B对象也具有d属性。

（创设意图：教材上并未提到"推理形式"的概念，通过这一步骤，让学生自己探索推理形式就是将一个推理去除掉具体内容后保留下来的结构框架，自己概括，真正地认识推理形式，体味鲁迅严密的逻辑思维。）

②语言学家王力先生说："目前报纸杂志上许多理论文章，在推理方面，用三段论一衡量，毛病就出来了。""三段论"是由亚里士多德提出来的，是最基本的逻辑推理方法。

鲁迅先生的杂文《论辩的魂灵》由两部分构成，一开始是按语，紧接着以"今谨摘录数条，以公同好"为引，列举了当时社会上和文化界公开反对新思想，反对改革和毁谤革命者的种种奇谈怪论。下面请同学们就《论辩的魂灵》中罗列的一连串奇谈怪论择一进行分析，将其大前提、小前提、结论三个判断找出来，探究推理过程，利用三段论分析其中的推理形式为何无效，学习鲁迅先生如何把他们的荒谬言论和诡辩逻辑，以无懈可击的推理能力，全力击碎。

学生表达与交流：

文段一	总述	推理过程分析
"你说甲生疮。甲是中国人，你就是说中国人生疮了。既然中国人生疮了，你是中国人，就是你也生疮了。你既然也生疮，你就和甲一样。而你只说甲生疮，则竟无自知之明，你的话还有什么价值？倘你没有生疮，是说诳也。卖国贼是说诳的，所以你是卖国贼。我骂卖国贼，所以我是爱国者。爱国者的话是最有价值的，所以我的话是不错的，我的话既然不错，你就是卖国贼无疑了！"	这段话连用了六个三段论推理，且均为无效推理。	第一个三段论： 大前提：甲生疮， 小前提：甲是中国人， 结论：所以，中国人生疮了。 原因：小前提中的"中国人"，因为没有对它的全部外延做表述，是不周延的；而结论中的"中国人"周延了，犯了"小项扩大"的错误，该推理是一则无效三段论。
		第二个三段论： 大前提：中国人生疮了， 小前提：你是中国人， 结论：所以，你也生疮了。 原因：大前提和小前提中的"中国人"，并非同一概念，诡辩者偷换概念强行推出结论，违反了三段论推理的规则，犯了"四概念"逻辑错误。
		第三个三段论： 大前提：卖国贼是说诳的， 小前提：你说诳， 结论：所以，你是卖国贼。 原因：中项"说诳"在大前提和小前提中均不周延。三段论中，中项在前提中至少周延一次，才能起到连接作用，推出结论，所以是无效推理。
		第四个三段论： （省略的大前提）：爱国者是骂卖国贼的， 小前提："我"骂卖国贼， 结论：所以，"我"是爱国者。 原因：大前提是虚假的，因此一切推断都是虚假的。
		第五个三段论： 大前提：爱国者的话是最有价值的， 小前提：我是爱国者， 结论：所以，我的话是不错的。 原因：小前提"我是爱国者"是由"爱国者是骂卖国贼的"这个虚假前提推出的，前提是虚假的，故推理是无效的。
		第六个三段论： 大前提："我"的话既然不错， （省略的小前提）"我"说你是卖国贼， 结论：所以，你就是卖国贼。 原因：小前提"'我'的话既然不错"是由虚假前提推理出来的，所以也是无效三段论。

文段二	总述	推理过程分析
"洋奴会说洋话，你主张读洋书，你就是洋奴，人格破产了！受人格破产的洋奴崇拜的洋书，其价值从可知矣！但我读洋书是学校的课程，是政府的功令，反对者，即反对政府也，无父无君无政府党，人人得而诛之。"	这段话包含了七个三段论，均为无效推理形式。	第一个三段论： 大前提：洋奴会说洋话， 小前提：你主张读洋书， 结论：所以，你就是洋奴。 原因："读洋书"与"说洋话"并非同一概念，诡辩者偷换概念强行推出结论，违反了三段论推理的规则，犯了"四概念"逻辑错误。
		第二个三段论： 大前提：洋奴会说洋话， 小前提：你会说洋话， 结论：所以你是洋奴。 原因：中项两次不周延。
		第三个三段论： 大前提：洋奴的人格破产了， 小前提：你是洋奴； 结论：所以，你的人格破产了。 原因：小前提虚假。
		第四个三段论： 大前提：受人格破产的洋奴崇拜的书是没有价值的， 小前提：洋书是受人格破产的洋奴崇拜的书， 结论：所以，洋书是没有价值的。 原因：前提虚假。
		第五个三段论： 大前提：读洋文是政府的功令， 小前提：你反对读洋文， 结论：所以，你反对政府的功令。 大前提：反对政府的功令就是反对政府， （省略的小前提）：你反对政府的功令， 结论：所以，你反对政府。 原因：第一个大前提中"政府的功令"是不周延的，而第二个大前提中"反对政府的功令"变成周延的了，以此类推，结论显然是荒谬的。
		第六个三段论： 大前提：反对政府的人是无父无君无政府党， 小前提：你反对政府， 结论：所以，你是无君无父无政府党。 原因：前提虚假。
		第七个三段论： 大前提：无君无父无政府党是人人得而诛之的， 小前提：你是无君无父无政府党， 结论：所以，你是人人得而诛之的。 原因：前提虚假。

文段三	总述	推理过程分析
"你说中国不好，你是外国人吗？为什么不到外国去？可惜外国人看你不起……"	这段话连用了三个三段论推理，且均为无效推理。	第一个三段论： （省略大前提）：外国人是说中国不好的/说中国不好的是外国人， 小前提：你说中国不好， 结论：所以，你是外国人。 原因：大前提是虚假的，因此一切推断都是虚假的。
		第二个三段论： 大前提：外国人都应到外国去， 小前提：你是外国人， 结论：所以，你应到外国去。 原因：前提虚假。
		第三个三段论： 大前提：没到外国去的人是因为外国人看不起， 小前提：你没到外国去， 结论：所以，外国人看不起你。 原因：前提虚假。

《论辩的魂灵》中共摘录了荒谬言论十条，按照诡辩类型，大致可以分为两种，第一种为推理形式上的错误，第二种为前提虚假的错误。因而可以得出结论，在一个三段论推理中，推理的结论真实与否，推理运用有效与否，除了形式是否正确，还取决于前提是否真实可靠，只有前提真实且形式正确的三段论，才必然得出正确结论，才是合推理乎规则的，是有效的三段论。

（创设意图：借助《论辩的魂灵》，让学生从用鲁迅杂文的零碎材料到用整篇文章来探究推理，阅读材料从散到整，让学习更有层次性。符合三段论定义的推理形式有256种，其中有效的只有24种，此处仅选择常见的部分与学生分享，其他的内容，学有余力的同学可再行拓展。）

（4）课堂小结

爱因斯坦说："西方科学的发展是以两个伟大的成就为基础的，那就是：希腊哲学家发明形式逻辑体系，以及（文艺复兴后）发现通过系统的实验可以找出因果关系。"这两大成就，一为演绎法，二为归纳法，都是逻辑推理中的基本内容。英国哲学家培根说："读史使人明智，读诗使人灵秀，数学使人周密，科学使人深刻，伦理学使人庄重，逻辑修辞之学使人善辩。凡有所学，皆成性格。"所以，在高中阶段进行逻辑推理的学习，落实核心素养，可以为学生以后更高阶学习所需的"思维发展与提升"打下坚实的基础。

第2课时
有效运用推理

（1）导语设计

上节课我们通过鲁迅的杂文这一语言材料，认识了推理的七种类型以及它们的推理形式，理解推理形式的推理规则，能够判断一个推理是否有效。这节课，我们将继续学习如何有效运用推理，学会自觉运用逻辑思维进行推理，解读文本及解决问题，推动思辨性阅读和表达，促进思维品质的提升。

（创设意图：衔接前一节课中对推理类型，从教材的经典选文出发，创设学科知识认知情境，引导学生从文学作品的阅读中掌握并运用有效的推理形式。）

（2）研习活动一：用推理，促思辨

请同学们回溯统编版必修（下册）中的古代论说名篇《齐桓晋文之事》《谏逐客书》《六国论》，再次阅读，梳理文本，分析作者的论证思路，借助逻辑推理知识，理解作者阐述观点的逻辑，明确作者使用了什么推理方法，探究推理过程。每个小组选一篇文章，组员讨论，展示分享。

学生表达与交流：

甲组	我们组选的课文是《六国论》，小组成员认真分析后，认为本文主要有三种推理形式。 首先是演绎推理，主要集中在第一自然段中，一开始提出"六国破灭，非兵不利，战不善，弊在赂秦"，接着从两个方面展开推理，"赂秦而力亏，破灭之道也"和"不赂者以赂者丧"，从一般到特殊。此外在两个分论点之下又继续展开，分析其中的个别属性。 其次是归纳推理，对齐亡之事实、燕亡之教训、赵亡之悲剧进行了详尽的分析，从个别特殊的事例出发，推出普遍性的结论，即三国灭亡的共同原因，对应本文的分论点二"不赂者以赂者丧，盖失强援，不能独完"。根据分论点二又推理出总论点"弊在赂秦"。 再次是假言推理，假设"三国各爱其地，齐人勿附于秦，刺客不行，良将犹在"的情况，推理出六国的"胜负之数，存亡之理，当与秦相较，或未易量"。 最后是类比推理，"以地事秦，犹抱薪救火，薪不尽，火不灭"，将"抱薪救火"和"以地事秦"相类比。
乙组	我们组选的课文是《谏逐客书》，小组成员认真分析后，认为本文主要有三种推理形式。 第一种是归纳推理，主要集中在第一段中，在提出中心论点"臣闻吏议逐客，窃以为过矣"后，接连陈述了四个史实——"缪公求士而用之""孝公用商鞅之法""惠王用张仪之计""昭王得范雎"，历数四君因为门客的功劳，使秦国从"遂霸西戎""举地千里，至今治强""使之（六国）西面事秦""使秦成帝业"，归纳推理出门客的功劳，强调"客何负于秦哉"。 第二种是类比推理，主要集中在第二段中，由秦王对宝玉、器物、美女、音乐等物品的选取标准"快意当前，适观而已矣"到"今取人则不然。不问可否，不论曲直，非秦者去，为客者逐"的取人标准，两者类比，推理出秦王"然则是所重者在乎色、乐、珠玉，而所轻者在乎人民也"的结论。 第三种是演绎推理，主要集中在第三段中，句首的"臣闻地广者粟多，国大者人众，兵强则士勇"为一类事物都有的一般属性，在此基础上，演绎推断出这类事物中的"太山不让土壤，故能成其大""河海不择细流，故能就其深""王者不却众庶，故能明其德"三种属性。

续表

丙组	我们组选的课文是《齐桓晋文之事》，小组成员认真分析后，认为本文主要有四种推理形式。首先是类比推理。孟子提出："有复于王者曰：'吾力足以举百钧，而不足以举一羽；明足以察秋毫之末，而不见舆薪。'"而齐宣王不同意这种说法，孟子由此引出齐宣王"今恩足以及禽兽，而功不至于百姓者"与此相类似，推出"一羽之不举，为不用力""舆薪之不见，为不用明"，因此"百姓之不见保，为不用恩"。 其次是假言推理，文章最后一段，若"制民之产"，则百姓可以"衣帛""食肉""无饥"；若百姓"衣帛""食肉""不饥""不寒"，"然而不王者，未之有也"。所以，"君制民之产"，一定"可以王"。 再次是演绎推理，包括二难推理，如"推恩足以保四海""不推恩无以保妻子"；齐宣王或"推恩"，或"不推恩"。所以，齐宣王或"足以保四海"，或"无以保妻子"。三段论推理，如孟子曰"保民而王，莫之能御也"为大前提，齐宣王曰"若寡人者，可以保民乎哉？"孟子曰"可"为小前提。结论是：所以，齐宣王足以王。 最后是归纳推理，"老吾老以及人之老，幼吾幼以及人之幼"，则"天下可运于掌"；"刑于寡妻，至于兄弟"，则"以御于家邦"。所以，"言举斯心加诸彼而已"，则"足以保四海"。

（创设意图：逻辑知识的教学不是一蹴而就的，需长期积累，应贯穿整个高中阶段，落实到平时的语文学习中。"思辨性阅读与表达"任务群也强调"发展推理能力，增强思维的逻辑性和深刻性"，统编版教材中选用的课文大多是经典作品，其中论说文逻辑思维渗透在作者的说理过程中，充分利用教材中的这些逻辑素材，将两者结合，让学生在真实的阅读实践中发展推理能力，凸显思维过程，有助于学生更好地理解教材中论说文的推理，有助于启迪思维，促进学生逻辑思维的发展。）

（3）研习活动二：解推理，活思维

同学们通过梳理教材中四篇论说文的推理，从逻辑思维的角度重新理解了这些课文，也明白对文本内在逻辑的梳理和分析是论说类文本思辨性阅读的重要方式之一。请同学们借助逻辑推理知识，对自己的某段作文进行推理分析，并做出细致的修改。或对2021年北京高考作文材料进行立意，用推理知识写一段150字左右的文段。

每个人都生活在特定的时代，每个人在特定时代中的人生道路各不相同。在同一个有人只愿安分随时，有人深感生不逢时、时不我待……

（创设意图：设计写作或修改任务，以学生的说理或修改作为表现性任务的成果，借助学生的修改或文段观察学生能不能运用逻辑推理，能否形成良好的逻辑思维。）

（4）课堂小结

通过对教材经典论说文的分析，同学们一层紧扣一层地分析推理，探究逻辑严谨的文章结构，在推理过程中体会了作者推理的严谨性和逻辑性，同学们的逻辑推理能力不断提高。借助逻辑知识去理解语言中体现的思维，自觉地借助逻辑知识来促进阅读能力与写作能力的提升，提升"思维发展与提升"核心素养，促进语文素养提升。

（七）学习测评

（1）根据个人的学习情况，结合下面的评价量表，就"跟鲁迅学推理"给自己和组员打分。

关于"跟鲁迅学推理"学习内容评价量表

活动名称	评价标准	师评（30%）	生评（40%）	互评（30%）
跟鲁迅学推理	是否明晰逻辑推理的七大类型？			
	是否能概括材料中的推理过程？			
	是否能提炼推理形式？			
	是否能判断推理形式是否有效？			
	是否能有效运用推理形式？			

（2）逻辑推理也普遍地存在于高考试题的设计之中。如何有效地运用推理可以帮助我们更好地解题，请同学们利用推理知识，分析下列的试题。

根据原文内容，下列说法正确的一项是（　　）
A．"他们踏出的一小步既是人类的一大步，也是微生物的一大步"，这说明在人类登上月球之前，月球上可能还没有地球上的微生物。
B．"还有一些动物在出生的那一瞬间就有了伙伴"，当我们出生时，微生物会伴随我们而生，同理，当我们死亡后，微生物也会立即消亡。
C．我们观察动物时，会发现某些动物身上的微生物与人类身上的微生物遵循着相同的生存规律，这些遵循相同规律的应该属于同一种微生物。
D．微生物在人体与土地、水、空气、建筑以及周围的环境之间不断迁移时，会影响人体各器官的内部协调，进而损害人体的健康。

（2020年新高考卷二）

明确：A选项为必要条件假言推理；B、D选项为类比推理；C选项为归纳推理。

在下面一段文字横线处补写恰当的语句，使整段文字语意完整连贯，内容贴切，逻辑严密，每处不超过15个字。
无论生产、生活还是娱乐，当人暴露在噪声环境中时，健康就会受到威胁。暴露时间短，会产生焦虑与精神压力；暴露时间长，　①　，甚至失聪。听力损失程度与音量和暴露时长相关。然而，当噪声级达到一定高度时，　②　，均会产生永久性听力损害。而单从听力保护角度来说，即使是乐音，　③　，时间过久，也会对听力造成不可逆的损害。

（2020年全国卷Ⅱ卷）

明确：①则会造成听力损失；②无论暴露时间长短；③如果音量过大。

（八）教学反思

◆主要亮点：本课时大概念为"逻辑是有效推理的基础"，指向单元大概念"逻辑是语言建构与思维运用的重要准则"。大单元教学，需要创设"真实"地接近学生生活的情境，以便提高学生的积极性，让学生真正参与进来，着力提升语文核心素养。在这一目标下，教师应以真实情境下的任务学习方式来组织课堂，让学生成为课堂和评价的主体。学习情境中的语言逻辑推理表达运用，于学生而言，本就生僻，所以，知识性内容的学习应当从简，概念性的内容应溶解在学习任务中，而非单独大量罗列，盲目机械地训练。

第1课时一开始就以鲁迅杂文中的逻辑推理为抓手来设置学习任务，让学生在学科知识情境的引领下，在任务驱动下，通过自主探究与合作探究达成目标，实现对课时大概念的理解，感受语言文本中的逻辑力量，学习兴趣和探究意识明显提高。选取的语言材料从零碎走向整篇，贯通性强，实现由散到整的层次递进。学生再次用不一样的角度去阅读鲁迅的作品，探寻言语活动中的哲思之美，对于学生更加真实、立体地走近鲁迅有很大的帮助。教学过程注重对学生思维过程和思维方法的引导，注重培养学生思维的逻辑性。

借助论说文行文构思逻辑严密的特性，在分析作者论证的过程中，学生通过对文本分析，感受到作者说理方式的严谨性，逻辑推理能力也得到了培养。近些年的高考语文试题，加大对学生思维品质的考查力度，能否合理推理是逻辑思维能力考查的一大方面，引导学生在语言问题运用题中提升逻辑思维能力。逻辑推理能力在高考命题中的考查板块为：论述类文本阅读，语言文字运用（逻辑语病题、逻辑推断题、逻辑填充题、逻辑图文题），写作（作文中要求逻辑严密，逻辑论证，逻辑布局）等，将教材和高考试题结合，学以致用，将所学到的推理知识运用到作文或修改作文中，使自己的说理更合乎逻辑，可以更好地实现教考衔接。

◆存在不足：推理的种类很多，而其中的有效、无效形式更是数不胜数，在选取教学内容时，应根据班级学情具体分析、选取，而非面面俱到，过犹不及。

◆再教设计：学情分析再具体些，多和学生交流，结合学生的前置学习对教学内容做恰当调整。

第四节　课时大概念Ⅲ教学设计示例

教学设计：韩玉珏

本课时的大概念为"逻辑让论证更为严密"，根据学习内容和课堂容量，本课时概念的学习需要三个课时，第1课时为学习论证，梳理探究论点、论据、论证等议论文要素；第2课时为掌握合理论证的有效方法，重点学习间接论证的三种方法，尤其是归谬法；第3课时通过对典型议论文的分析、梳理，学习如何更正确地进行论证、说理，并总结自己写作时需要的逻辑知识。

（一）大概念析读

1. 大概念理解

"逻辑让论证更为严密"的解读重点是逻辑和论证的密切关系。所谓论证，就是用某些论据去支持或反驳某个观点，规范的论证总是包含由多个判断构成的逻辑链条，恰当运用逻辑方法，可以更好地理解、评估论证的合理性，提高论证的水平。

2. 大概念解构

实施"逻辑让论证更为严密"的课时大概念教学，需要有逻辑、有层次地进行框架搭建，首先要明确何为"论证"，这部分需要重点阐释论证的三要素，普及相关知识点；接着介绍有效的论证手法，在平时的议论文教学中，主要聚焦于直接论证手法，而在本逻辑单元中，则侧重于间接论证手法，解释具体的概念如"排除法""反证法""归谬法"；最后从理论到实践，读写结合，最终实现对课时大概念的理解，并指向单元大概念。教学内容将重点从以下三个方面进行展开。

（1）认识并区分论证三要素；

（2）认识归谬法；

（3）使用归谬法。

（二）学习目标

（1）（学生）学习论证，通过梳理、探究论点、论据、论证形式等论证要素，学会分析议论性文章，在写议论性文章时，能够有效运用论证方法，提高语用能

力。（语言建构与运用）

（2）（学生）能反思总结自己写作时的逻辑知识，增强思维的敏锐性和严密性。（思维发展与提升、审美鉴赏与创造）

（3）（学生）从苏格拉底之死的情境进入，认识逻辑与论证的重要性，培养学生对理性精神的重视，树立正确的价值观。（思维发展与提升、文化传承与理解）

（三）学习重难点

◆学习重点：有效的论证手法。

◆学习难点：归谬法。

（四）学情分析

◆知能基础：学生在前期的学习中，已经积累了不少论证知识，统编版高中语文教材也非常重视思维的发展，多个单元都涉及议论性文章的学习，为学生打下了学习逻辑，尤其是学习论证的基础。

◆素养基础：通过高一阶段以及义务教育阶段的学习，学生已经具备了对论证的初步认知，掌握了一些论证方法，如比喻论证、对比论证、举例论证等。

◆不足条件：虽然在前期的教学中，学生已经积累了与论证有关的必备知识，但间接论证、虚拟论证等还是第一次接触，并且对大部分学生来说，会认为逻辑比较复杂难懂。所以，教学时应破除认为逻辑神秘且艰难的误会，帮助学生平常、正确地认识逻辑是学习的起点，要让学生意识到，逻辑无处不在，有语言的地方，就有逻辑，但它需要我们去仔细理会；意识到逻辑并不神秘，讲情理的时候，就在讲逻辑，只是需要我们深入思考。

（五）教学框架

基于"逻辑是语言建构与思维运用的重要准则"的单元大概念，本课时大概念"逻辑让论证更为严密"将设计两个课时展开研习活动。第1课时以"论证方法"为主题设计任务专题，重点介绍三个间接论证手法中的归谬法。第2课时以"论证反思"为主题设计任务专题，反思总结写作时所需逻辑知识。

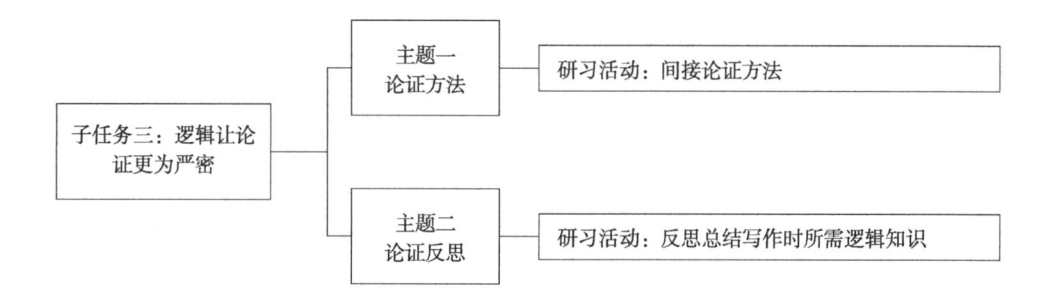

```
子任务三：逻辑让论证更为严密 ─┬─ 主题一 论证方法 ── 研习活动：间接论证方法
                          └─ 主题二 论证反思 ── 研习活动：反思总结写作时所需逻辑知识
```

（六）教学过程设计

第1课时
跟着苏格拉底学习归谬法

（1）导语设计

苏格拉底是古希腊哲学家，西方哲学奠基人，还是柏拉图的恩师，最后却被雅典法院判处死刑。被判处死刑后，苏格拉底随后服毒而死，享年70岁。这一年，是公元前399年。为什么这样一位充满智慧的大哲学家被判处死刑？我们先来了解一下事情的经过。

（创设意图：以真实历史事件创设语文实践情境，以质疑的方式引导学生进入情境，为课时大概念的理解做铺垫。）

（2）研习活动一

①苏格拉底被称为西方的"孔子"，从思想文化上，他们都开创了一个时代，对后世有着深远的影响。阅读下面材料，请你谈谈苏格拉底是一个什么样的人。

材料一：

苏格拉底出生于希腊雅典一个普通公民的家庭，靠自学成了一名很有学问的人。他以传授知识为生，30多岁时做了一名不取报酬也不设馆的社会道德教师。苏格拉底把自己看作神赐给雅典人的一个礼物、一个使者，任务就是整天到处找人谈话，讨论问题，探求对人最有用的真理和智慧。40岁左右，他成了雅典的远近闻名的人物。他在雅典和当时的许多智者辩论哲学问题，主要是关于伦理道德以及教育政治方面的问题，被认为是当时最有智慧的人。作为公民，他曾三次参军作战，当过重装步兵，在战争中表现得顽强勇敢，并不止一次在战斗中救助受了伤的士兵。此外，他还曾在雅典公民大会中担任过陪审官。

明确：有社会责任感、爱思考、热爱真理等。

苏格拉底晚年目睹雅典衰败的景象，对当时的社会制度不满，常在街头与人辩论，不断批判雅典民主制度，引起了许多人不快。最后苏格拉底被控以貌视传统宗教、引进新神、腐化青年和反对民主等罪名，并将他送上法庭接受审判。这样一位伟大的哲学家因此获罪并丧命，想必同学们都觉得很可惜吧，那我们能不能想个办法，来拯救苏格拉底。

②拯救一个人不是一件容易的事，现在我们先来做一个测试，假如你是一位律师，你将如何为玛丝洛娃进行辩护？

19世纪俄国发生一起案件，案件的当事人是玛丝洛娃，她是个妓女，她认识的一位富商被毒死了，玛丝洛娃被视为嫌疑人，接受法院的审判。法院认为她有罪的理由如下：

理由一：她知道富商住处；

理由二：她见过富商储存钱财的地点；

理由三：富商死于一杯助眠水，而这杯水是玛丝洛娃端给他的。

明确：大家的论证方式有一个相同点，都是在进行反驳。请大家思考一下，为什么都采取反驳的方式去辩护呢？是因为不能直接证明玛丝洛娃无罪。既然不能正面去证明她无罪，那只能通过反驳指控，通过反驳她杀了人，通过论证她杀人了这个命题是错的，是个假命题，来间接论证她没杀人、她无罪，这就是间接论证。即以反论题是假的来推导出论题的真实性。在生活中、写作中，我们往往会更关注直接论证，往往都是直接以论据的真实推出论题的真实，可是在无法进行直接论证的情况下，使用间接论证反而可以更有效地进行论证。

（创设意图：创设语文实践参与情境，通过构建拯救苏格拉底的情境来设定《复活》中玛丝洛娃的案件，引导学生在为玛丝洛娃的辩护中初步感知间接论证。）

（3）研习活动二

间接论证在生活中经常被使用，苏格拉底就经常用间接论证去反驳他人。请两位同学分角色朗读苏格拉底和尤苏戴莫斯关于"正义"的讨论，并分析苏格拉底是如何完成对尤苏戴莫斯的辩驳的。

材料二：

苏：虚伪属于正义，还是非正义？

尤：非正义。

苏：偷盗、欺骗、奴役等，属于正义，还是非正义？

尤：非正义。

苏：对于那些极大损害了国家利益的敌人，一个将军惩罚了他们，并对他们加以奴役，属于正义，还是非正义？

尤：正义。

苏：将军偷走了敌兵的财物，或者战斗中欺敌呢？

尤：这当然属于正义，但欺骗朋友另说。

苏：是不是可以这样归纳，虚伪、欺骗用在敌人身上，属于正义行为，用在朋友身上属于非正义行为？

尤：对。

苏：一位元帅，因为士兵们士气不振而精神崩溃，他欺骗部下"援军很快到来"以激励士气呢？

尤：应该也是正义吧。

苏：一个生病又不肯服药的孩子，父亲说"药不苦、很好吃"，骗孩子吞了下去，病也好了。属于正义，还是非正义？

尤：正义。

苏：一个发了疯的人，他的朋友怕他自残，偷走了他的刀子与利刃，这属于正义，还是非正义？

尤：是，应属正义。

苏：你不是说，朋友之间不能欺骗吗？

尤：请允许我收回我刚说的话。

——色诺芬《回忆苏格拉底》

明确：苏格拉底首先归纳了尤苏戴莫斯的论点，表面上看起来赞同尤的观点，给人的感觉好像这个论点是正确的。然后顺着这个思路，从这一论点加以引申、推论，最后却得出了一个荒谬、矛盾的结论，我们才发现，有的论点站不住脚，是错的。这是用了归谬法。

归谬法即是先假定某一观点是真的、正确的，再顺此逻辑推出明显的错误或矛盾，从而证明这一观点本身的错误。

（创设意图：延引历史故事情境，让学生在掌握间接论证的基础上，进一步引导学生认知间接论证的具体方法。）

（4）研习活动三

间接论证也有不同的表现形式。在下列材料中，都使用了间接论证的方法，请根据具体事实，思考哪一个论证属于"归谬法"。

材料三：

①魏晋竹林七贤之一王戎七岁时，看到路边的李树果实累累，甚至压折了枝条，同行的小伙伴都抢着去采摘，只有王戎不动，说果子不好吃。小伙伴好奇问他，王戎说："路边的李子如果是甜的，早给过路人采光了。"

——《世说新语》

②加拿大前任外交官斯切特·郎宁，1893年生于我国湖北襄樊，是吃中国奶妈的乳汁长大的。他回国后，在三十岁竞选省议员时，反对派多方诽谤、诋毁他，说："你是喝中国人的奶长大的，你身上有中国血统。"郎宁回答道："据权威人士透露，你们是喝牛奶长大的。你们身上一定有牛的血统。"

——《北京晚报》刊载

③（中国革命战争历经三个阶段）这三个阶段，都是中国无产阶级及其政党中

国共产党所领导的。中国革命战争的主要敌人，是帝国主义和封建势力。中国资产阶级虽然在某种历史时机可以参加革命战争，然而由于它的自私自利性和政治上经济上的缺乏独立性，不愿意也不能领导中国革命战争走上彻底胜利的道路。中国农民群众和小资产阶级群众，是愿意积极地参加革命战争……。然而他们的小生产的特点，使他们的政治眼光受到限制，所以他们不能成为战争的正确的领导者。因此，……中国革命战争的领导责任，就不得不落到中国共产党的肩上。

——毛泽东《中国革命战争的战略问题》

明确：

①反证法：提出论题—设定反论题—证明反论题的虚假—根据排中律，反论题为假，原论题为真。

②归谬法：郎宁的反驳项包含着一个归谬法推理，即郎宁首先假定自己反对的论题"郎宁是喝中国人的奶长大的，因此郎宁身上一定有中国血统"是真的，并且依据这一命题推出如下结论："反对派是喝牛奶长大的，因此反对派身上一定有牛的血统。"这一结论显然是荒谬的。然后根据充分条件假言推理规则，否认后件就否认前件，即"反对派身上一定有牛的血统"是错误的，那么，"郎宁身上一定有中国血统"也是错误的。这样，郎宁通过归谬法推理，就达到了推翻自己所反对的论题的目的。

③排除法：一个论题提出以后，先假设它可能存在所有情形，通过分析，将假定的各种可能都加以排除，从而确定论题是真的。在这段议论中，毛泽东没有直接论证他的论题，而是先提出了与中国革命战争由谁来领导这个问题有关的几种可能情况：或者由资产阶级来领导，或者由农民阶级和小资产阶级来领导，或者由无产阶级及其政党中国共产党来领导，然后他一一论证前两种可能均不能成立，最后得出结论：中国革命战争只能由中国无产阶级及其政党中国共产党来领导（论题）。这里使用的就是排除法。

（创设意图：创设学科知识认知情境，通过三个典型事例，进一步让学生认知归谬法及其与其他两个方法的区别。）

（5）研习活动四

回到苏格拉底的审判现场，当年苏格拉底在为自己辩护时也使用过归谬法，在真实的审判当中，苏格拉底并没有为自己聘请辩护律师，而是自己为自己辩护的。请深入阅读辩护词，并辨析苏格拉底是怎么用归谬法的。

材料五：

公元前399年，雅典公民墨勒图斯等三人起诉苏格拉底，指控他腐蚀青年，下面是苏格拉底针对此条指控，和墨勒图斯的对话。

苏：墨勒图斯，现在我问你，你认为应尽量给予我们的青年人以好的影响，这是最重要的事，是吗？

墨：是的。

苏：那么，请告诉我，谁给予了青年们以较好的影响。

墨：是法律。

苏：我不是这个意思，我要你说出这个人的名字，懂法律是他的首要职责。

墨：就是这些尊敬的陪审员。

苏：你的意思是说他们都有能力教育青年人，使青年人变得更好了？

墨：当然。

苏：这一回答对陪审团所有成员都适用呢，还是只对部分成员适用？

墨：对所有陪审团成员都适用。

苏：好极了！多么大方的回答。那么现在在法庭上的这些旁观者是否也对青年们有好的影响？

墨：对，他们对青年人也有好的影响。

苏：五百人会议成员呢？他们是否也对青年们有好的影响？

墨：对，五百人会议成员也对青年有好的影响。

苏：公民大会成员肯定不会腐蚀青年人吧？他们也都对青年人施加好影响吧？

墨：当然也对青年有好的影响。

苏：那么，看来除我之外，所有雅典人都在使青年人变好，只有我在使他们道德败坏。你的意思是这样吧？

墨：非常正确。

苏：如你所说，让我再向你提一个问题。以马为例，你是否相信全人类都对马有好处，只有一个人对马有害？或者恰恰相反，对马有好处的只是一个人，他们是驯马师，而其他人则只会对马有害？对于我们的青年人来说，如果只有一个人引诱他们堕落，而其余所有人都对他们有益，那他们真是太幸运了。我不需要再说什么了，墨勒图斯，这已充分表明，你从没有关心过青年人的问题，你对你控告我的事从来没有一点关注之心。

明确：苏格拉底先假定墨是对的，即在整个雅典只有苏格拉底能对年轻人产生坏的影响，而其他人不具备这种影响。那么，我们先假设对于马来说，驯马师是好人，对马有好的影响，而骑马者是坏人，对马有坏的影响。按墨的观点来推理，世界上可以只存在一个驯马师或者骑马者，其他人都和他截然相反。这显然是谬论，所以，这个世界上必不可能存在一个人对雅典的年轻人、对马或是其他的群体动物可以唯一地、不可替代地产生或好或坏的影响。进而证明了，墨根本不关心年轻人到底从苏格拉底身上受到了什么影响，他的指控只是为了使苏格拉底获罪。

当我们想要反驳他人时，常常会使用归谬法，这种方法直观、生动、一针见血，能有针对性地指出对方逻辑上的错误，同时给人留下很深刻的印象。即便苏格拉底辩论时指出了墨的错误，可最终这500位公民中还是有大部分人投出了有罪票，判处苏格拉底死刑。倘若这些公民能够有思考地倾听，做一个理性的、不轻易被误导的公民，也许苏格拉底就不会被判处死刑。作为中学生，在生活中，也应该运用逻辑，探究事物真相，学会理性表达，做一个理性的、会思考的现代公民。在语文学习中，我们也要善用逻辑，学会合理地论证，使表达更有说服力。

（创设意图：该活动是让学生思考苏格拉底之死的意义，进而明白逻辑的力量到底是什么意思，既回应单元任务，又帮助学生树立正确的价值观。）

（七）学习测评

（1）请运用归谬法续写以下一篇驳论文的段落写作。

科学技术日新月异，随着人工智能走进人们的生活中，我们不知不觉越来越依赖人工智能，认为_____。诚然，人工智能的发展可以使人们摆脱繁杂的家务劳动，_____

_____

_____

_____

同学们，让我们热爱劳动，在劳动中实现自己的价值，在劳动中历练成就我们绚丽的人生。

（2）请结合本节课所学，以及书上补充的其他两个间接论证的方法，检查这次月考自己写的作文，找出其中的无效论证，分析原因。也可采用反驳的方式，运用归谬法、排除法或反证法，尝试对作文某个段落进行修改。

◆板书设计

玛丝洛娃杀人了（假命题）——玛丝洛娃没杀人（真命题）

间接论证

归谬法

排除法

反证法

第2课时
明论证之理，书论证之美

（1）导语设计：

曾经流传着这样一种说法："天无三日晴，地无三尺平，人无三分银。"这是人们早期对贵州的一种认知，因此贵州早期旅游业发展滞后。但最新数据显示，五一期间贵州累计接待游客2038.26万人次，贵阳成了全国最受欢迎的旅游城市之一。请你结合本单元所学的知识，写一篇800字以上的议论文来阐述这一现象背后的原因。

（创设意图：从现实生活出发，创设语文实践参与情境，引导学生将论证的具体方法运用于对自己身边真实存在的事实的说理之中。）

（2）研习活动

以下四篇文章是本次写作的习作，假如你是评卷老师，你将如何评分。请同学们以小组为单位，组成评卷组，客观、公正地对四篇文章进行点评，各个评卷组可以商讨，然后最终协定一个分数。

评分量化表：

篇名	关键概念的阐述（20分）（是否阐述清所述对象的基本概念、属性和本质特征等）	论证要素的完整（20分）（论证要素是否完整，且论点是否合理、恰当；论据是否充分等）	论证思路的清晰（20分）（思路是否清晰、是否分层表达，结构是否合理、严谨，是否在论证时存在逻辑谬误或违反了逻辑规律）	语言表达的准确（20分）（符合客观规律、表示时间、空间、所给数据、描写范围、程度、特征等是否准确）	论证方法的合理（20分）（论证时是否综合运用了多种论证方法，且使用正确、恰当、精彩）	总分

（创设意图：让学生在实践中去体会和反思议论文的写作逻辑，感受逻辑的力量，提高论证水平。同时汇报的过程也能够帮助学生找出文章存在问题，厘清文章的关键概念，正确、恰当地使用议论方法，注重语言的准确性、生动性，进一步厘清文章的写作思路、说理形式，培养学生的理性思维，让学生在交流讨论中碰撞出理性的火花，感受论证之美。）

（八）教学反思

◆主要亮点：围绕本节的课时大概念"逻辑让论证更为严密"对教学内容进行结构化设计，特别是利用苏格拉底的真实情境引出问题任务，让学生在自主探究与合作探究中达成知能目标，实现学科核心素养的强化。

◆存在不足：《普通高中语文课程标准（2017年版2020年修订）》指出，要"以学科大概念为核心，使课程内容结构化，以主题为引领，使课程内容情境化，促进学科核心素养的落实"[1]，在实施建议中也提出要"加强课程实施的整合，通过主题阅读、比较阅读、专题学习、项目学习等方式，整体提升学生的语文素养"[2]。由此可见，大概念统领下的单元教学设计应重视项目式学习，注意关联知识之间的联系与整合，并注重以旧知获新知、以新知探未知，在自主、合作、探究式学习中实现对知识的理解与应用，即达到深度学习的目的。

基于此，笔者认为大概念统领下的高中语文教学与传统教学有几个比较明显的不同：基于大概念统领下的高中语文教学会更加重视对大概念的提取，即要求教师有更高的站位，高屋建瓴，结合课标、学习任务群、核心素养、单元任务、教学内容和教学重难点等提炼出大概念，让学生清楚他们的学习目标是什么，学习本单元或是本堂课会收到什么样的学习成效。然后把概念转化为具体、真实的情境，让学生在一个个可执行的任务中，通过解决真实的问题，来实现知识的迁移与构建，实现对大概念的深度理解，从而提升语文素养。本课的课时大概念为"逻辑让论证更为严密"，根据此概念，笔者设计了为苏格拉底辩护的真实情境，让学生在了解"苏格拉底之死"这一真实历史事件的同时，掌握并运用归谬法。虽然这一情境也许能够吸引学生，引起学生自主学习的兴趣，让学生意识到归谬法和辩论的关联，但该情境与生活真实的联系还是不够紧密。有价值的情境创设应该是能够给学生的学习带来获得的乐趣和成就感，并将这个情境与别的情境进行关联，从而让学生意

---

[1] 普通高中语文课程标准修订组.普通高中语文课程标准（2017年版2020年修订）解读[M].北京：高等教育出版社，2020：4.

[2] 普通高中语文课程标准修订组.普通高中语文课程标准（2017年版2020年修订）解读[M].北京：高等教育出版社，2020：42.

识到课堂上获得的知识可以解决生活中其他问题。因此，本节课还可以增加一些任务，例如利用归谬法来为苏格拉底写辩护词，或者是在辩论中运用归谬法来反驳对手等，以此更加紧密地联系现实生活。

大概念统领下的高中语文教学要更加注重知识框架的搭建，这体现在学习活动的设计应紧扣大概念，彼此关联，或横向比较，或纵向深入，螺旋上升。在"苏格拉底之死"这一课中，虽然活动任务层层递进，由浅入深，从间接论证到初步认识归谬法再到进一步理解和实践运用，符合学生的认知规律，但任务的设计与课时大概念关系还不够紧密，不能非常明确地体现"归谬法使论证更为严密"的课时大概念，所以在讲解时教师还需要更为明确地指出这一点，让学生体会到使用归谬法的效果。

专家点评：

这一单元的教学设计系统、科学，既有知识本身的准确性，又有教学设计的艺术性，充分体现了大概念教学的核心理念。作者们以构建深厚的知识结构和培养学生的思维能力为目标，使学生在语文学习中建立起比较全面的逻辑思维体系，这与大概念教学的理念是相契合的。通过系统而互补式的学习，学生能够更好地理解生活中和文学作品中的逻辑现象，从而实现对逻辑知识的深度理解和灵活运用。

本单元属于"语言积累、梳理与探究"学习任务群，以"善用思维逻辑，滋养理性精神"为人文主题，结合学习任务群与单元教学主旨，并在学科大概念统领下，作者们确定了以"逻辑"为学科大概念，以"逻辑是语言建构与思维运用的重要准则"为单元大概念，紧扣主题设计了三个"课时大概念"，教学目标明确、科学、具体，教学过程层层递进、步步升格，整个大概念的分解与析读清晰准确，层次鲜明，既符合该单元的教学目标、学生认知层级，又体现了大概念教学强调的整体性和系统性。特别值得点赞的是，作者们尤其注意通过设置真实的情境来落实相应的知识点。例如通过"键盘侠"的真实情境来让学生辨析常见的逻辑谬误，或是通过设置"拯救苏格拉底"这一富有趣味性的情境来让学生理解归谬法等。这些都在呼吁学生将逻辑思维运用于实际生活中，这与大概念教学的理念相符，即通过学习将知识运用于实际生活，实现知识的生活化。逻辑思维不仅仅是一门学科知识，更是一种生活智慧，能够帮助学生提升自主学习能力，更好地解决实际问题，并且提高解决问题的效率。同时，该单元的设计还着重强调了逻辑思维与批判性思维的关系，培养学生高阶思维能力，帮助他们更好地分析问题，评估信息的可信度，提出合理的观点。这与大概念教学的目标一致，即培养学生的自主学习能力，帮助他们建立起知识网络和认知框架。

总的来说，这一单元的设计与大概念教学的核心理念高度契合，并且作者设计心思巧，使语文教育更贴近实际生活，一切指向都是以学生为中心，特别有推广价值。

（贵州师范大学基础教育研究院教师发展中心主任　范向东）

第六章

选择性必修(下册)第三单元教学研究与案例设计

单元研读：段志双

在统编版高中语文教材中，本单元是唯一的非议论性的文言散文单元，选取了魏晋至明代的六篇经典散文。这六篇选文体裁各异、风格不一。从体裁上看，选文涵盖了"表""志""序""辞""传""记"六种常见的中国古代散文体裁（议论性散文除外）。从风格上看，《陈情表》《兰亭集序》《归去来兮辞（并序）》质文并佳，略重辞采，可瞻魏晋之风；《种树郭橐驼传》《石钟山记》属典型的唐宋散文，有"文以载道"之痕迹，柳文明朗思峻，苏文晓畅随性；《项脊轩志》是明代"唐宋派"归有光的代表作，抒情婉曲细腻，不以"琢句为工"。可以看出，作为归结性的一个单元，教材在选文安排上既有从文学史的角度呈现中国古代散文史的意图，也有对教学中针对中国古代不同散文体式风格审美特征进行解读的引导。

本单元人文主题为"至情至性"。从作品内容上来看，六篇经典散文或以抒情见长，恳切真挚，如《陈情表》《兰亭集序》《归去来兮辞（并序）》《项脊轩志》，或以思理为妙，引人深思，如《种树郭橐驼传》《石钟山记》。这些作品，从不同的方面表达了作者对自己人生的感悟和对事理的省思，同时也一定程度上体现了中国古代文人某种共通的"情性"。

本单元属于"中华传统文化经典研习"学习任务群，《普通高中语文课程标准（2017年版2020年修订）解读》中明确指出，该学习任务群的学习价值主要包括：通过精读传统文化经典作品，积累文言阅读经验，增强文化自信，继承和弘扬中华优秀传统文化。[①] 由此可知，在学科核心素养的实现上，本单元的教学重点指向"文化传承与理解"这一核心素养。结合本单元的编选，教学中对这一指向的把握就在于对散文中体现的中国古代文人共通的"情性"进行深入探究。

---

① 普通高中语文课程标准修订组.普通高中语文课程标准（2017年版2020年修订）解读[M].北京：高等教育出版社，2020：142.

第一节　单元整体教学设计

单元设计：段志双

本单元属于"中华传统文化经典研习"学习任务群，本单元的教学将围绕单元大概念，紧扣"文化传承与理解"这一学科核心素养，对单元作品的"精神内涵"和"文化价值"展开深入的研读学习，引导学生体会并理解单元选文中体现的中国古代文人共通的"情性"。同时，也要指导学生从散文体式上认知不同散文体式在抒发情志时呈现的不同审美风貌。

（一）课程标准

◆选择中国文化史上不同时期、不同类型的一些代表作品进行精读，体会其精神内涵、审美追求和文化价值。

◆在特定的文化场景中考察传统文化经典作品，以客观、科学、礼敬的态度认识作品对中国文化发展的贡献。

◆梳理所学作品中常见的文言实词、虚词、特殊句式和文化常识，注意古今语言的异同。

◆阅读作品应写出内容提要和阅读感受。选择一部（篇）作品，从一个或多个角度讨论分析，撰写评论。

◆学习传统文化经典作品的表达艺术，提高自己的写作水平。

（二）大概念建构

根据《普通高中语文课程标准（2017年版2020年修订）》中"中国传统文化经典研习"学习任务群中确立的学习目标与内容以及明确的教学提示，从学科核心素养的落实上看，本单元的教学应该注重彰显学科核心素养中的"文化传承与理解"的落实。从教材单元的选文上看，本单元呈现出一定的中国古代散文史的意味。本单元的人文主题是"至情至性"，无论是至情动人之文，还是思理高妙之文，无不蕴含着中国古代士人孜孜追求的儒家之道，体现出他们的儒者之心性。综合衡量本单元的课程设置，本单元教学拟设定"中国传统文化经典阅读"为学科大概念，在学科大概念的统领下，本单元的单元大概念确立为"中国古代散文中的士人情性"。围绕单元大概念,在进行单元整体教学建构中,本单元确立的核心问题为"如何理解中国古代散文中的士人情性?",继而将本单元的核心任务确立为一次以"中国古代士人文化的当代价值"为主题的班级演讲交流会。

围绕单元大概念,本单元的核心任务将分解为六个子任务,子任务一为阅读《陈情表》和《项脊轩志》,探究中国古代士人家国理念,对应课时大概念"Ⅰ.家与国";子任务二为阅读《兰亭集序》和《归去来兮辞(并序)》,探究中国古代士人的人生理想,对应课时大概念"Ⅱ.江湖与庙堂";子任务三为阅读《种树郭橐驼传》和《石钟山记》,探讨中国古代士人关注现实的情怀,对应课时大概念"Ⅲ.'道'在笃行";子任务四为赏析中国古代散文的句法与章法之美,初步认知中国散文发展脉络,对应课时大概念"Ⅳ.中国古代散文的句法与章法";子任务五为尝试对中国古代散文进行评点,对应课时大概念"Ⅴ.中国古代散文评点";子任务六为学会根据语境辨析文言词句,对应课时大概念"Ⅵ.语境中的文言词句"。由于对文言词句的探究辨析是所有涉及古代诗文的单元共有的课程内容,而本书的第三章已经涉及,所以在本单元的教学设计示例中略过不提。

表6-1 选择性必修(下册)第三单元大概念层级建构

学科大概念	单元大概念	课时大概念
中国传统文化经典阅读	中国古代散文中的士人情性	Ⅰ.家与国 Ⅱ.江湖与庙堂 Ⅲ."道"在笃行 Ⅳ.中国古代散文的句法与章法 Ⅴ.中国古代散文评点 Ⅵ.语境中的文言词句

(三)单元学习目标

◆(学生)通过语境分析,梳理并探究语境中文言词句的运用规律,感受散文语言之美,赏析中国古代散文语言特色。(语言建构与运用)

◆(学生)通过对散文抒写情志的理解,认知中国古代散文中的句法形式与章法中的结构和逻辑。(思维发展与提升)

◆(学生)通过把握中国古代散文的思想情感和文化观念,领会作者如何通过独特的语言形式抒写情志,并形成独特的美感。(审美鉴赏与创造)

◆(学生)通过探究中国古代散文中的士人情性,传承文中作者的家国情怀以及关注现实的笃行精神。(文化传承与理解)

第二节　课时大概念Ⅰ教学设计示例

教学设计：段志双　魏志鑫

本课时大概念为"家与国"，意在从《陈情表》和《项脊轩志》两篇选文中探究中国古代士人的家国情怀，引导学生理解中国传统文化中的尊奉孝道的家园文化，以及中国传统家庭文化中蕴含的指向"治天下"的文化基因。根据课程容量和学习内容，本课时大概念的探究预计安排一个课时。

（一）大概念析读

1. 大概念理解

"家与国"课时大概念的探究学习指向的是对中国古代士人家国情怀的深入阅读和理解，家国情怀是体现在中国古代士人身上的一种普遍性情性。孟子曰："天下之本在国，国之本在家，家之本在身。"在中国传统文化精神里，家与国密切相关，同构相融。《大学》之中也明确提出中国古代士人修身、齐家、治国、平天下的人生使命和理想路径。"家"是士人们修身、齐家的出发点，"国"是士人们"望美人兮天一方"的目光凝望点。

就本课时大概念的研习而言，对中国古代士人的家国情怀的教学重点在于引导学生分析并体会两篇选文中作者李密的"尽节""报养"之情，以及归有光的"喜""悲"之情，理解这种思想感情中流露出的家国情怀的文化观念，认知以儒家为代表的传统文化观念对中国古代士人情性的深刻影响。

2. 大概念解构

实施"家与国"大概念教学，需要根据本单元的两篇选文综合创设学科知识的认知情境和学生语文实践的真实情境。尤其是在展开对《陈情表》的文本分析中，需要特别注意创设相应的社会历史文化背景性情境，引导学生真切理解作者李密在"尽节"与"报养"之间，也即"家"与"国"之间的选择中体现的文化内涵。而在展开对《项脊轩志》的文本阅读中，要特别关注"项脊轩"作为连接"家"与"国"文化连接点的深刻意义。教学内容主要从以下两个方面展开，引导学生走向对课时大概念的理解，并指向单元大概念。

（1）《陈情表》中李密"尽节"与"报养"之间的选择；

（2）《项脊轩志》中归有光的"喜"与"悲"。

（二）学习目标

（1）（学生）通过情感代入式的文本朗读，感知两部作品中语言平淡而情感浓厚的语言特色。（语言建构与运用）

（2）（学生）通过自主阅读与探究，梳理《陈情表》中表以"陈请"的情理脉络和《项脊轩志》中基于家国情怀而进行生活细节上的选材倾向。（思维发展与提升、审美鉴赏与创造）

（3）（学生）通过对两部作品的研习，理解李密在"尽节"与"报养"之间的选择以及归有光在项脊轩中的"喜"与"悲"，并探究其中体现出的中国传统士人的情性品格。（思维发展与提升，文化传承与理解）

（三）学习重难点

◆学习重点：如何理解《陈情表》中李密"尽节"与"报养"之间的选择和《项脊轩志》中归有光"喜"与"悲"中体现的中国古代士人的情性内涵。

◆学习难点：

（1）如何理解李密"尽节"与"报养"之间的选择；

（2）归有光"喜"与"悲"中隐含的中国古代士人的情性内涵。

（四）学情分析

◆知能基础：学生对中国传统文化中的家国理念均有不同程度上的理解。在高中语文必修阶段，学生对儒家的思想文化也有一定的解读学习。

◆素养基础：在研究性学习方面，学生对占有资料和分析判断等方面均具备一定的研习经验和探究能力，能够有效、有序地开展小组合作探究。

◆不足条件：学生对李密写作《陈情表》时所面临的历史时代背景缺乏深入的理解，对《项脊轩志》中体现的归有光的"国"之理念的理解有一定的阻隔。

（五）教学框架

基于"中国古代散文中的士人情性"的单元大概念，本课时大概念"家与国"拟设计一个课时展开研习活动。以"从'亲亲'到'为政'"为研习主题，探究李密在"尽节"与"报养"之间的选择以及归有光"喜"与"悲"的文化内涵，具体从三个方面展开研习活动。研习活动一为结合《华阳国志》《晋书》等史料深入探究并理解李密"尽节"与"报养"之间的选择；研习活动二为补充选文删除部分，并结合相关资料，探究归有光的"喜"与"悲"的文化内涵；研习活动三为联读《陈情表》和《项脊轩志》，从选文的"亲亲"之情到"为政"情结，理解李密和归有光在"为政"上不同态度的实质。

```
子任务一：        主题         研习活动一：探究李密在"尽节"与"报养"之间的选择
家与国        从"亲亲"       研习活动二：探究归有光的"喜"与"悲"的文化内涵
              到"为政"       研习活动三：李密和归有光在"为政"上不同态度的实质
```

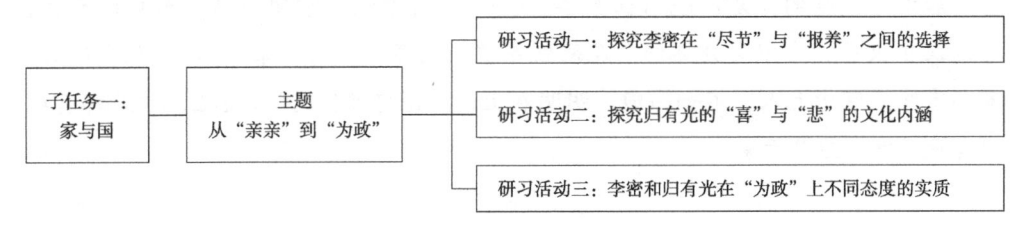

图6-1　课时结构构架与活动程序

（六）教学过程设计

从"亲亲"到"为政"

——中国古代士人的家园情怀

（1）导语设计

中国传统文化在社会生活层面上的一个重要体现就是家本位，即重视与家人之间的亲密关系。从"家"本位中的血缘关系出发，可以延伸到中国古代士人治"国"的为政情性。因此，在中国传统文化中，"孝"与"忠"往往相提并论。《礼记·中庸》中有载："故为政在人，取人以身，修身以道，修道以仁。仁者，人也，亲亲为大。"从"亲亲"出发，最终可以到达"为政"。需要说明的是，我们今天要讲的"为政"并非君王视角下的对国家的治理，而是中国古代士人视角下的治国平天下的为政理想。现在，就让我们从对《陈情表》和《项脊轩志》的阅读出发，一起探究中国古代士人的家园情怀，以及由此指向的"为政"情性。

（创设意图：从对经典文本的解读出发，创设学科知识认知情境，明确课时大概念，确立课堂探究研习的内容和方向。）

（2）研习活动一：探究李密在"尽节"与"报养"之间的选择

在《陈情表》一文中，李密以"孝"拒"忠"，以"尽节于陛下之日长""报养刘之日短"向晋武帝陈情，同时也陈请，辞不就职，并最终得到晋武帝的准许。请结合自己所查阅的资料及以下材料探讨：李密辞不赴任，拒绝"尽节"的真正原因是不是纯粹为了"报养"祖母刘氏，李密的选择是不是纯粹意义上的尽孝行为？

材料一：

事祖母以孝闻，其侍疾则泣涕侧息，日夜不解带，膳饮汤药，必过目尝口。本郡礼命，不应。

——《华阳国志》

材料二：

后刘终，服阕，复以洗马征至洛。……密有才能，常望内转，而朝廷无援，乃迁汉中太守，自以失分怀怨。及赐饯东堂。诏密令赋诗，末章曰："人亦有言，有因有缘。官中无人，不如归田。明明在上，斯语岂然！"武帝忿之，于是都官从事奏免密官。后卒于家。

——《晋书》

学生阐述分享摘录：

学生甲	李密的选择是纯粹出于对祖母刘氏的"报养"之情。在《陈情表》中，李密明确说明了自己报养刘氏的现实原因，那就是祖母刘氏病势日笃，"（祖母）日薄西山，气息奄奄，人命危浅，朝不虑夕……祖母无臣，无以终余年"。
学生乙	李密的选择主要出于对"尽节"的拒绝，对刘氏的"报养"只是辞不赴任的托辞。李密是蜀汉旧臣，曾"少仕伪朝，历职郎署"。对于一个传统的中国古代士人来说，自然有一臣不事二君的情结，自古孝忠相提并论，而李密的以"孝"拒"忠"只是其心中的情结所致。
学生丙	李密的选择出于对祖母刘氏的"报养"之情。从《华阳国志》中可以看出，李密尚在蜀汉时期，就以"孝"闻名，对于当时郡县的"礼命"，一概"不应"。而今对于晋武帝的征召，自然也是出于同样的原因。
学生丁	李密的选择主要在于对祖母刘氏的"报养"需要。从《晋书》中的记载可以看出，李密在"报养"刘氏之后，应召至洛阳，且望"内转"，在迁任汉中太守之职时，还心怀怨恨，说自己"官中无人"。由此可见，李密确如其在《陈情表》中所言"不矜名节"，且"尽节"以忠。

明确：李密在"尽节"与"报养"之间的选择，实质上体现为中国古代传统士人在"家"与"国"之间的选择。结合《陈情表》和相关资料，可以看出，李密既有"报养"方面的家园情怀，同时也有"尽节"方面的为政理想。虽然对于李密的选择的说法众说纷纭，但综观李密整体生平的选择，即使身处政治比较敏感的时代，对于一个传统士人来说，其"为政"的理想一直都是存在的。

（创设意图：以探究性学习的方式，选择相关资料，创设学科认知情境，引导学生深入分析材料并进行判断，深入理解课时大概念。）

（3）研习活动二：探究归有光的"喜"与"悲"的文化内涵

归有光《项脊轩志》以记项脊轩的景物变迁为作者情感体验的浓缩点，叙写自己与祖母、母亲、妻子等亲人朝夕相处之间"多可喜，亦多可悲"的往事。在围绕着"喜"与"悲"的叙事中，作者在表达自己对亲人的深情怀念之时，也流露出中国古代士人深切的家园情怀。请结合《项脊轩志》删节部分，查阅相关资料，分析并阐述文中作者的"亲亲"情怀与"为政"理想。

材料三：

项脊生曰："蜀清守丹穴，利甲天下，其后秦皇帝筑女怀清台。刘玄德与曹操争天下，诸葛孔明起陇中。方二人之昧昧于一隅也，世何足以知之？余区区处败屋中，方扬眉瞬目，谓有奇景。人知之者，其谓与坎井之蛙何异？"

——《项脊轩志》删节部分

明确：

"亲亲"情怀	"为政"理想
作者祖上居于昆山项脊泾，以"项脊轩"为书斋命名，本身就带有追远怀祖的深意。 文章最后两段写于作者而立之年，虽然与前文写作时间相去久远，但却毫无违和之感，都是表达对亲人的深深怀念之情。 文章之"悲"主要围绕大家庭的零落衰败和对先母、先大母的追念展开。家庭的零落主要体现在对"诸父异爨""多置小门墙"等的感怀；对先母及先大母的追念主要为"亲亲"之间的日常关怀。	文章抒写情感的聚焦点就是书斋"项脊轩"。对于中国古代士人而言，书斋本身就是其存放"为政"理想的修身之地。 文章中一个感人至深的细节就是大母持一象笏至项脊轩表达对归有光的期待，尤令人长号不自禁。由此可见，"亲亲"之间隐含有"为政"的情性内容。 删节部分表面在写蜀清和诸葛亮，实则在表达作者郁结于心，志意难伸的"为政"理想。
项脊轩是归有光抒写"喜"与"悲"之情的凝结点。无论是喜还是悲，都牵动着作者对先母、先大母、妻子以及诸父的追思和怀念。在喜与悲的深情中蕴含着作者眷念至亲的"亲亲"情怀和遥望天下的"为政"理想。这种眷念至亲和遥望天下的家园情怀并不是归有光独有的一种品质，而是中国古代士人身上共通的一种情性。	

（创设意图：以探究性学习的方式，补充选文删除部分，创设学科知识认知情境，围绕课时大概念，引导学生深入文本阅读与分析。）

（4）研习活动三：李密和归有光在"为政"上不同态度的实质

《陈情表》和《项脊轩志》两篇文章都体现了中国古代士人对家园的深深眷念之情，但在对待自己"为政"理想的态度上，李密以"报养"祖母为由辞不就职，而归有光则在追忆先大母"持一象笏至"时对其的殷切期望中愧疚不已，在被删节部分中，更是直接表达了自己欲伸志于天下而不能的胸中郁结。请结合前面的两个研习活动，谈谈你的理解。

明确：李密《陈情表》中反复述说自己需尽"报养"之责，不能远离祖母，并以拒不赴任，确为实情，但另一方面，从当时的政治环境来看，李密作为蜀国的亡国旧臣，以及晋朝初立之时政局凶险难测也是李密辞不就职的重要原因。从李密服阕之后的"为政"上来看，作为一个传统的士人，李密的"为政"情结一直都是存在的。归有光则是中国古代的一个典型的士人代表，同时也出身于一个典型的士人家庭。家庭对其"他日汝当用之"的为政期望和个人于项脊轩中读书修身时对至亲的感念是密切相融的。因此，对于归有光来说，常有志不能伸的感慨。总之，"为政"是存在于中国古代士人心中一种普遍性的情结。

（创设意图：创设学科知识认知情境，在对两篇选文进行精读的基础上再进行联读，围绕课时大概念，比较分析两篇选文中体现的"亲亲"与"为政"的异同。）

（5）课堂小结

《陈情表》和《项脊轩志》两篇文章情真意切，感人肺腑。就情感内容而言，两篇文章明在写"亲亲"，隐在写"为政"。李密的"报养"祖母刘氏的孝道之情为明，归有光的追念至亲以及感慨"诸父异爨"为明；李密的"服阕"之后的"尽节"以及归有光于项脊轩之一隅遥望天下，感慨志意难伸为隐。明中透隐，隐中彰明。两篇文章都体现了中国古代士人普遍性的眷念家园的情怀。对于中国古代士人来说，"亲亲"与"为政"彼此相融，时有冲突，实际上体现为中国古代士人的家国情怀。

◆板书设计

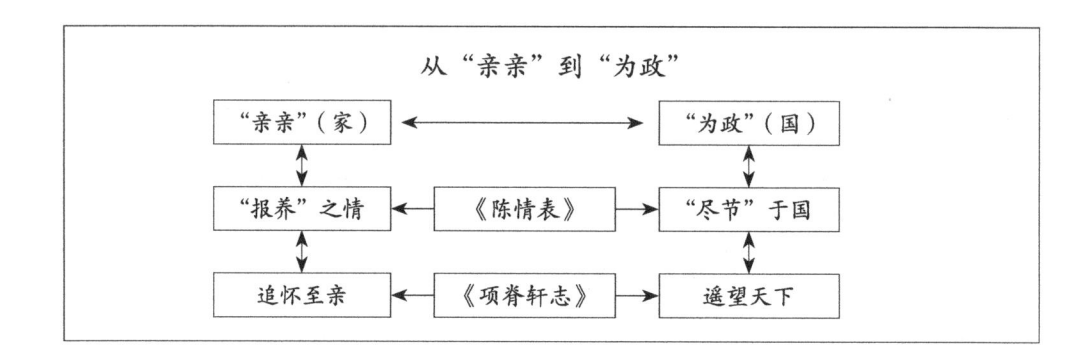

```
            从"亲亲"到"为政"
    "亲亲"（家） ←――――――→ "为政"（国）
        ↕                        ↕
    "报养"之情 ←―《陈情表》―→ "尽节"于国
        ↕                        ↕
      追怀至亲 ←―《项脊轩志》―→ 遥望天下
```

（七）教学反思

◆主要亮点：本课时大概念为"家与国"，意在从眷念家园的情结出发，探究中国古代士人家国情怀的在文人作品中的具体而形象的呈现。围绕着课时大概念，教学中拟定"亲亲"和"为政"为探究主题，研习方向明确，易于理解和把握。同时，在研习活动过程中，问题设计合理，能将学生的思考和探究从课内选文的阅读延伸到课外的相关作品的阅读。

◆存在不足：研习性的阅读教学往往不局限于选文本身，常常还会涉及与选文相关的思想背景和历史背景的认知。因此，在研习过程中，学生在选文相关的资料占有和分析上仍然缺乏深入理性的分析，容易陷入个人的感性的解读。

◆再教设计：在信息化时代，应该鼓励并支持学生利用各种有效的途径自主搜集并获取与研习活动相关资料，在教学课堂上对如何理性、深入地分析已获取的资料进行示范。教师也可以适当地对需要涉及的资料进行补充和解读。

第三节　课时大概念Ⅱ教学设计示例

教学设计：段志双

本课时大概念为"江湖与庙堂"，意在从《兰亭集序》和《归去来兮辞（并序）》两篇选文中探究中国古代士人追逐个人政治理想的情怀，以及在政治理想的失落中对自我品性的坚守的崇高情性，感受中国古代士人"进不入"和"退将修"的思想感情及其承载的文化观念。根据课程容量和学习内容，本课时大概念需要两个课时，主题拟定为"形在江海之上，心存魏阙之下"。

（一）大概念析读

1. 大概念理解

"江湖与庙堂"作为中华传统文化观念的大概念，就本单元而言，其学习探究的重点是中国古代士人处在最黑暗历史时代时的人生选择及其选择背后所体现的士人情性，进而研讨士人情性中承载的传统文化观念。"庙堂"是中国古代士人以读书修身为起点，最终走向治国平天下，并实现其政治理想抱负的终点，是士人们在中国传统文化背景下的首要人生选择。"江湖"是中国古代士人在仕途受阻，个人治天下的政治理想难以实现的现实下的第二人生选择，带有一定的被迫性。如果将"庙堂"和"江湖"置于中国传统文化的背景下进行解读，那么，"庙堂"代表着中国古代士人选择的儒家之道，志在天下，而"江湖"则代表着道家之道，退守自然，志在顺时应变。

在中国传统文化经典的阅读中，了解儒家和道家的文化观念往往是学生阅读经典的重要前提，同时也是解读中国古代士人乃至当代读书人情性的切入点。本课时大概念的教学将重点引导学生分析选文中作者的思想感情，理解这种思想感情中流露出的作者情性，领会其选择背后的文化观念，认知以儒、道两家为代表的传统文化观念对中国古代士人情性塑造的深刻意义。

2. 大概念解构

实施"江湖与庙堂"大概念教学，需要根据单元选文设置学习情境，在创设情境时，要根据"中华传统文化经典研习"学习任务群的特殊性，注意从特定的社会文化场景、以今观古的审阅视角等方面进行创设。在概要阐述过"江湖"与"庙堂"的文化内涵之后，教学内容将主要从以下几个方面进行展开，最终实现学生对课时大概念的理解，并指向单元大概念。

（1）《兰亭集序》中王羲之的生死观；

（2）《归去来兮辞（并序）》中陶渊明"归"的选择。

（二）学习目标

（1）（学生）通过自主阅读两篇文本，初步认知"序"以散体叙事和"辞"以骈体抒情，及作品中骈散结合、文辞精致而素朴的语言特征。（语言建构与运用）

（2）（学生）通过分组探究与讨论，梳理《兰亭集序》中作者情感变化的脉络和《归去来兮辞（并序）》中从归程起笔，历归舍、归园、归田至归尽的严密的章法结构。（思维发展与提升、审美鉴赏与创造）

（3）（学生）通过深入研读两篇文本，探讨王羲之生死观以及陶渊明"归"之选择背后的文化观念和中国传统士人的情性品格。（思维发展与提升、文化传承与理解）

（三）学习重难点

◆学习重点：王羲之的生死观和陶渊明的"归"之选择。

◆学习难点：

（1）对王羲之生死观的理解和认知；

（2）陶渊明"归"之选择的文化内涵。

（四）学情分析

◆知能基础：学生均对中国传统文化观念有不同程度的涉猎和理解，在高中语文必修（下册）第一单元中，以思辨性阅读的方式展开过对儒、道两家思想文化观念的解读，学生对作者王羲之和陶渊明也有一定程度的了解。

◆素养基础：学生在分组合作探究性学习方面也拥有一定的学习经验和探究能

力，能够有效、有序地开展小组合作探究。

◆不足条件：本单元的选文对应的特定社会历史文化背景去今久远，学生对魏晋时期的社会历史特征以及时代思潮缺乏深入的理解。此外，学生独立阅读文言文的能力仍有不足，对文本的独立自主阅读仍会产生一定的阻力。

（五）教学框架

基于"中国古代散文中的士人情性"的单元大概念，本课时大概念"江湖与庙堂"将设计两个课时展开研习活动。第1课时以"形在江海之上，心存魏阙之下"为主题，探究王羲之生死观的文化内涵，具体从两个方面展开研习活动。研习活动一为结合魏晋时代的典型诗文探究魏晋士人的生命意识；研习活动二为结合相关的文献资料和评论研习王羲之生死观的文化内涵。第2课时以"田园中的舒啸"为主题，探究陶渊明对田园江湖生活的选择及其文化内涵，主要从三个方面展开研习活动。研习活动一为联读陶渊明《杂诗》和《咏荆轲》，探析陶渊明《归去来兮辞（并序）》序言中的"平生之志"；研习活动二为联读陶渊明的《自祭文》《挽歌诗》等作品，从《归去来兮辞（并序）》出发探究陶渊明"田园理想"中的生死观和生命价值观；研习活动三为联读《归去来兮辞（并序）》和《桃花源记》，探究陶渊明"田园理想"文化内涵的表现变化。

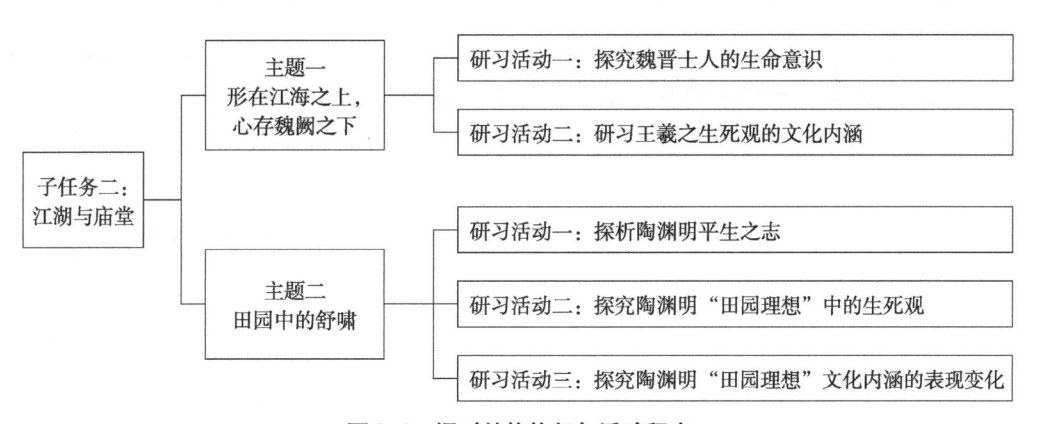

图6-2 课时结构构架与活动程序

（六）教学过程设计

第1课时
形在江海之上，心存魏阙之下
—— 王羲之生死观的文化内涵

（1）导语设计

"形在江海之上，心存魏阙之下"语出刘勰《文心雕龙·神思》。刘勰以中国古代文人身处江湖而心存庙堂的一种文人常态的处境以喻指文学创作中的构思，对于中国古代文人而言，此处比喻贴切深刻。这个比喻也从侧面揭示了中国古代文人某种相通的情性心理，那就是即使身在江湖，仍然不忘庙堂，不忘关注天下。今天就让我们从《兰亭集序》中一起探究王羲之的这种隐秘情性。

（创设意图：从学科知识情境的创设出发，激发学生对探究中国古代文人始终心怀政治理想、目望庙堂这一文化现象的学习欲望。）

（2）研习活动一：探究魏晋士人的生命意识

魏晋南北朝时期是中国历史上最黑暗、最痛苦的时代，同时也是思想、文化、艺术全面繁荣的时代。宗白华先生说：魏晋时期是"强烈、矛盾、热情、浓于生命色彩的一个时代"。请结合以下两则材料，试从当时文人的视角，分别谈谈你对这一时期中文人生命意识的理解，并在班上分享交流。

材料一：

对酒当歌，人生几何。譬如朝露，去日苦多。

——曹操《短歌行》

人生有何常，但患年岁暮。

——孔融《杂诗》

天地无终极，人命若朝露。

——曹植《送应氏》

未厌青春好，已观朱明移。戚戚感物叹，星星白发垂。

——谢灵运《游南亭》

人生若尘露，天道邈悠悠。

——阮籍《咏怀》三十二

况修短随化，终期于尽。

——王羲之《兰亭集序》

王孝伯在京行散，至其弟王睹户前，问："古诗中何句为最？"睹思未答。孝伯咏"所遇无故物，焉得不速老"，"此句为佳"。

——《世说新语·文学》

明确：整个魏晋南北朝时期是个杀伐频繁、朝代更迭不断的时代，分裂和战乱是这个时代的显著特征。在长年惨烈的征战和朝代更迭之中，"生民百遗一"，文人也难免卷入战争和政治旋涡中，惨遭杀戮或逼迫。生命危浅，朝不虑夕。在艰难的生存的惊觉中，魏晋文人普遍惜爱生命，思考人生，关注生死。这也成为这一时期文学创作的重要主题。我们可以把这种生命意识概括为"死之可畏"和"生之艰难"。

材料二：

郭子玄有俊才，能言老庄，庾敳尝称之，每曰："郭子玄何必减庾子嵩！"

——《世说新语·赏誉》

支道林、许、谢盛德，共集王家。谢顾谓诸人："今日可谓彦会。时既不可留，此集固亦难常，当共言咏，以写其怀。"许便问主人有《庄子》不，正得《渔父》一篇。谢看题，便各使四坐通。

——《世说新语·文学》

（向秀）雅好老庄之学，并作《庄子注》（庄子隐解）。

——《晋书·本传》

明确：在战事四起和政治黑暗的时代，魏晋文人崇尚清谈，好言老庄，玄学应时而兴。能言老庄，清谈玄理甚至成为当时名士风流的重要特征之一。在"进不入"或者说不愿进的时代，魏晋文人普遍表现出背向"庙堂"、远离政治，以清谈处世的倾向。《兰亭集序》中开篇提到的"暮春之初，会于会稽山阴之兰亭，修禊事也。群贤毕至，少长咸集……"绝不仅仅是为"修禊"之事，而是当时士族文人清谈玄理的一次盛会。这也可以从《兰亭集》中留存下来的诗作内容看出来。

（创设意图：以材料阅读的方式，引导学生回归特定的历史时代场景，并创设知识情境和真实情境，让学生在对所给材料进行分析探究的基础上，逐渐走向对课时大概念的理解。）

（3）研习活动二：研习王羲之生死观的文化内涵

在《兰亭集序》中，王羲之对生死观的思考集中体现在"固知一死生为虚诞，齐彭殇为妄作"一句当中。有人说，这一句表达了王羲之对庄子思想的严正怀疑和批判。请结合文本以及下列材料，谈谈你对这一观点的看法，并在班上分享交流。

材料一：

三春启群品，寄畅在所因。仰望碧天际，俯磐绿水滨。寥朗无涯观，寓目理自陈。大矣造化功，万殊莫不均。群籁虽参差，适我无非新。

——王羲之《兰亭诗》

材料二：

其曰"一死生为虚诞，齐彭殇为妄作"，明明力肆抵排，则砥柱中流，主持世教之意，尤为大著。

——林云铭《古文析意》卷九

材料三：

王逸少作会稽，初至，支道林在焉。孙兴公谓王曰："支道林拔新领异，胸怀所及，乃自佳，卿欲见不？"王本自有一往隽气，殊自轻之。后孙与支共载往王许，王都领域，不与交言。须臾支退，后正值王当行，车已在门。支语王曰："君未可去，贫道与君小语。"因论《庄子·逍遥游》。支作数千言，才藻新奇，花烂映发。王遂披襟解带，留连不能已。

——刘义庆《世说新语·文学》

学生表达与交流：

学生甲	王羲之"固知一死生为虚诞，齐彭殇为妄作"一句集中表达了对庄子思想的严正怀疑和批判。正如材料二中林云铭在《古文析意》中所说，这一句非常明确而有力地表达了王羲之对庄子思想和当时的清谈玄理的抵制和排斥，认为"一死生"和"齐彭殇"只是一种虚妄的遁世逃避，主张积极用世，直面惨淡而痛苦的社会现实，关怀国计民生。
学生乙	王羲之《兰亭集序》表达了对庄子思想的否定和怀疑。从文本上来看，序言从叙写修禊之事、描写聚会之景，到抒写由此产生的由乐至悲的深沉感慨以及对人之生死的痛彻心扉的省思。全文的抒情和议论主要围绕两组对比展开：一是兰亭集会时的"仰观宇宙之大，俯察品类之盛，所以游目骋怀，足以极视听之娱"的人生之乐和"向之所欣，俯仰之间，已为陈迹"的人生之痛；二是虚妄的清谈玄理和现实中对"死生亦大矣"的沉痛嗟悼。正是在对比中，作者认清了"一死生"和"齐彭殇"的虚妄。
学生丙	《兰亭集序》中虽有"固知一死生为虚诞，齐彭殇为妄作"一句，但并未真正体现王羲之对庄子思想的怀疑和批判。从材料一中王羲之创作的兰亭诗来看，"大矣造化功，万殊莫不均"。王羲之仍然以齐同万物的心态沉浸在浩大的自然造化之中，在"群籁虽参差，适我无非新"之中，作者并未表现出对庄子思想的怀疑和批判，也未流露出因思考生死问题而带来的悲痛之情。仅从序言就判断王羲之对庄子思想的否定和怀疑是不够充分的。
学生丁	王羲之《兰亭集序》并未表达对庄子思想的否定和怀疑。《世说新语》是记录魏晋名士风流逸事的经典作品。从材料三中，我们可以看出，支道林能对王羲之说"君未可去，贫道与君小语"，说明支道林对王羲之有共同崇尚庄子思想的认定，并且在谈论庄子逍遥游时，"王遂披襟解带，留连不能已"，可见王羲之沉浸庄子思想至深，不可能在写《兰亭集序》时就突然转向对庄子思想的否定和怀疑。

明确："固知一死生为虚诞，齐彭殇为妄作"一句体现出的王羲之的思想是复杂的。对于此句的解读并不在于从崇儒或是重道上进行定性，而在于对当时以王羲之为代表的魏晋名士内在共通情性的理解。这一句并不是王羲之对当时崇尚清谈、追慕老庄之风的严正批判和否定，而是在未能彻底沉浸于"一死生"或"齐彭殇"的主流思想时，偶然清醒于社会现实关怀的一种群体思想意识的反叛。

（创设意图：以材料阅读分析的方式，再现特定的历史时代场景，引导学生以一种探究式的学习方式展开对王羲之生死观的深入分析，培养学生研究性学习的能力，同时深化对课时大概念的理解。）

（4）课堂小结

除了王羲之《兰亭集序》之外，孙绰也写有《兰亭后序》，其中也表达了与王羲之类似的情感："乃席芳草，镜清流，览卉木，观鱼鸟，具物同荣，资生咸畅。于是和以醇醪，齐以达观，决然兀矣，焉复觉鹏鹦之二物哉？耀灵纵辔，急景西迈，乐与时去，悲亦系之。"由此可知，在《兰亭集序》中，王羲之表达的由乐至悲的"兴感之由"并不只是个人的一时之感，更不是魏晋文人群体思想中的悖反，而是当时参与兰亭集会的魏晋士人的共通的情性，在政治丑污而黑暗的时代，他们尽管崇尚老庄，试图以一种清谈玄理、冥契自然的方式消解短暂生命的苦痛，但实际上又时常清醒地在反顾中关注现实中的生命价值，实有济世安民的庙堂之志。虽形在江海之上，而心仍存于魏阙之下。这也是中国传统文人共通的文化情性。

◆板书设计

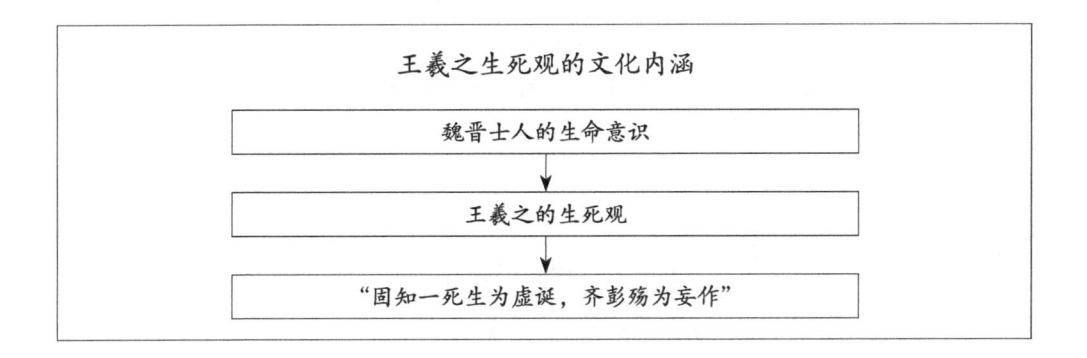

```
┌─────────────────────────────────────┐
│        王羲之生死观的文化内涵        │
│   ┌─────────────────────────┐       │
│   │    魏晋士人的生命意识    │       │
│   └─────────────────────────┘       │
│   ┌─────────────────────────┐       │
│   │      王羲之的生死观      │       │
│   └─────────────────────────┘       │
│   ┌─────────────────────────┐       │
│   │"固知一死生为虚诞，齐彭殇为妄作"│  │
│   └─────────────────────────┘       │
└─────────────────────────────────────┘
```

第2课时

田园中的舒啸

——陶渊明的江湖生活

（1）导语设计

范仲淹曾在《岳阳楼记》中写下"居庙堂之高则忧其民，处江湖之远则忧其君"。这一句实际运用了互文的修辞，对于中国古代士人而言，无论身居庙堂，还是处身江湖，他们都会不由自主地"忧其民"，同时也"忧其君"。即使是在政治黑暗丑污的时代，在玄学思潮盛行的时期，以王羲之为代表的魏晋名士仍会顾念其民其君。那么，生活在东晋时期的陶渊明是不是也有同样的文人情性呢？今天，就让我们从阅读《归去来兮辞（并序）》出发，一起探究陶渊明的内在情性。

[创设意图：从探究《兰亭集序》中体现出的王羲之等魏晋名士关注现实的文人情性，到探究《归去来兮辞（并序）》中陶渊明的内在情性，创设学科知识认知情境，激发学生探究性学习的探究方向，指向课时大概念。]

（2）研习活动一：探析陶渊明平生之志

在《归去来兮辞（并序）》的序言中，陶渊明追述个人仕途历程，从"生生所资，未见其术"开始，当说到自己"眷然有归欤之情"之时，则解释为"质性自然""深愧平生之志"。请结合陶渊明《杂诗（其二）》《咏荆轲》，谈谈你对陶渊明在序言中所述平生之志的理解。

白日沦西阿，素月出东岭。遥遥万里晖，荡荡空中景。风来入房户，夜中枕席冷。气变悟时易，不眠知夕永。欲言无予和，挥杯劝孤影。日月掷人去，有志不获骋。念此怀悲凄，终晓不能静。

——《杂诗（其二）》

燕丹善养士，志在报强嬴。招集百夫良，岁暮得荆卿。君子死知己，提剑出燕京；素骥鸣广陌，慷慨送我行。雄发指危冠，猛气冲长缨。饮饯易水上，四座列群英。渐离击悲筑，宋意唱高声。萧萧哀风逝，淡淡寒波生。商音更流涕，羽奏壮士惊。心知去不归，且有后世名。登车何时顾，飞盖入秦庭。凌厉越万里，逶迤过千城。图穷事自至，豪主正怔营。惜哉剑术疏，奇功遂不成。其人虽已没，千载有馀情。

——《咏荆轲》

明确：在《杂诗（其二）》中，与当时的魏晋名士一样，表现出对短暂生命的深沉慨叹，"日月掷人去，有志不获骋"，在短暂人生中写个人因志不获骋的满怀悲凄。在《咏荆轲》中，荆轲奇功不成，千载以下，令人怅怀，陶渊明感喟荆轲功名未成，实则表达自己欲骋平生之志的强烈愿望。两首诗共同抒写了陶渊明典型的入世致天下的庙堂之志。由此可见，序言中的托辞"家贫"以及"生生所资，未见其术"从而入仕，实则是选择黑暗丑污政治生活的借口，入仕的初衷即是骋志。对陶渊明"怅然慷慨，深愧平生之志"的真实理解是当时丑污的政治现实无法承载陶渊明的平生之志，而"质性自然"，自然即是江湖，选择自然是中国古代士人在黑暗政治现实中的试图背离庙堂的一种选择，是庙堂无路而无奈走向江湖的一种文人的共通情性，在陶渊明这里，江湖就是田园。

（创设意图：以探究序言中陶渊明的"平生之志"为题，选择《杂诗（其二）》和《咏荆轲》两首诗，以群文阅读的方式，创设学科知识认知情境，引导学生自主研究性探究学习。）

(3) 研习活动二：探析陶渊明"田园理想"上的生死观

《兰亭集序》中"固知一死生为虚诞，齐彭殇为妄作"一句集中体现了王羲之的生死观，请结合陶渊明《自祭文》《挽歌诗》等作品，阐述《归去来兮辞（并序）》中集中体现陶渊明生死观和生命价值观的句子，并在班上分享交流。

学生表达与交流：

选句	生死观
"聊乘化以归尽，乐夫天命复奚疑！"	作为辞赋的结语，这两句是全篇的主旨句。面对生死，陶渊明认为应当顺随自然大化，走向生命的尽头，安乐于属于自己的天命，不必有任何疑虑。
"寓形宇内复几时，何不委心任去留？"	"将自己的形体寓寄于世间能有几时？为什么不顺从自己的内心，任由生与死的自然到来？"陶渊明认为，生命短暂，在生死面前，听从内心的主导，不去关注生死。
"云无心以出岫，鸟倦飞而知还。"	这两句以隐喻的方式，将人比喻为"云"和"鸟"。人应当"无心"，应当"知还"，摒弃自己内心的欲望，尤其是建立功名的欲念，返回生命的出发点，也就是"田园"。

明确：与王羲之的在生死面前关注现实社会生活中济世安民的生命价值不同，陶渊明不再执着于庙堂之志，而是主张以"无心"的方式，祛除心中追求功业声名的欲念，以质性自然的生命本质，将人生短暂的生命寓寄于自然大化，顺随自然，以回归"田园"的方式将生死置之于现实生活的维度之外，从而安顿自己的生命。

（创设意图：以"生死观"为研习的核心主题，创设情境，引导学生在多文本的对比阅读中认知陶渊明质性自然、复归田园的生命情性，并指向课时大概念的解读。）

(4) 研习活动三：探析陶渊明"田园理想"文化内涵的表现变化

有人说，陶渊明在《桃花源记》中创造了一个与黑暗现实社会相对立的乌托邦，桃花源融合了陶渊明关于田园生活的所有美好的想象，是田园生活最高的理想。请结合下表，对比分析两篇诗文中"田园理想"的不同表现。

写作时间	作品
东晋义熙元年（405年）	《归去来兮辞（并序）》
南朝宋永初三年（422年）	《桃花源记》
注：陶渊明生卒年约365—427年	

明确：《归去来兮辞（并序）》写作于405年，其时陶渊明41岁，归咎于各种现实原因，如家贫、生生所资、未见其术、程氏妹去世等，在将归之时，以想象的方式描写了回归田园息交绝游之后由衷的愉悦。这种背离黑暗官场，近自然生活的愉悦也可以从《归园田居（其一）》中看出来。《桃花源记》写作于422年，其时陶渊明58岁，其后5年去世。可以说，《桃花源记》是陶渊明关于"田园"生活最高的理想，也是最终的理想。特别值得关注的是最后两段文字的记叙。按照常理，如果只是纯粹表现桃花源的世界，最后两段文字大可略去，尤其是最后一段。在最后一段中，高尚之士刘子骥因为寻找桃花源中美好的社会不得，而最终病逝。在桃花源的世界里，陶渊明关怀的只是美好的底层社会民众生活，没有高层的政治建筑。因此，在写下以刘子骥为代表的高尚士人在寻找这种社会理想不得而病终后，我们可以想见，陶渊明是悲痛的，而在写下"后遂无问津者"之时，陶渊明更是悲痛到无以言表。

从早年的"有志不获骋"到晚年在桃花源世界中的哀叹，我们可以看出，作为中国传统文人的陶渊明尽管背离了黑暗丑污的政治生活，但仍然是关注天下民生的，这正是陶渊明晚年"田园理想"中隐藏的士人关怀。

（创设意图：将陶渊明早期与晚期的"田园理想"进行对比，创设知识认知情境，引导学生深入探究陶渊明"田园理想"中的中国传统文人关注民生现实的崇高情性。）

（4）课堂小结

《归去来兮辞（并序）》中有"登东皋以舒啸，临清流而赋诗"一句。这种田园中的舒啸是带有背离黑暗丑污官场生活的欣悦的，这里的赋诗也是以山水田园为题材。陶渊明的重大文化意义之一就在于为中国传统文人在黑暗的政治时代选择了一处性灵安放之所。从《归去来兮辞（并序）》到《桃花源记》，我们也可以看出，关注天下民生始终是中国传统文人共通的情性。

◆板书设计

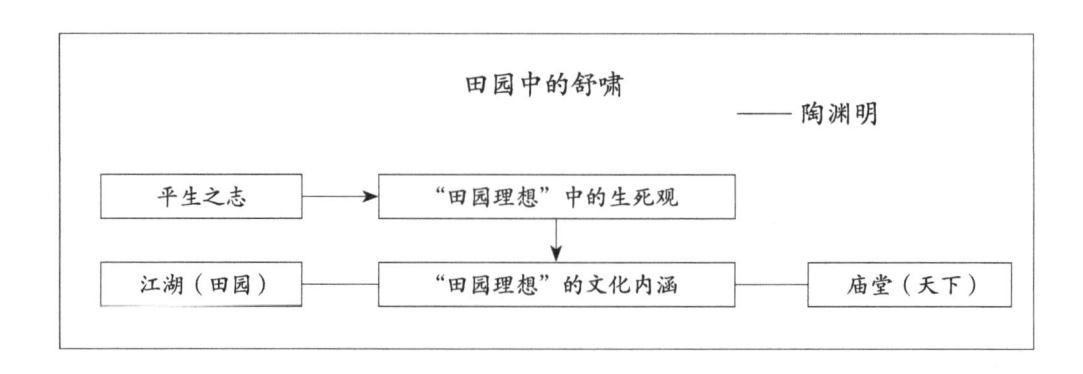

田园中的舒啸
—— 陶渊明

平生之志 → "田园理想"中的生死观

江湖（田园） → "田园理想"的文化内涵 → 庙堂（天下）

（七）学习测评

阅读下面这首诗，按要求作答。（2022年天津卷）

书喜
【南宋】陆游

雨足郊原正得晴，地绵万里尽春耕。
阴阴阡陌桑麻暗，轧轧房栊机杼鸣。
亭鼓不闻知盗息，社钱易敛庆秋成。
天公不负书生眼，留向人间看太平。

【注】作此诗时陆游乡居山阴，时年74岁。

（1）下列对这首诗的理解和赏析，不恰当的一项是（　　）

A. 首联写雨过天晴，土地湿润，广袤无垠的田野上，农人忙于春耕的情景。

B. 颈联写亭中示警的鼓声止息，因此人们才能踊跃缴纳社钱来举办祭祀活动。

C. 整首诗语言平易明畅、生动自然，又不乏用词上的精心锤炼，富有表现力。

D. 该诗风格不同于陆游金戈铁马式的爱国诗作，体现出诗人多样的诗歌风貌。

（2）诗题为"书喜"，请结合全诗指出诗人因何而喜。

（八）教学反思

◆**主要亮点**：本课时大概念为"江湖与庙堂"，指向单元大概念"中国古代散文中的士人情性"。在引导学生学习过程中，主要围绕"文化传承与理解"这一学科核心素养，注重创设带有文化历史现场的学科知识认知情境，在教学过程中，重视学生的探究性研习，同时也注重培养学生在探究性研习过程中的独立阐述表达能力。所有研习活动以探究中国传统士人的生死观和生命价值观为中心，以教材文本的深入阅读为基础，并辅以相关诗文进行补充，既突出了群文阅读教学的优势，同时也有助于培养学生的基于情境问题式的研究性学习的关键能力。

◆**存在不足**：《兰亭集序》和《归去来兮辞（并序）》两篇课文是魏晋时期的两部经典作品。学生对魏晋时期的历史背景和文化思潮相对陌生，在理解这一时期中国传统文人的精神痛苦上存在一定的疑惑。

◆**再教设计**：在学生的前置学习中以文本的形式增补魏晋时期相关的历史文化背景知识材料，如延伸阅读《世说新语》以及李泽厚《美的历程》中"魏晋风流"章节，从而激发学生探究性学习的兴趣。

第四节　课时大概念Ⅲ教学设计示例

教学设计：魏志鑫

本课时大概念为"'道'在笃行"，意在从《种树郭橐驼传》和《石钟山记》两篇选文中探究中国古代士人经世致用和求真辨伪的情性品质。两篇选文皆从小事入手探究，最终引向中国古代士人的深刻省思，振聋发聩。这里体现出来的中国古代士人身上的这种儒者情性具有很强的普遍性意义。

（一）大概念析读

"'道'在笃行"课时大概念的探究内容为对中国古代文人笔下的一些看似与朝堂无关，实则字字句句不离"经世致用"的这一类文章的理解。如统编版高中语文教材选择性必修（下册）第三单元的第11课——《种树郭橐驼传》。根据课本单元导语、单元学习任务以及课后学习提示，本课借传立说，以"种树之理"类比"为官之道"，从而阐述中国古代文人的情性。

儒家讲求积极入世，其本质其实就是利用自己的学识参与国家治理，无论"穷"还是"达"，皆以"济天下"为己任。在"经世致用"的时代精神影响下，理性、内省、含蓄等品格根植于文人的精神世界。在国家风雨飘摇、社会矛盾激化的时期，在"经世致用"这一思想指导下的文人从不缺席。

而第12课《石钟山记》则是从探究中国古代文人所共通的"求真辨伪"的情性出发。具体来说，指的是中国古代文人在践行儒者之道时所体现出来的，以苏轼为代表的中国古代文人身上体现出来的这种共通的、普遍性的求真辨伪的精神品质。

（二）学习目标

◆（学生）通过自主学习两篇课文，诵读并赏析骈散结合中表情达意的效果，透过形象化的语言分析文章的结构层次和内部联系。（语言建构与运用）

◆（学生）通过学习借传立说、借记游阐见解的方法，掌握将议论、记叙、描写和抒情有机结合的写作方法。（思维发展与提升、审美鉴赏与创造）

◆（学生）通过探究两篇作品的创作意图，体会柳宗元身上体现的经世致用的责任与担当，学习苏轼反对主观臆断、有疑必察的求实精神。（思维发展与提升、

文化传承与理解）

（三）教学重难点

◆教学重点：学习借传立说、借记游阐见解的方法。

◆教学难点：

（1）理解柳宗元在倡导"顺其自然"中的责任担当与道家"无为而治"的区别；

（2）领悟文中阐明的人生哲理，培养学生反对主观臆断、有疑必察的求实精神。

（四）学情分析

◆知能基础：学生在高中语文必修（下册）第一单元中，以思辨阅读的方式对诸子百家的思想文化观念展开过探究性学习，对作者柳宗元和苏轼也有一定的了解。

◆素养基础：学生已经形成合作探究性的学习方式，知晓利用文献、网络等方式，围绕学习任务展开探究性学习。

◆不足条件：学生面对文言文依旧存在较严重的畏难情绪，这对文本的独立自主阅读仍会产生一定的阻力。除此之外，学生们在学习中迷信老师、迷信权威，不敢提出相左的意见，缺少质疑精神。

（五）教学框架

基于"中国古代散文中的士人情性"的单元大概念，本课时大概念"'道'在笃行"将设计两个课时展开研习活动。第1课时以"借《种树郭橐驼传》探究借传立说之法"为主题，探究学习柳宗元通过"借传立说"来表现儒士"经世致用"的担当，具体从两个方面展开研习活动。研习活动一为探究《种树郭橐驼传》的传记特征，研习活动二为探究《种树郭橐驼传》的主体内容；第2课时以"深思而慎取，辨伪以存真"为主题，探究领悟文中阐明的人生哲理——反对主观臆断、有疑必察的求实精神，主要从两个方面展开研习活动。研习活动一为体会《石钟山记》"究疑之由"，研习活动二为开启"探源"之旅。

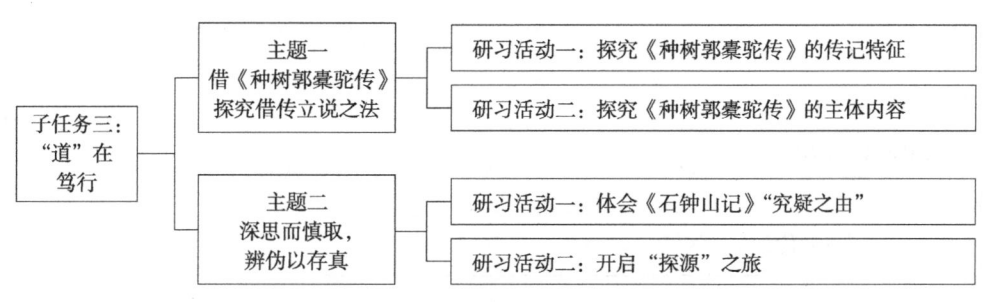

图6-3　课时结构构架与活动程序

教学过程设计

第1课时
经世致用
—— 借《种树郭橐驼传》探究借传立说之法

(1) 导语设计

"悍吏之来吾乡,叫嚣乎东西,隳突乎南北,哗然而骇者,虽鸡狗不得宁焉。"这是一个黑暗的、没有法治可言的社会,百姓处于水深火热之中。这是柳宗元笔下《捕蛇者说》中的句子,所反映的就是当时的社会现实。如此关心民生疾苦的柳宗元,这次关心起了种树,还给种树的郭橐驼写了传记。那么今天就让我们一同走进《种树郭橐驼传》,来一探究竟。

(创设意图:从对学科知识的认知出发,直击当时残酷的社会现实,将学生的阅读探究引向课时大概念。)

(2) 研习活动一:探究《种树郭橐驼传》的传记特征

有人说《种树郭橐驼传》是一篇人物传记,那么同学们知道什么是人物传记吗?请结合以下材料分析人物传记一般要素,填写表格并在班上分享交流。

柳宗元,字子厚,河东人。后魏侍中济阴公之系孙。曾伯祖奭,高祖朝宰相。父镇,太常博士,终侍御史。宗元少聪警绝众,尤精《西汉诗骚》。下笔构思,与古为侔。精裁密致,璨若珠贝。当时流辈咸推之。登进士第,应举宏辞,授校书郎、蓝田尉。贞元十九年,为监察御史。

——《旧唐书·柳宗元传》

伍子胥者,楚人也,名员。员父曰伍奢。员兄曰伍尚。其先曰伍举,以直谏事楚庄王,有显,故其后世有名于楚。楚平王有太子名曰建,使伍奢为太傅,费无忌为少傅。无忌不忠于太子建。

——《史记·伍子胥列传》

篇目	名、字、号	籍贯	祖上功业	事迹	科举	为官经历	职业
《种树郭橐驼传》		√					√
《旧唐书·柳宗元传》	√	√	√	√	√	√	√
《史记·伍子胥列传》	√	√	√	√		√	√

明确:《种树郭橐驼传》并不是一篇传统意义上的人物传记。传记一般要交代名、字、号、籍贯、祖上功业、事迹、科举、为官经历等。

作者将标题定为"传",不作为一般寓言来讲,其实是在塑造这一人物形象的同时,更好地表达作者的政治见解。至于为何不直抒胸臆地表达自己内心的不满,更多的应该是因为那个特殊的政治环境,不允许他直陈时事,只好用曲笔假托种树以讽喻,借种树人之口说出要表达的思想。从某种意义上说,郭橐驼就是作者的影子。这也正体现了作者柳宗元所提倡的"文以明道"的创作主张。

(创设意图:从学科知识的角度创设关联情境,引导学生认知《种树郭橐驼传》在文体上的独特性。)

(3)研习活动二:探究《种树郭橐驼传》中的主体内容

《种树郭橐驼传》不是人物传记,主要内容也并不是围绕人物"郭橐驼"展开,那么它是围绕什么内容展开的呢?请分组讨论并填写表格。

描述	他植者	长人者
行为描述	爱之太恩,忧之太勤。旦视而暮抚,已去而复顾。甚者,爪其肤以验其生枯,摇其本以观其疏密。	旦暮吏来而呼曰:"官命促尔耕,勖尔植,督尔获,早缫而绪,早织而缕,字而幼孩,遂而鸡豚。"鸣鼓而聚之,击木而召之。
结果	而木之性日以离矣。	故病且怠。
相似之处	虽曰爱之,其实害之;虽曰忧之,其实仇之。	若甚怜焉,而卒以祸。
结论	若是,则与吾业者其亦有类乎。	若是,则与吾业者其亦有类乎。

明确:《种树郭橐驼传》一文的主体内容是种树和做官。而巧妙地将"种树"和"做官"联系起来的中间的纽带便是"他植者"。作者通过对"他植者"的行为评论,最终指向对"长人者"为政的批判,具有很强的现实意义。

(创设意图:衔接研习活动一,展开对文本主体内容的探究,将学生的研读引向课时大概念。)

(4)课堂小结

《种树郭橐驼传》中阐述的"勿动勿虑,去不复顾"和道家学派的"道法自然"看似一脉相承,但《种树郭橐驼传》却更多地体现了批判性。

联系历史背景不难发现,当时安史之乱刚刚结束,很多官吏担心自己无所作为,便开始利用百姓做表面文章,既没有真正的政绩,又侵夺了百姓农时。于是作者柳宗元便通过"他植者"和"长人者"的类比来抨击"好烦其令"的昏庸官吏。这恰恰让我们在柳宗元的身上看出了有别于道家所提倡的逍遥无为,更好地体现了儒家士人的责任与担当,这便是文人笃行经世致用的精神。这种担当并不是为了一己私利,而是为了正义与良知,为了天下受苦受难的百姓。所以,我们透过郭橐驼"种树",清晰地看到了一个不曾因为屡遭贬谪而"独善其身"的柳宗元。

◆板书设计

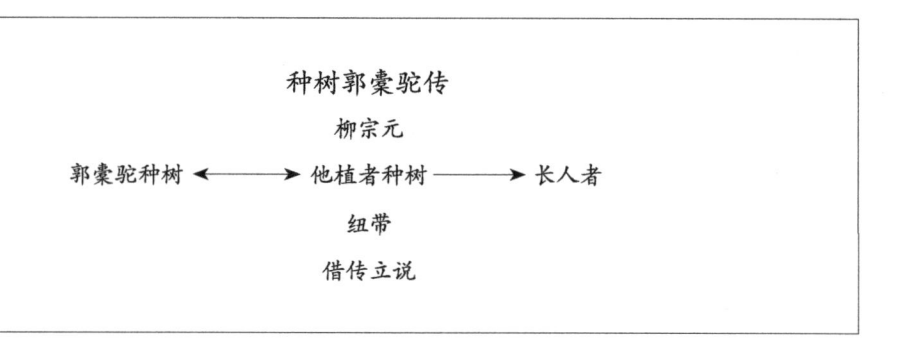

```
                  种树郭橐驼传
                     柳宗元
    郭橐驼种树 ←——→ 他植者种树 ——→ 长人者
                      纽带
                     借传立说
```

第2课时
深思而慎取,辨伪以存真
—— 苏轼《石钟山记》研读教学

(1)导语设计

在进入本节课的研习活动之前,先给同学们讲一个故事。苏东坡曾经去拜望王安石,在王安石的书桌上看到了一首咏菊诗的草稿,才写了开头两句:"西风昨夜过园林,吹落黄花满地金。"苏东坡看罢不禁皱眉:菊本属秋天,独耐风霜,即便老来枯憔,也定是抱香枝头,断不肯落瓣的!

于是提笔续诗两句:"秋花不比春花落,说与诗人仔细吟。"即使面对王安石这样权威的大文豪,我们依然看到了一个潇洒随性又不失质疑精神的苏东坡。那么,就让我们继续追寻苏东坡的脚步,看看他在游历石钟山后又会留下怎样的体验和感悟。

(创设意图:以情境故事导入,凸显苏轼存真辨伪的精神品质,直接指向课时大概念。)

(2)研习活动一:体会《石钟山记》"究疑之由"

《石钟山记》不重山川景物的描写,而重因事说理。在文章开篇,苏轼并没有着急地介绍他所游之地,而是提出了两个"疑"——"人疑""余疑"。这两个

"疑",让我们明确地知道了苏轼对于石钟山命名由来是存疑的,从而亲临以考察。由此可见,本文具有一定的地理科学考察性质,所以本文是以"游记"之名写"究疑"之实。请结合文本,分析李渤和苏轼是如何完成对于"石钟山"得名由来的考证的,并完成下表。

作者	考察过程	"石钟山"因何命名	作者依据
李渤	访遗址	因扣石有声而得名。	扣而聆之,南声函胡,北音清越,桴止响腾,余韵徐歇。
苏轼	访遗址,至绝壁,徐而察。	因声得名。	微波入焉,涵澹澎湃而为此也。空中而多窍,与风水相吞吐。

(创设意图:通过探寻李渤和苏轼对石钟山命名由来的考证,引导学生理解中国古代士人求真辨伪、笃实而行的精神品格,初步明晰课时大概念。)

(3)研习活动二:开启"探源"之旅

"石钟山"名字的由来众说纷纭,在中国历史上,对于石钟山命名的考察,不仅李渤和苏轼亲历勘察,曾国藩、俞樾等名人也亲访其址。请阅读以下四则材料,完成表格填写,并谈谈你的感想。

材料一:

有幽栖者,寻纶①东湖,沿澜穷此。遂跻崖穿洞,访其遗踪。次于南隅,忽遇双石,欹枕潭际,影沦②波中,询诸水滨,乃曰:"石钟也,有铜铁之异焉。"扣而聆之,南声函胡,北音清越,桴止响腾,余韵徐歇。乃知山乃石名,归矣。如善长③之论,则濒流庶(众多)峰,皆可以斯名贯之。聊刊前谬,留遗将来。

——唐李渤《辨石钟山记》

【注】①纶:钓鱼。②沦:倒映。③善长:郦道元字善长。

材料二:

石钟山之片石寸草,诸将士皆能辨识,上钟岩与下钟岩其下皆有洞,可容数百人,深不可穷,形如覆钟,彭侍郎玉麟于钟山之顶建立昭忠祠。乃知钟山以形言之,非以声言之,郦氏、苏氏所言,皆非事实也。

——节选自曾国藩《石钟山名考异》

材料三:

余居湖口久,每冬日水落,则山下有洞门出焉。入之,其中透漏玲珑,乳石如天花散漫,垂垂欲落。途径蜿蜒如龙,峭壁上皆枯蛤粘着,俨然鳞甲。洞中宽敞,左右旁通，可容千人。最上层则昏黑不可辨，烛而登，其地平坦，气亦温和，蝙蝠大如扇，夜明砂积尺许。旁又有小洞，蛇行而入，复宽广，可容三人坐。壁上镌"丹房"二字，且多小诗，语皆可喜……盖全山皆空，如钟覆地，故得钟名。上钟山亦中空，此两山皆当以形论，不当以声论。东坡当日，犹过其门而未入其室也。

——节选自俞樾《春在堂笔记》

作者	考察过程	"石钟山"因何命名	作者依据
曾国藩	访遗址，观全貌 尝试走通未果	因山的外形而得名。	上钟岩与下钟岩其下皆有洞，可容数百人，深不可穷，形如覆钟。
俞樾	居数日，进洞门，烛而登蛇形而入。	如钟覆地，故得钟名。	上钟山亦中空，此两山皆当以形论。

明确：苏轼虽多才多艺，但毕竟不是真正的地理学家，他得出的结论当然也会有其局限性。但我们本节课的目的并不是为了做一名专业的地理学家，更不是为了从前人的结论中评选一个最佳结论，而是要从他们的探究过程中去学习古代士大夫的探疑求实的精神。苏轼的那种敢于怀疑、不囿于前人的态度，以及躬身考察、重视调查研究的求实精神，也是令人称道的。

（创设意图：通过课外补充材料填写表格，创设关联情境，引导学生在探究过程中去发现古代士大夫拥的、普遍意义上的探疑求实的精神，并最终学习这种克服一切困难，辨伪求真的精神境界。）

（4）课堂小结

各朝各代总有那么一群人，他们热衷于探索未知，好奇心驱使着去验证假设和发现真相，他们的理解超越了世俗目光和功利主义。简单、纯粹，有时候不被世人理解，甚至还被嘲笑，但他们不为环境条件所掣肘，遵从内心，执着勇敢，就是这份较真儿的"真"，让他们没于黑暗也能熠熠生辉，风雨兼程也能一路生花！

◆板书设计

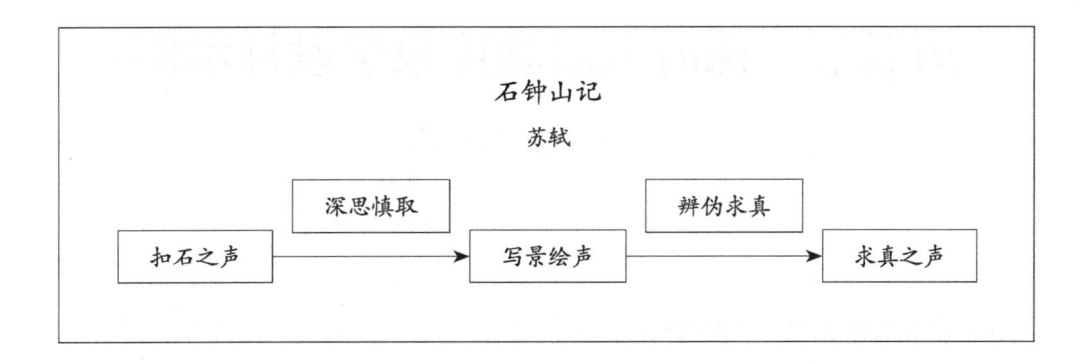

```
                        石钟山记
                          苏轼

   ┌─────────┐  深思慎取  ┌─────────┐  辨伪求真  ┌─────────┐
   │ 扣石之声 │─────────→│ 写景绘声 │─────────→│ 求真之声 │
   └─────────┘            └─────────┘            └─────────┘
```

（七）教学反思

◆主要亮点：围绕本节的课时大概念对教学内容进行结构化设计，特别是借用已学知识引出问题任务，让学生在自主探究与合作探究中达成知能目标，实现核心知识的强化。在引导学生的学习过程中，主要围绕"思维发展与提升、文化传承与理解"这一学科核心素养，注重创设带有文化历史现场的学科知识认知情境，在教学过程中，重视学生的探究性研习，同时也注重培养学生在探究性研习过程中的独立阐述表达能力。

◆存在不足：本内容试图设计为一个课时，但容量过大，不同教学班级学生知识与能力水平差异较大，教学中难度的弹性不够。

◆再教设计：根据不同层次班级学生调整好课堂容量。设计个性化情境，满足不同能力层次学生需求，注重高阶思维培养。

第五节　课时大概念Ⅳ教学设计示例

教学设计：胡丹凤

本课时大概念为"中国古代散文的句法与章法"，意在从《陈情表》《兰亭集序》《种树郭橐驼传》三篇选文中，感受古代散文的骈散结合、各有不同韵味的语言之美，以及看似信笔写就却也有章法可循的章法之美。根据课程容量和学习内容，本课时大概念需要一个课时，主题拟定为"凝重多出于偶，流美多出于奇"。

（一）大概念析读

1. 大概念理解

"中国古代散文的句法与章法"作为中国传统文化经典阅读的课时大概念，就本单元而言，其学习探究的重点是赏析中国古代散文的句子可骈可散、骈散结合的句法之美与讲究章法、重视文章的结构和内部联系的章法之美，初步认知中国古代散文的发展脉络。本课时大概念的基本设想是将对古代散文写法与语言的学习引向深入，在比较深入的研习中锻炼思维，获得方法。

本课时大概念的教学将重点引导学生集中研讨古代散文句法的骈散结合现象与古文的章法，既要通过诵读文本，感受骈散结合中的紧凑与舒缓，也要赏析骈散结合的表达效果，同时引起学生对文章内在结构的注意，指导他们学着从章法的角度析读文章。

2. 大概念解构

实施"中国古代散文的句法与章法"大概念教学，需要根据单元选文设置学习情境，在创设情境时，要根据"中华传统文化经典研习"学习任务群的特殊性，注意从古代散文的发展脉络、句法与章法的特点等方面进行创设。教学内容将主要围绕古代散文的骈散结合现象与章法等方面进行展开，最终实现学生对课时大概念的理解，并指向单元大概念。

（二）学习目标

（1）（学生）通过研读三篇文本，初步认知古代散文的骈散结合、各有不同韵味的语言之美，以及看似信笔写就却也有章法可循的章法之美。（语言建构与运用）

（2）（学生）通过分组探究与讨论，梳理《陈情表》中骈句在表情达意方面的作用，《兰亭集序》中句散而气凝的表达效果，《种树郭橐驼传》中整散结合的句法之妙。（思维发展与提升、审美鉴赏与创造）

（3）（学生）通过深入研读三篇文本，探讨古人创作散文时遵循的传统文体"表""序""传"的基本规范以及三位作家创作时的独特写法赋予文本的章法之美。（思维发展与提升、文化传承与理解）

（三）学习重难点

◆学习重点：古代散文中骈散结合的语言之美，以及章法之美。

◆学习难点：

（1）研习三篇文本里，骈散结合下各具特色的语言韵味及其不同的表达效果；

（2）厘清三篇文本中看似信笔写就却也有章法可循的章法之美，探究其整体结构与各部分之间的联系。

（四）学情分析

◆知能基础：学生均对中国传统文化观念有不同程度的涉猎和理解，在高中语文必修（上下册）中接触了骈散结合的文言文，骈散方面有比较丰富的情感经验，对于骈散结合来调节文章节奏的作用已经有所涉及。

◆素养基础：学生在分组合作探究性学习方面也拥有一定的学习经验和探究能力，能够有效、有序地开展小组合作探究。

◆不足条件：教材所选晋文不属于古文运动抨击的浮靡已极的骈文，学生只能一定程度上感受到中国古代散文发展史上的重大转折，即由骈而散、由华而实。此外，学生独立阅读文言文的能力仍有不足，对文本的独立自主阅读仍会产生一定的阻力。

（五）教学框架

基于"中国古代散文中的士人情性"的单元大概念，本课时大概念"中国古代散文的句法与章法"将设计一个课时展开研习活动。本课时以"凝重多出于偶，流美多出于奇"为主题，探究中国古代散文的句法与章法，具体从两个方面展开研习活动。研习活动一为结合前人对古代散文中骈散结合句法的评价，探究中国古代散文句法之美，理解骈句与散句的表达效果；研习活动二为结合相关的文献资料和评论，从文体结构、思想内容结构、艺术形式结构三个角度探究中国古代散文的章法之美。

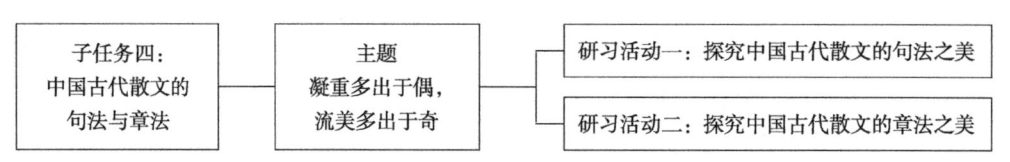

```
┌─────────────┐   ┌──────────┐   ┌──────────────────────────────────┐
│ 子任务四：   │   │   主题   │──│ 研习活动一：探究中国古代散文的句法之美 │
│ 中国古代散文的│──│凝重多出于偶，│  ├──────────────────────────────────┤
│ 句法与章法   │   │流美多出于奇 │──│ 研习活动二：探究中国古代散文的章法之美 │
└─────────────┘   └──────────┘   └──────────────────────────────────┘
```

图6-4　课时结构框架与活动程序

（六）教学过程设计

凝重多出于偶，流美多出于奇
——中国古代散文的句法与章法

（1）导语设计

"凝重多出于偶，流美多出于奇。体虽骈，必有奇以振其气；势虽散，必有偶以植其骨"。古代散文写法比较自由，句子可骈可散，多注重骈散结合，章法结构可密可疏，大都有章法可循。本单元的六篇散文，选自不同时期、不同类型的代表性作品，在语言、章法上都颇有讲究。下面我们就一起来探究中国古代散文的句法与章法之美。

（创设意图：从学科知识情境的创设出发，激发学生对探究中国古代散文的句法与章法之美的学习欲望。）

（2）研习活动一：探究中国古代散文的句法之美

曾国藩说："一奇一偶者，天地之用也。文字之道，何独不然？"请自由诵读《陈情表》《兰亭集序》《种树郭橐驼传》三篇文章，结合以下材料，注意句式的骈散结合，感受整句与散句的不同艺术效果，并在班上分享交流。

材料一：

散文虽欲纯乎散，而不能不受骈文之影响。骈文虽欲纯乎骈，而亦不能不受散文之影响。

——陈柱《中国散文史》

材料二：

四字密而不促，六字格而非缓。

——《文心雕龙·章句》

材料三：

骈体文简称骈文，它讲究形式的整齐工致。要求句子两句相对，如四字句对四字句，六字句对六字句；上下句词语要对称，虚词对虚词，实词对实词。骈文滥觞于东汉，至魏晋南北朝大盛，唐以后稍衰，但仍有不少作者作品。

——王运熙《中国古代散文鸟瞰》

学生表达与交流：

学生甲	《陈情表》句式上虽以散句为主，但也大量使用四字句，而不过度使用。这些骈句充分体现了"四字密而不促"的特点，形成了全文整齐、紧凑而不紧迫的节奏，读起来节奏感很强，既典雅又有气势，强化了文章的抒情氛围。骈句在表达上也非常灵活，既有很强的概括性（如文中对自己生平、被征召等情况的叙述），又有很强的生动性，用细节描写作传神描绘，如"茕茕孑立，形影相吊"，也可以运用修辞手法进行形象化表达，如"日薄西山，气息奄奄"。
学生乙	《陈情表》中的散句，调节了文章节奏，使节奏舒缓，文章疏密有致，也带有强调、描绘、抒情或说理的意图。这些散句多用来铺叙，有时也与骈句配合，或进一步描述，或概括总结，以强化表达效果，点明意旨。如"母、孙二人，更相为命，是以区区不能废远"。
学生丙	《兰亭集序》的句式骈句少，散句多，且句子字数参差不齐，四字句连续使用情况较少。虽然在写景抒怀时也有骈句，但连续使用的情况很少，往往是稍微写一两个对偶句，就接着用散句。王羲之要表达的是人生终将有尽的苦痛和对生命的思考，由平静而激荡，再由激荡而平静，情思起伏抑扬，极尽波澜起伏之美，语言流畅自然，卷舒自如，用散句更利于表达。读起来虽不像《陈情表》那样节奏鲜明，却也一气呵成，节奏沉稳平缓。
学生丁	《种树郭橐驼传》属于以散句为主的古文，但整散结合。其中有一些比较整齐的句子（四字句为主），对仗并不十分工整。这些比较整齐的句子，大都是文中的关键点。如解释"他植者"的错误之本的句子"爱之太恩，忧之太勤。……虽曰爱之，其实害之；虽曰忧之，其实仇之"。这些意思用整齐的句子来表达，起到了反复强调、鲜明对比的作用，增强了文章的气势。

明确：骈句的使用使文章整齐、紧凑，读起来节奏感很强，既典雅又有气势，强化了文章的抒情氛围，表达也灵活。散句调节文章节奏，使节奏舒缓沉稳，文章疏密有致。骈散结合使文章整齐匀称又兼具参差错落之美。

（创设意图：古代散文骈散结合的句法之美，在这三篇文章中有直观体现和明显过渡。通过材料阅读分析的方式，结合文本，学生以探索式的学习方式展开对古代散文句法之美的探究。）

（3）研习活动二：探究中国古代散文的章法之美

古人为文，讲究章法，重视文章的结构和内部联系，就连一些看似信笔写就的作品，也大都有章法可循。结合以下材料，反复诵读《种树郭橐驼传》，厘清其整体结构和各部分之间的联系。

古代散文结构一般都有三个层次：一是文体结构，二是思想内容结构，三是艺术形式结构。所谓文体结构，就是看它属于哪种文体……一篇散文的具体结构首先取决于它的主题思想的逻辑结构。为了把握思想内容的逻辑结构，这就要在弄懂字句、疏通章节之后，再进行抽象的逻辑分析，以便把握全篇思想内容的内在联系……一篇散文的艺术形式结构是由作者依据主题思想的需要，进行选材、剪裁和安排而完成的。分析一篇散文的艺术形式结构，实质是具体分析它的选材、剪裁和安排。"

——倪其心《怎样分析古代散文》

学生表达与交流：

学生甲	文体结构上，古人创作散文时，虽有许多变体、破体之作，但大部分还是会遵循传统文体的基本规范。《种树郭橐驼传》常被视为寓言，但结构符合"传"的基本要求，从人物的姓名、籍贯、职业写起，以人物的生平事迹、所言所行为主，最后以论赞作结。但是，符合传统传记文体结构不代表没有创作个性与作家个人风格，柳宗元将文章表达的主要道理从郭橐驼口中说出，时间的记述和论赞的分量都较轻，这其实就是他的相对独特之处。
学生乙	思想内容结构，也就是文中思想的逻辑结构。如《种树郭橐驼传》用来类比的"植树之术"与"养人之术"之间并不完全对应。两者之间对应的是"他植者"的问题养护太过而伤树，"长人者"的问题是为政太烦而伤民，但郭橐驼的植树之术却没有对应的"养人之术"。郭橐驼种树的关键在于培本固原，培植良好的树木根系，是有所为而有所不为。那么相应的"养人之术"呢？作者并未直接借郭橐驼之口说出来，而需要读者从文中细细品读。
学生丙	艺术形式结构就是文章中的情思脉络、关联照应、递进转折等。《种树郭橐驼传》针对当时官吏繁政扰民的现象，通过对郭橐驼种树之道的记叙，对比郭橐驼种树与他人种树的不同之处，说明"顺木之天，以致其性"是"养树"的法则。再把话题从种树类比转移到政事上来，形象地说明无论种树或治民都要顺应天性的道理，指出为官治民不能"好烦其令"，批评当时唐朝地方官吏扰民、伤民的行为，反映出作者同情人民的思想和改革弊政的愿望。文章融叙事、说理于一体，委婉含蓄而多讽刺。全文写得深入浅出、摇曳多姿，又脉络清晰、引人深思，章法表里相生，耐人寻味。

明确：古代散文的章法之美，主要体现在文体结构、思想内容、艺术形式上。

（创设意图：通过材料阅读分析的方式，结合文本，学生以探索式的学习方式展开对古代散文章法之美的探究。培养学生研究性学习的能力，同时深化对课时大概念的理解。）

（4）课堂小结

古代散文行文比较自由，句子可骈可散，结构可密可疏，但本单元所选的文本，在语言、章法等方面都颇有讲究。本节课的学习，探究了古代散文骈散结合的句法之美、骈句和散句的不同表达效果，以及从文体结构、思想内容结构、艺术形式结构上品味了古代散文的章法之美。

◆板书设计

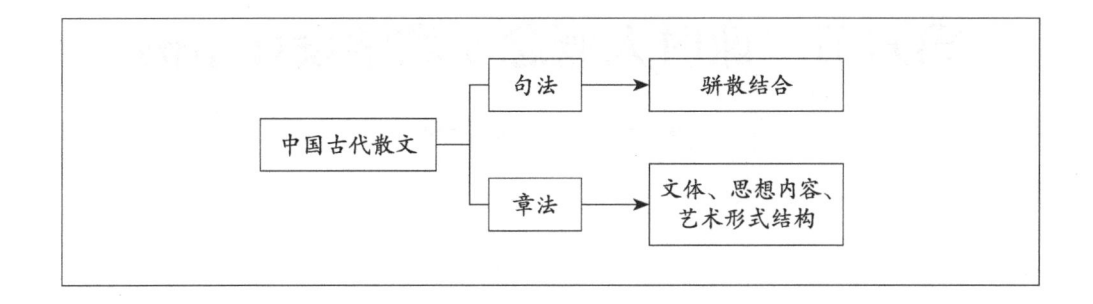

```
                    ┌─→ 句法 ──→ 骈散结合
                    │
        中国古代散文 ┤
                    │
                    └─→ 章法 ──→ 文体、思想内容、
                                 艺术形式结构
```

（七）学习测评

从《陈情表》《项脊轩志》《兰亭集序》《归去来兮辞（并序）》《石钟山记》四部作品中，任选一篇，分析文章的结构和内部联系，厘清其整体结构与各部分之间的联系，用你喜欢的形式加以展示。

（八）教学反思

◆主要亮点：本课时大概念为"中国古代散文的句法与章法"，指向单元大概念"中国古代散文中的士人情性"。在教学过程中，重视学生的探究性研习，同时也注重培养学生在探究性研习过程中的独立阐述表达能力。所有研习活动以探究中国古代散文的句法与章法为中心，以教材文本的深入阅读为基础，并辅以相关诗文进行补充，既突出了群文阅读教学的优势，同时也有助于培养学生的基于情境问题式的研究性学习的关键能力。

◆存在不足：学生对中国古代散文的句法之美的研习比较笼统，能体会骈散结合在文章气势上的表达效果，但骈句、整句、散句在文中的具体作用，分析举例时难以结合文本全面考虑、综合分析。在研习中国古代散文的章法之美时，学生对"表""志""序""辞""传""记"六种文体的文体知识把握不牢、理解不深。从文体结构上分析时，不能准确研习出《种树郭橐驼传》的文体结构之美。

◆再教设计：在学生的前置学习中以文本的形式增补中国古代散文史相关的文化背景知识材料，"表""志""序""辞""传""记"的文体知识资料，如延伸阅读王运熙《中国古代散文鸟瞰》以及倪其心《怎样分析古代散文》，从而激发学生探究性学习的兴趣。

第六节　课时大概念Ⅴ教学设计示例

教学设计：胡丹凤

本课时大概念为"中国古代散文评点"，意在从本单元所选的古代散文中，学习如何评点中国古代散文，欣赏和品鉴中国古代散文的思想大意、内容剪裁、章法结构、语言特色等。根据课程容量和学习内容，本课时大概念需要一个课时，主题拟定为"以意逆志，是为得之"。

（一）大概念析读

1. 大概念理解

"中国古代散文评点"作为中国传统文化经典阅读的大概念，就本单元而言，其学习探究的重点是赏析本单元所选的中国古代散文的思想大意、内容剪裁、章法结构、语言特色等，初步认知如何评点中国古代散文。本课时大概念的基本设想是学习古人的评点方法，再次深入细读课文，并尝试写作评点，将对古代散文写法的学习引向深入，培养细读文章的能力，提高概括表达的水平，在比较深入的研习中锻炼思维，获得新知。

本课时大概念的教学将重点引导学生学习古人的评点方法，并尝试写作评点，既要通过诵读文本，深入感受文本中作者在写作过程中内容剪裁、章法结构、遣词造句上的妙处，又要通过学习古人的评点方法，指导学生学着写作评点。

2. 大概念解构

实施"中国古代散文评点"大概念教学，需要根据单元选文设置学习情境，在创设情境时，要根据"中华传统文化经典研习"学习任务群的特殊性，注意从中国古代散文的思想大意、内容剪裁、章法结构、语言特色等方面进行创设。教学内容将主要围绕古代散文的思想情感、章法结构、遣词造句等方面进行展开，最终实现学生对课时大概念的理解，并指向单元大概念。

（二）学习目标

（1）（学生）通过研读本单元所选文本，初步认知古代散文评点的角度，培养细读文章的能力，提高概括表达水平，更好地研习古文。（语言建构与运用）

（2）（学生）通过分组探究与讨论，梳理名家在评点古代散文时所选取的角度及方法，品味古代散文的思想情感、章法结构、遣词造句等方面的妙处。（思维发展与提升、审美鉴赏与创造）

（3）（学生）通过深入研读本单元所选文本，以及古代名家评点，尝试从思想感情、章法结构、遣词造句等方面为本单元所学散文写作评点，鉴赏古代散文之美。（思维发展与提升、文化传承与理解）

（三）学习重难点

◆学习重点：古代散文评点的方法和角度。

◆学习难点：

（1）解读本单元所选文本里，历代名家评点此篇散文时选取的角度和评点方法；

（2）学习古人的评点方法后，细读课文，概括表达，尝试写作给定篇目的评点。

（四）学情分析

◆知能基础：学生均对中国传统文化观念有不同程度的涉猎和理解，已经学过一些古典小说作品，也进行了《红楼梦》的整本书阅读，对金批、脂批为代表的小说评点已经有所了解，这方面有比较丰富的情感经验，对于文学评点已经有所涉及。

◆素养基础：学生在分组合作探究性学习方面也拥有一定的学习经验和探究能力，能够有效、有序地开展小组合作探究。

◆不足条件：学习评点，多读前人的评点尤其要是批语，是不二法门。市面上容易得到的古文评点著作读起来需要耗费的时间多，学生学习课业压力大，不能保证足够的时间去好好了解和品读古人如何写作评点，课前准备不够充分。此外，前人的评点多为文言文写作，学生独立阅读文言文的能力仍有不足，对文本的独立自主阅读仍会产生一定的阻力。

（五）教学框架

基于"中国古代散文中的士人情性"的单元大概念，本课时大概念"中国古代散文评点"将设计一个课时展开研习活动。本课时以"以意逆志，是为得之"为主题，探究中国古代散文评点角度，具体从两个方面展开研习活动。研习活动一为结合前人对本单元所选古代散文的评点，解读古代散文评点的角度，学习从思想感情、章法结构、遣词造句等角度评点中国古代散文之美；研习活动二为学以致用，学习如何评点一篇古代散文后，学生自主对给定篇目进行评点，写一篇评点。

```
子任务五：中国古    主题              研习活动一：解读名家散文评点
代散文评点       以意逆志，是为得之
                             研习活动二：自主写作散文评点
```

图6-5　课时结构框架与活动程序

（六）教学过程设计

以意逆志，是为得之
——中国古代散文评点

（1）导语设计

"以意逆志"语出《孟子》，意为解说诗的人，不要拘泥于文字而误解词句，也不要拘泥于词句而误解诗人的本意，要通过自己读作品时的感受去推测诗人的本意。"以意逆志"是中国古代文学批评中的名言，在散文中，虽异曲，却有同工之妙。本单元的六篇散文，属于不同时期、不同类型的代表性作品，都是不可多得的佳作，前人留下不少评点。今天我们就一起来探究前人对这几篇中国古代散文的评点，并尝试自己写作散文评点。

（创设意图：从学科知识情境的创设出发，激发学生对探究中国古代散文评点的学习欲望。）

（2）研习活动一：解读名家散文评点

古往今来，文学作品与文学评点如同高山流水遇知音，跨越时间与空间的维度，彩云追月得知己。如苏轼评王维"诗中有画，画中有诗"；鲁迅评《史记》"史家之绝唱，无韵之离骚"；苏轼说"读《出师表》不下泪者必不忠，读《陈情表》不下泪者必不孝，读《祭十二郎文》不下泪者必不友"……这些评点和文学作品本身一样，经典隽永。请再次深入细细品读本单元散文，结合以下材料，解读并总结古人在评点古代散文时有哪些方式和特点，在班上分享交流。

材料一：

先看主意，以识一篇之纲领；次看其叙述抑扬、起重、运意、转换、演证、开合、关键、首腹、结末、详略、浅深、次序，既于大段中看篇法，又于大段中分小段看章法，又于章法中看句法，句法中看字法，则作者之心不能逃矣。譬之于树，通看则由根至表，干生枝，枝生华叶，大小次第相生而为树，又折一干一枝看，则又皆各自有枝干华叶，犹一树然，未尝毫发杂乱，此可以识文法矣。看他文字皆当如此看，久之自会得法。

——程端礼《读书分年日程》

材料二：

1.《陈情表》

按令伯之表，反复谆笃，出于真诚。至今读之，犹足使人感动，况当时之君乎！

——真德秀《文章正宗》卷十

层次说来，无一语不委婉动人。固是至性至情之文，而通体局势浑成，步骤安雅，更极尽结构之妙。读者须细玩其词旨及其转落承接，方不辜负作者苦心，而得此文之益。若徒随人道好，何以读为？通体俱是陈情，而前两段是陈其以往之情，三段是陈其现今之情，末段是陈其日后之情也。文字曲折委婉，所以可传。尤妙在不急出题，层层次次，直说得清理透足，方才点出题面煞住。末段文字，余情惓惓，亦觉哀音堪听，真是千古绝调。

——余诚《重订古文释义新编》卷七

2.《项脊轩志》

予读震川文之为女妇者，一往深情，每以一二细事见之，使人欲涕，盖古今来事无巨细，唯此可歌可泣之精神，长留天壤。

——黄宗羲《张节母叶儒人墓志铭》

文章之境，莫佳于平淡，措语遣意，有若自然生成者，此熙甫所以为文学之正传。

——姚鼐《与王铁夫书》

3.《兰亭集序》

右军素不以著作鸣，而《兰亭禊序》俯仰感慨，实际之语，千载若新。

——胡应麟《少室山房类稿》

非止序禊事也，序诗意也，修短死生，皆一时诗意所感，故其言如此。笔情绝俗，高出选体。

——浦起龙《古文眉诠》卷四十二

4.《归去来兮辞（并序）》

欧阳公言两晋无文章，幸独有此篇耳。然其词义夷旷萧散，虽托楚声，而无其尤怨切蹙之病云。

——朱熹《楚辞后语》

陶元亮《归去来辞》，一种旷情逸致，令人反复吟咏，翩然欲仙。

——伍涵芬《读书乐趣》卷三

5.《种树郭橐驼传》

子厚之体物精矣，取喻当矣。为官者当与民休息，而不可生事以扰民。虽曰爱之，适以害之，是可叹也。然所谓烦其令者，虽未得爱之之道，而犹有爱之之心焉。若今日之吏，来于乡者，追呼耳，掊克耳，是直操斧斤以入山林也，岂特爪其根摇其本已哉！噫！

——张伯行重订《唐宋八大家文钞》卷四

6.《石钟山记》

篇中辩驳过而叙事，叙事过而议论，议论过而断制，按节而下，其起落转换，融成一片。无迹可寻。此等笔力，推鬐苏能之，以天分最高，非可学而至也。

——林云铭《古文析义》卷十三

学生表达与交流：

学生甲	真德秀从感情真挚的角度评点《陈情表》的思想情感。尊奉孝道，请求皇帝允许自己先孝后忠，暂不奉诏。全文情真意切，情满笔端，不加渲染而自能动人。余诚从层次分明、逻辑紧密的角度评点《陈情表》的章法结构。第一段由写祖母之恩"臣无祖母，无以至今日，祖母无臣，无以终余年"谈到应尽孝道，第二段由写圣朝之恩谈到要报国恩，陈以往之情。第三段说明"辞不就职"是由于祖孙更相为命，陈现今之情。第四段陈日后之情，尽孝之后，结草衔环以报皇恩，余情惓惓。逻辑紧密，前有伏笔，后又照应，浑然天成。如"则刘病日笃"既照应前文的"而刘夙婴疾病"，又为下文"但以刘日薄西山""报刘之日短也"两句埋伏笔。语言上，余诚关注于"委婉"，作为一篇向皇帝进呈的表文，语言表达切合身份，恭敬而得体。
学生乙	《项脊轩志》是一篇记叙性的抒情散文，黄宗羲以"一往深情、可歌可泣"评点它的思想情感，以一二细事评点它的内容剪裁，姚鼐以佳于平淡、自然生成评点它的语言。归有光通过记叙"项脊轩"这间"室仅方丈，可容一人居"的小小书斋，善于抓住生活中的典型细节，以一二细事，选取文章内容，如小鸟啄食、风移影动、东犬西吠、闻脚步声识人等生活小事，作者深情地回忆了自己当年安于清贫、发奋读书的生活和乐趣，并引出了自己与亲人朝夕相处"多可喜、亦多可悲"的往事，祖母对孙子的关怀、疼爱和殷殷期许，与妻子志趣相投、琴瑟和谐的婚后生活，世事难料、生死无常，妻子去世后，作者的无限感伤，对往事、亡妻的追怀，抒发了物是人非、世事变迁的感慨，表达了自己对祖母、母亲、妻子深深的怀念。全篇语言明净、流畅、自然生成、毫无矫饰，于平淡之中见深情，平静而不露声色地叙写往事，字里行间，处处渗透着作者的思想感情。
学生丙	胡应麟评点《兰亭集序》时指出，王羲之在一般人的心目中是个书法家，向来不是以写文章闻名于世，但他在此文中俯仰之间的感慨，千载若新。浦起龙也同样注重本文中修短死生的生命哲思。在生死这样的永恒主题上，杰作之为杰作，并不一定在思想认识上有特别之处，有时只是表达感情真挚，修辞造语深隽。王羲之的可贵之处在于：他既不因为要面对痛苦而去回避人必有一死的现实，也不因为这样的自然规律无法逃避而"活在当下"；他敢于直面现实，并承担直面现实的痛苦。因为有了痛苦，所以珍惜快乐，思考生命，寄情未来。因为认识到死亡的痛苦，所以他珍视如兰亭集会这样的快乐，看重生机勃勃的自然，但不沉溺于各种快乐之中，而是用哲人的目光审视它们。

续表

学生丁	朱熹主要从语言的角度评点《归去来兮辞》，夷旷萧散。平和旷达，匠心独运却不见斧凿之痕，质朴自然，流畅清新，音节谐美，自然成韵。所用词语并不华丽，却能贴切传神地表达作者的思想感情。伍涵芬主要从思想感情的角度评点《归去来兮辞（并序）》，旷情逸致，感情真挚，犹如一片天籁。直抒胸臆，不加矫饰，自然纯真可亲。陶渊明弃官隐居的心路历程，娓娓道来。
学生戊	张伯行评点《种树郭橐驼传》"体物精""取喻当"。"体物精"体现在柳宗元通过对郭橐驼种树之道的记述，说明"顺木之天，以致其性"是"养树"的法则，只有"顺天"才是循其根本之道。"取喻当"体现在由"养树"推论出"养人"，"顺木之天"推论出"顺人之天"，即"养人"的道理，主张让百姓休养生息。林云铭评点《石钟山记》融描写、记叙、议论为一体，浑然天成。本文是一篇带有考辨性质的游记，反驳李渤的观点，进一步补充事实证实郦道元的观点。文章通过记叙作者探究石钟山得名由来的经过，议论说明要想认识事物的真相必须"目见耳闻"，切忌主观臆断。

（创设意图：通过材料阅读分析的方式，结合文本，学生以探索式的学习方式展开对古代散文评点角度的探究。培养学生研究性学习的能力，同时深化对课时大概念的理解。）

明确：通过了解评点的定义、古人写作评点的方法与思路，了解什么是评点。分析古人对这六篇课文的经典评点，解读古人在评点古代散文时的角度，即思想感情、内容剪裁、章法结构、语言特色等角度。

（3）研习活动二：自主写作散文评点

解读了前人的评点之后，可以总结出前人评点中国古代散文时，主要从思想情感、内容剪裁、章法结构、语言特色等角度进行。精彩的评点在语言表达上也很有特色，值得反复品味，适当模仿。请同学们结合研习活动一中的评点资料，尝试自主为《石钟山记》写作一篇散文评点。写好之后，与小组的同学交流，每小组推荐一位同学来分享自己写作的评点。

（创设意图：结合文本，学生尝试模仿着写作散文评点。培养学生写作能力，同时深化对课时大概念的理解。）

（4）课堂小结

中国古代散文评点，主要从思想情感、内容剪裁、章法结构、语言特色等角度展开，不仅可以重视篇法、章法、句法、字法的评赏，还可以细读，揣摩解析文本的深层含义。要学习评点，多读前人的评点必不可少，课后还可以选读《金圣叹评点经典古文》等著作去深入了解。

◆板书设计

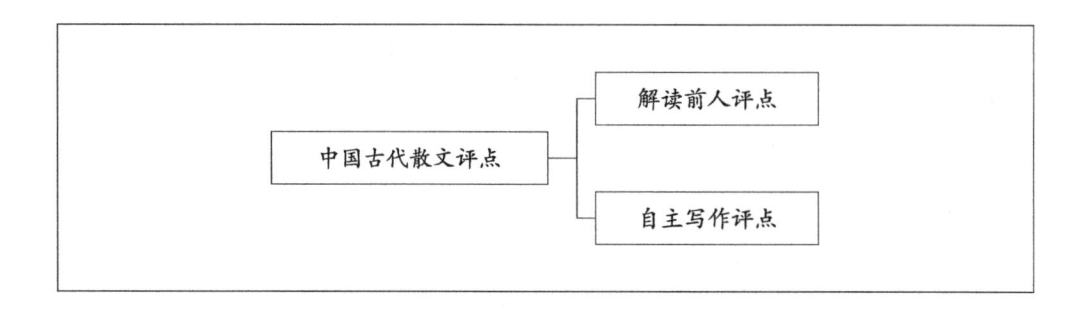

```
                    ┌─── 解读前人评点
   中国古代散文评点 ──┤
                    └─── 自主写作评点
```

（七）学习测评

评点是对艺术作品的深入解读，请阅读本单元中另外五篇古代经典散文，任选其中的一篇，选择评点角度，尝试写作一篇散文评点。

（八）教学反思

◆主要亮点：本课时大概念为"中国古代散文评点"，指向单元大概念"中国古代散文中的士人情性"。在教学过程中，重视学生的探究性学习，通过对前人评点的分析，探究前人评点散文时的角度，总结归纳，也注重培养学生在探究性研习过程中的独立阐述表达能力。

◆存在不足：评点古代散文，需要一定的文学功底，广泛阅读前人的评点，并思考总结散文评点的方法，知其然，并知其所以然，不能笼统地只说一个"好"字，认为只可意会，不可言传。前人评点多为文言文写作，学生古文功底不够扎实，理解上会存在偏差。学生对中国古代散文评点研习比较笼统，对句法、字法的细致评赏较难实现，更多的是对名句的盲从分析。

◆再教设计：前人对文本的经典点评贯穿日常教学中，提高学生的阅读量，做到日常熏陶，日积月累。学生写作了散文评点后，由同学来点评，提高学生概括表达水平和鉴赏水平。

专家点评：

"大概念"推动的文言文教学

《普通高中语文课程标准（2017年版2020年修订）》将"大概念"作为建构语文教学的依据，要求以学科大概念为核心，使课程内容结构化，以主体为引领，使课程内容情境化，切实促进学科素养的落实。

1. 根据大概念核心创新教学路径

统编版高中语文选择性必修（下册）第三单元文言散文作品对高中生语言积累、思维发展、文化传承、审美素养提升具有重要意义，该教学设计充分发挥文言散文育人价值与单元主题优势。该教学设计从大概念与统编版高中语文选择性必修（下册）第三单元出发，将大概念应用于具体文言散文单元，在新的教学模式之下，教师尝试克服传统文言散文教学内容浅层化、认知固化、审美文化缺失问题，充分彰显语文核心素养导向的文化育人价值。与此同时，教师打破文言散文模式化教学，提供创新性单元教学路径，发挥统编版高中语文教材单元的优势与特点，在丰富多元的学习任务与活动中培养学生的核心素养与综合能力，适应初高中学段语文学习能力衔接需求。

2. 根据文章体裁、内容组织大单元教学

语文学科所兼具的人文性与工具性，影响着语文课程教学内容的特殊性，特殊性体现为语文教材中题材丰富的文学作品，不同题材的文学作品表达方式和内容又有所不同，文学作品都表达着创作者的主观情感，体现着作品的人文性价值。教师在进行统编版高中语文选择性必修（下册）第三单元的教学设计时，课时大概念的提炼充分考虑文本自身的体裁特征，关注文本的特点。如教师引导学生从《陈情表》《兰亭集序》《种树郭橐驼传》三篇选文中，感受古代散文的骈散结合、各有不同韵味的语言之美，以及看似信笔写就却也有章法可循的章法之美。

文言散文中蕴含的作者丰富哲思与生活智慧，反映出古人的生命观与价值态度。教师在进行课时大概念提炼的时候，不仅从体裁角度入手，还对文本内容进行了深度挖掘，将文本内在精神内涵、文化价值等作为课时大概念的发生点。统编版高中语文选择性必修（下册）第三单元的人文主题是"至情至性"，无论是至情动人之文，还是思理高妙之文，无不蕴含着中国古代士人孜孜追求的儒家之道，体现出他们的儒者之心性。教师充分挖掘该单元文言散文的深层内涵，从现象中提炼本质，通过学习《陈情表》和《项脊轩志》，带领学生探究中国古代士人家国理念；通过阅读《兰亭集序》和《归去来兮辞（并序）》，引导学生探究中国古代士人的人生理想；通过《种树郭橐驼传》和《石钟山记》两篇文言散文，启发学生探讨中国古代士人的关注现实的情怀。教师从具体表达内容与主题中提炼文本隐性概念价值，如家国情怀、生命意识、生死观、经世致用、求真辨伪等。教师以统编版高中语文选择性必修（下册）第三单元文言散文内容为根，生发教学内容与教学目标，抽象提取单元教学核心，增强单元大概念的系统整合性，突出其体验性与实践性价值。

3.根据学习内容创设适切的情境

在文言文教学中，教师要重视作品与生活的联系，使学生的文言文学习与其生活发生关联。新课程标准强调语文学习的情境化，并提出"按照日常生活、文学体验、跨学科学习三类语言文字运用情境，整合语文实践活动"。教师应该依据单元内容，寻找文本与日常生活的关联点，力求学习情境与生活情境一致，尊重学生的情感体验，从而激发学生的学习的积极性与参与性。在文言文教学中创设与学生生活密切相关的真实情境，不仅可以最大限度地减少学生对于文言文学习的恐惧，加强文本与学生的关联，减轻学生对于文言文的疏离感，还可以激起学生学习文言文的兴趣，在潜移默化中实现知识的传递，更好地发展学生对于文言文文本的鉴赏与品读、思辨与探究等能力，提升学生在生活中学习和运用语文的能力，进而使学生的审美素养与人文情怀得以提升，自觉关注与传承中华优秀传统文化。

（贵州师范大学教师教育学院副院长，贵州师范大学附属中学副校长　黄真金）

基于学科大概念的单元整体教学实践课例

唯女性是歌

——《孔雀东南飞（并序）》中的生命诗意

教学设计：段志双

（一）教学内容分析

1. 课标依据分析

高中语文统编版教材选择性必修（下册）第一单元属于"文学阅读与写作"学习任务群，该任务群旨在引导学生阅读优秀文学作品，在感受形象、品味语言、体验情感的过程中提升文学鉴赏能力。同时，该单元又属于"中华传统文化经典研习"学习任务群，重在引导学生通过阅读中华传统文化经典作品，培养民族审美趣味，增进对中华优秀传统文化的理解，提升对中华民族文化的认同感，更好地继承和弘扬中华优秀传统文化。

2. 教材内容分析

乐府诗是汉魏六朝时期重要的诗歌类型，其继承了《诗经》所开创的现实主义传统，讲究"感于哀乐，缘事而发"（《汉书·艺文志》），其中有两首叙事诗被誉为"乐府双璧"，一首是《木兰诗》，另一首就是《孔雀东南飞》。

与《氓》相似，《孔雀东南飞》也讲述了一桩爱情婚姻悲剧，但造成悲剧的原因并非男主人公的始乱终弃，而是封建礼教的残酷无情。这首诗篇幅较长，故事性强，情节波澜起伏，扣人心弦；保留了较多的民歌色彩，特别是人物对话，大都是浅白的口语，并不难懂。学习时要注意体会诗歌的语言风格，以及运用对话推动情节发展、塑造人物形象的特点。

（二）大概念析读

根据《普通高中语文课程标准（2017年版2020年修订）》中"中华传统文化经典研习"学习任务群中确立的学习目标与内容以及明确的教学提示，从学科核心素养的落实上看，本单元的教学应该注重彰显学科核心素养中的"文化传承与理解"的落实。从教材单元的选文上看，本单元呈现出一定的中国古代诗歌史的意味。本单元的人文主题是"诗的国度",诗歌中诗人的哀乐悲欢,无不蕴含着一定的传统文化精神。综合衡量本单元的课程设置,本单元教学拟设定"中华传统文化经典阅读"为学科大概念,在学科大概念的统领下,本单元的单元大概念确立为"中国古典诗歌中的文化精神"。围绕着单元大概念,在进行单元整体教学建构中,本单元确立的核心问题为"如何理解中国古典诗歌中的文化精神?"。根据编选的作品篇目,本单元拟设立"Ⅰ.现实主义与浪漫主义""Ⅱ."香草美人"的文化内涵""Ⅲ.乐府诗中的女性形象""Ⅳ.诗歌鉴赏与评点"四个课时大概念。本课直接对应课时大概念"Ⅲ.乐府诗中的女性形象",探究研习乐府诗中女性形象的文化内涵,并思考其当代价值意义。

学科大概念	单元大概念	课时大概念
中华传统文化经典阅读	中国古典诗歌中的文化精神	Ⅰ.现实主义与浪漫主义 Ⅱ."香草美人"的文化内涵 Ⅲ.乐府诗中的女性形象 Ⅳ.诗歌鉴赏与评点

诗意的探寻首先在于诗歌中的哀乐悲欢,哀乐悲欢之中蕴含着传统的文化精神。《孔雀东南飞》绝不是封建礼教压迫下的一声哀叹,而是对这个时代中果敢、真率、独立、自尊的敢于自主选择的女性的惊叹与赞颂。可以说,以《孔雀东南飞》为代表的乐府诗唱出了这个时代的最强音,因此,本课的教学内容为引领学生探究诗歌中刘兰芝人物形象的深刻内涵。

(三)学情分析

◆知能基础:学生在当前阶段学习过不少诗歌名篇,对乐府诗的学习也有一定的储备。

◆素养基础:在研究性学习方面,学生对资料的占有和分析判断等方面均具备一定的研习经验和探究能力,能够有效、有序地开展小组合作探究。

◆不足条件:学生对诗歌写作的历史时代背景缺乏深入的理解,对其中爱情悲剧的根源的理解有一定的阻隔。

(四)学习目标

◆(学生)通过对文本的自主阅读,感受乐府诗浅白通俗的语言风格和以人物对话推动情节的叙事语言特征。(语言建构与运用)

◆(学生)通过对人物形象的研习活动,掌握在群诗中对比分析诗歌人物形象的逻辑思维和形象思维。(思维发展与提升)

◆（学生）通过对诗歌中刘兰芝形象的分析，感受中国古代乐府诗中女性人物形象的文化内涵。（审美鉴赏与提升）

◆（学生）通过品味诗歌中哀乐悲欢，体会乐府诗中"感于哀乐，缘事而发"的现实主义精神，认知人物品格的当代价值。（文化传承与发展）

（五）学习重难点

◆学习重点：刘兰芝形象的文化内涵。

◆学习难点：刘兰芝形象的文化内涵。

（六）教学过程设计

（1）导语设计

几年前，老师读到过这样几句关于南朝乐府民歌的解读，印象极为深刻。

"南朝乐府民歌中的女人，是中国文学史画廊中最自然的女人，最真实的女人，最有女人味的女人，最美的女人，最令我们心旌摇荡的女人，最值得我们爱恋和保护的女人。……她们是我们的情感生活，而不是道德生活；是我们的自然生活，而不是我们的社会生活……"[1]

如果大家翻阅郭茂倩的《乐府诗集》，可以真切地发现，在南朝乐府诗中，十之八九都与女性密切相关，在一个重理抑情、重礼义轻人心的文化传统中，乐府民歌却毫不掩饰地将女性的思想、女性情爱、女性的哀乐悲欢作为吟咏的对象，说是一种奇迹也是不为过的。可以说，女性的声音就是这个时代的最强的声音、最温柔的声音，也是最令人迷恋的声音。今天，就让我们从《孔雀东南飞（并序）》的阅读出发，一起来探究这一时期中国民间的女性形象。

（创设意图：从现实生活中的语文阅读情境出发，引出对乐府诗中女性形象的关注，将学生的探究研习导向对刘兰芝形象的解读，指向课时大概念。）

（2）研习活动一：诗名解密

诗歌题名为《孔雀东南飞》，是后人常用的题目。但原题却为《古诗为焦仲卿妻作》，又称《焦仲卿妻》。请结合诗歌，对比分析两个标题各自的艺术效果。

题目	艺术效果
孔雀东南飞	
古诗为焦仲卿妻作/焦仲卿妻	

---

[1] 鲍鹏山.中国人的心灵——三千年理智与情感[M].上海：复旦大学出版社，2013：137.

明确：从题目上来看，"古诗为焦仲卿妻作"和"焦仲卿妻"二题意义相近，都凸显了焦仲卿妻，即刘兰芝这一人物形象的至高地位，也就是说，在这首叙事诗之中，作者虽然刻画了多个意义丰满的人物形象，但是在所有人物形象之中，刘兰芝始终是第一位的，而其他人物形象一定程度上只能算是衬托刘兰芝的一片片绿叶。这也许应该是作者的创作动机。以"孔雀东南飞"为题，增强了诗歌的浪漫主义气息，同时也能呼应开头和结尾，从而使整首诗歌在结构上看上去似乎更加浑然相融，但是却也容易让人产生将刘、焦两者形象相提并论的错觉，从而掩盖了刘兰芝是核心人物形象的客观事实。

（创设意图：创设学科知识认知情境，从诗歌题名的变化出发，引导学生探究并分析刘兰芝作为《孔雀东南飞》刻画的中心人物的创作依据。）

（3）研习活动二：南方的女人和北方的女人

南朝乐府《孔雀东南飞》和北朝乐府《木兰诗》两首叙事诗被后世誉为"乐府双璧"。请结合诗歌，分组探究以下两个问题。

①北朝乐府《木兰诗》中，既刻画了木兰替父从军、功勋卓著的巾帼英雄形象，又刻画了木兰"当窗理云鬓，对镜帖花黄"的邻家女孩形象。请结合文本，从诗歌创作者的角度分析木兰的第一形象是"巾帼英雄"还是"邻家女孩"？

②请结合文本和以下两首乐府诗歌，探究《孔雀东南飞》中刘兰芝的形象特征。

上邪，我欲与君相知，长命无绝衰。山无陵，江水为竭，冬雷震震夏雨雪，天地合，乃敢与君绝！

——《上邪》

有所思，乃在大海南。何用问遗君，双珠玳瑁簪。用玉绍缭之。闻君有他心，拉杂摧烧之。摧烧之，当风扬其灰！从今以往，勿复相思，相思与君绝！鸡鸣狗吠，兄嫂当知之。妃呼狶！秋风肃肃晨风飔，东方须臾高知之！

——《有所思》

明确：

①从诗歌创作者的角度来看，木兰的第一形象是"邻家女孩"。在《木兰诗》中，作者刻意要表现的并不是花木兰的强悍和好勇，而是其女儿本色。从对故事的叙述上看，花木兰为国出战，替父从军，十年征战，功勋卓著，但这并不是叙述的重点，诗歌只用了"万里赴戎机，关山度若飞。朔气传金柝，寒光照铁衣。将军百战死，壮士十年归"寥寥数句简要带过。而对征战后花木兰的女儿生活则浓墨重彩地加以细致描写，可以说，作为"典型人物"的花木兰，其对应的"典型环境"并不是战场，而是家庭。

②乐府诗《上邪》和《有所思》中的抒情女主人公敢爱敢恨，果敢真率，情志坚定。同时代的《孔雀东南飞》中的刘兰芝也具有同样的性格品质，具体体现在自请遣归、举身赴清池、作爱情誓言等方面。

（创设意图：创设学科知识认知情境，以"乐府双璧"作为研读对象，引导学生对刘兰芝形象的关注，延伸到对以刘兰芝和花木兰为代表的南北方的整个时代的女性形象的关注。）

（4）研习活动三：《氓》与《孔雀东南飞》的叙事艺术

对比阅读《诗经·氓》和《孔雀东南飞》，从叙事人称的角度分析两首诗的叙事艺术效果。

篇目	《氓》	《孔雀东南飞》
叙事人称		
艺术效果		

明确：从叙事人称上来看，《氓》使用的是第一人称叙事，《孔雀东南飞》使用的是第三人称叙事。叙事人称，本无优劣之分，但就叙事效果而言，第一人称更为突出抒情女主人公内心激荡不平的情感，指向人物的内心世界，如《氓》，而第三人称则更能客观地凸显"故事"的主体地位，指向时代的客观世界，真正体现出乐府诗"缘事而发"的特征，如《孔雀东南飞》。序言中"时人伤之，为诗云尔"，以故事之外的人叙写所感之故事，"事"主要指的是刘兰芝的爱情悲剧，同时也客观地体现了"时人"对刘兰芝这种人物形象的普遍性的赞颂和感喟。

（创设意图：从叙事诗中叙事人称的角度出发，引导学生分析《氓》和《孔雀东南飞》的叙事艺术，以及第三人称叙事中"时人"对以刘兰芝为代表的时代女性形象的探究。）

（5）研习活动四："新妇起严妆"

在《孔雀东南飞》中，刘兰芝在请遣返家时，有一段惊才绝艳的"严妆"描写，请结合《诗经》和《乐府诗集》中的部分选诗，分析刘兰芝"严妆"背后的文化内涵。

鸡鸣外欲曙，新妇起严妆。著我绣夹裙，事事四五通。足下蹑丝履，头上玳瑁光。腰若流纨素，耳著明月珰。指如削葱根，口如含朱丹。纤纤作细步，精妙世无双。

——《孔雀东南飞》

作品	文本选段
《诗经》	关关雎鸠,在河之洲。窈窕淑女,君子好逑。(《关雎》) 蒹葭苍苍,白露为霜。所谓伊人,在水一方。(《蒹葭》) 静女其姝,俟我于城隅。爱而不见,搔首踟蹰。(《静女》)
《乐府诗集》	脱我战时袍,著我旧时裳。当窗理云鬓,对镜帖花黄。(《木兰诗》) 头上倭堕髻,耳中明月珠。缃绮为下裙,紫绮为上襦。(《陌上桑》)

明确:《诗经》中的女性端庄温雅,清丽柔情。但仔细品味起来,却又显得模糊不清,可以说,对于她们的身姿和她们的装饰,我们一概不知,这一切只存在于我们的想象之中。到《乐府诗集》,女性形象为之一变。《陌上桑》中秦罗敷"头上倭堕髻,耳中明月珠。缃绮为下裙,紫绮为上襦",《木兰诗》中花木兰征战归来"脱我战时袍,著我旧时裳。当窗理云鬓,对镜帖花黄"等,这里没有《诗经》中的"岂无膏沐,谁适为容"类的描写,无论何种境遇,乐府诗中的女性都是那么爱美,都是那么在意自己的容颜和装饰,可以说,这里的爱美之心就是这一时期女性独立人格下的强烈的自我意识。这样,我们就不难理解,为什么即使是在遣归之时的刘兰芝竟然也会大起"严妆"。此外,从对女性美的审美视角上来看,《诗经》选文中的女性之美存在于男性的审美视角之中,而《乐府诗集》中的女性之美则呈现在女性自我的审美视角之中。通俗地来说,也就是在《诗经》中,男性看女性是美的,美在男性的眼中;而在《乐府诗集》中,则是女性看女性,女性观赏自我是美的,美就在女性自己的眼中。

总之,"严妆"背后体现的正是这个时代中有着独立人格、敢于决断,并自主追求幸福的活脱脱的生命,正是这个时代中人的一种觉醒。

(创设意图:创设学科知识认知情境,将《诗经》和《乐府诗集》中的相关女性形象的选文进行关联研读,引导学生探究并认知到以刘兰芝为代表的女性形象中蕴含的文化内涵。)

(6)课堂小结

诗意的探寻就在于感受诗歌中的哀乐悲欢,哀乐悲欢之中蕴含着传统的文化精神。《孔雀东南飞》绝不是封建礼教压迫下的一声哀叹,而是"时人"对这个时代中以刘兰芝为代表的女性形象的那种果敢、真率、独立、自尊的敢于自主选择的自我意识觉醒的女性的惊叹与赞颂,这是中华传统文化中的一块璀璨的瑰宝,无论在过去、现在还是未来,必将照亮所有女性的天空,也将照亮人类的世界。

（七）学习测评

请赏析《陌上桑》中的罗敷形象，写一篇不少于200字的鉴赏语段。

日出东南隅，照我秦氏楼。秦氏有好女，自名为罗敷。罗敷喜蚕桑，采桑城南隅。青丝为笼系，桂枝为笼钩。头上倭堕髻，耳中明月珠。缃绮为下裙，紫绮为上襦。行者见罗敷，下担捋髭须。少年见罗敷，脱帽著帩头。耕者忘其犁，锄者忘其锄。来归相怨怒，但坐观罗敷。

使君从南来，五马立踟蹰。使君遣吏往，问是谁家姝？"秦氏有好女，自名为罗敷。""罗敷年几何？""二十尚不足，十五颇有余。"使君谢罗敷："宁可共载不？"罗敷前致辞："使君一何愚！使君自有妇，罗敷自有夫！"

"东方千余骑，夫婿居上头。何用识夫婿？白马从骊驹，青丝系马尾，黄金络马头；腰中鹿卢剑，可值千万余。十五府小吏，二十朝大夫，三十侍中郎，四十专城居。为人洁白晰，鬑鬑颇有须。盈盈公府步，冉冉府中趋。坐中数千人，皆言夫婿殊。"

——《陌上桑》

（八）教学反思与改进

◆**主要亮点**：本课时大概念为"乐府诗中的女性形象"，旨在引导学生在学习过程中，主要围绕"文化传承与理解"这一学科核心素养，注重创设带有文化历史现场的学科知识认知情境，在教学过程中，重视学生的探究性研习，同时也注重培养学生在探究性研习过程中的独立阐述表达能力。所有研习活动以探究乐府诗的女性形象为中心，以教材文本的深入阅读为基础，并辅以相关诗文进行补充，既突出了群文阅读教学的优势，也有助于培养学生的基于情境问题式的研究性学习的关键能力。

◆**存在不足**：学生对南北朝时期的历史背景和文化思潮相对陌生，在理解这一时期的女性形象时存在一定的疑惑。

◆**再教设计**：在学生的前置学习中以文本的形式增补魏晋南北朝时期相关的历史文化背景知识材料。

"我命由我不由天？"
——《祝福》中的人物命运与社会环境

教学设计：段志双

（一）教学内容分析

1. 课标依据分析

统编高中语文教材必修（下册）第六单元是高中"文学阅读与写作"学习任务群中的重要内容，本单元是高中阶段首次以小说这一艺术体裁构建的学习单元。选文遍及古今中外的经典小说，风格各异、思想深刻，具有高超的艺术表现力和深刻的社会批判精神。阅读这些作品，可以增强学生对现实社会生活的理解，提升思维品质，提高对小说这一艺术体裁的审美鉴赏能力。

2. 教材内容分析

《祝福》是鲁迅小说集《彷徨》的第一篇，表达的是一个时代的思想启蒙者在彷徨迷惘中对当时社会人生的深刻思考。本单元的人文主题是"观察与批判"，这一人文主题直接指向小说这一艺术形式的本质属性，即实现对社会和人性的认识和思考。作为一部传统的经典小说，《祝福》成功地塑造了祥林嫂这一旧中国劳动妇女形象，以人生悲剧和社会悲剧双重悲剧叠加的方式，实现了对"国民性"弱点的揭露和对罪恶封建制度的深刻批判。

（二）大概念析读

根据《普通高中语文课程标准（2017年版2020年修订）》中课程内容的"文学阅读与写作"学习任务群模块，教材单元的人文主题是"观察与批判"，选文遍及古今中外，都带有很强的社会批判精神，这与小说这一艺术体裁的艺术目的，或者说艺术功能是相一致的。结合教材"观察与批判"的人文主题，本单元教学拟设定"小说阅读与写作"为学科大概念。在学科大概念统摄下，本单元重点关注小说阅读中对这一文学艺术体裁艺术功能和艺术目的的认知，并将本单元的单元大概念确定为"小说通过对社会人生的观察与批判使读者获得理性思考和认识"。整个研习活动将重点引导学生结合具体小说文本探究分析社会环境对人物命运的影响。

围绕着单元大概念，本单元拟设立"Ⅰ.社会环境支配人物命运""Ⅱ.个性化的人物语言""Ⅲ.小说的写实与写意""Ⅳ.小说写作以实现对社会人生的观察与批判为艺术目的"四个课时大概念，探究学习小说的艺术逻辑和阅读规律。

学科大概念	单元大概念	课时大概念
小说阅读与写作	小说通过对社会人生的观察与批判使读者获得理性思考和认识	Ⅰ.社会环境支配人物命运 Ⅱ.个性化的人物语言 Ⅲ.小说的写实与写意 Ⅳ.小说写作以实现对社会人生的观察与批判为艺术目的

本课时大概念为"社会环境支配人物命运"，探究学习的重点是小说中主要人物与环境之间的密切关系。人物是小说艺术的核心，同时也是构成环境的重要组成部分，环境有自然环境与社会环境之分，潜在地暗示并影响着人物命运的走向。人物与环境之间彼此相融，又相互影响，是构成小说艺术的两个重要元素。在小说的阅读中，读者可以通过对主要人物命运和环境之间的关系进行分析，思考小说对社会人生的观察与批判，进而获得理性认识。

（三）学情分析

◆知能基础：学生在义务教育阶段，拥有一定阅读小说的经验。在高中语文必修（上册）的选文中，也编选了一些小说篇目，如《百合花》《哦，香雪》等。同时，有些小说的作者对于学生来说也比较熟悉，如鲁迅、契诃夫等。学生对于作为中国四大名著之一的《水浒传》也有一定的了解。

◆素养基础：通过高一阶段以及义务教育阶段的小说阅读学习，学生已经具备了一定的对小说这一艺术体裁的阅读体验。在分组合作探究性学习方面也拥有一定的学习经验，能够有效、有序地开展小组合作探究。

◆不足条件：本单元入选的篇目涉及古今中外小说，甚至包括一些现代主义小说，学生对于阅读现代主义小说仍然缺乏一定的阅读素养。此外，高一阶段接触到的散文化小说一定程度上对学生阅读传统的主流小说也会产生一定的阻力。

（四）学习目标

◆（学生）通过阅读小说文本，分组探究与谈论，在对故事情节的梳理中，概括主要人物命运的起伏变化。（语言建构与运用）

◆（学生）通过分组探究与讨论，概括各篇小说中环境的特点，并结合具体内容分析社会环境对人物命运的支配性影响。（思维发展与提升）

◆（学生）从人物悲剧性的命运出发，分析作者的创作目的，总结小说这一文学体裁的艺术功能和目的。（审美鉴赏与创造）

◆（学生）通过解读作者鲁迅在"祥林嫂"这一艺术形象中体现的艺术匠心，体会作者关注时代和民生命运的伟大精神。（文化传承与理解）

（五）学习重难点

◆学习重点：人物命运与社会环境之间的关系。

◆学习难点：

（1）人物命运与社会环境之间的关系；

（2）悲剧性人物命运与小说观察与批判的实现。

（六）教学过程设计

（1）导语设计

美国小说家亨利·詹姆斯说："除了决定情节以外，性格又是什么呢？除了说明性格以外，情节又是什么呢？"人物性格决定故事情节的发展。那么，人物性格能决定人物命运吗？"我"命由我，还是由天？今天，就让我们一起探究小说中主要人物命运的决定因素。

师生交互：

生：人物会基于性格做出选择，推进故事的发展，同时，在故事的推进中，又反过来凸显人物的性格。性格决定命运。

师：小说故事情节和人物形象有着不可分割的联系。性格在一定程度上能左右个人的命运，但在小说中，决定人物命运的不仅是人物性格，更是社会环境。

（创设意图：理解小说人物、情节、环境之间的相互联系，特别是人物命运和社会环境的关系，暗示大概念。）

（2）研习活动一

阅文猜人，思考并表达是什么力量主宰了人物的人生命运。

少年时：紫色的圆脸，头戴一顶小毡帽，颈上套着一个明晃晃的银项圈。

中年时：头上是一顶破毡帽，身上只一件极薄的棉衣，浑身瑟索着，那手也不是我所记得的红活圆实的手，却又粗又笨而且开裂，像是松树皮了。

师生交互：

生：闰土（鲁迅《故乡》）。社会现实主宰了闰土的人生命运。

师：人物和环境之间关系紧密，性格决定命运是浅层的，环境决定命运是终极的。

（创设意图：围绕课时大概念"社会环境支配人物命运"，设计小说情境，引导学生走向主题探究。）

（3）研习活动二

梳理并概括《祝福》中主要人物祥林嫂的人生经历，结合人物命运中的选择与畏惧，阐述人物的死亡之谜，并在班上进行交流。

情境创设：

祥林嫂死亡之谜

爆竹之声连绵不绝，夹着团团飞舞的雪花拥抱着全市镇。在鲁镇的"祝福"声中，在毕毕剥剥的鞭炮声中，祥林嫂寂然死去。死讯传出，但死因不详。有人猜测说是"穷死的"。四叔说了一句："不早不迟，偏偏要在这时候——这就可见是一个谬种！"

主要经历	人生选择	生命畏惧
初到鲁镇	做工谋生	"人死后究竟有没有魂灵？"
被迫改嫁	反抗	
再回鲁镇	捐门槛	
寂然死去	自杀？	

明确：祥林嫂的主要人生经历可概括为"初到鲁镇—被迫改嫁—再回鲁镇—寂然死去"。面对命运的困境，祥林嫂两次主动选择试图改变人生命运，一次是在第一次婚姻变故后选择前往鲁镇做工，但最终被绑改嫁。另一次是以捐门槛的方式试图改变自己再到鲁镇时不被待见的处境，但最终失败。在其悲惨的一生中，祥林嫂的畏惧可以从其生前的疑问来理解。"人死后究竟有没有魂灵？"这一疑问隐喻着封建礼教、迷信思想对人物心灵的钳制和压迫。真正在挤压祥林嫂生存空间并导致其死亡的罪魁祸首正是不合理的封建社会礼教秩序和迷信思想。

（创设意图：紧扣课时大概念，在小说文本故事的基础上，创设主题情境与追问式问题链，培养学生解决问题的能力。）

（4）研习活动三

必修（上册）第一单元中选入了《百合花》和《哦，香雪》两篇小说，请对比这两篇小说与本单元的小说在艺术目的的实现上有何不同？

明确：《百合花》和《哦，香雪》是中国近现代文学史上带有散文化特征的两篇小说。相对于传统的主流小说而言，散文化小说的艺术目的有所偏移，很明显的一点就是淡化了对社会的批判色彩，更多的是通过散文化的语言实现作者情感的自然流露，往往带有很强的美感特质和主观色彩，而其承担的社会功能则有所下降。

（创设意图：围绕大概念，将小说的单篇阅读和群文阅读相结合，通过分析不同类型的小说创作，引导学生认知小说通过环境对人物命运的影响，进而实现社会人生观察与批判的艺术逻辑，强化对大概念的深入理解。）

（5）课堂小结

在小说中，主要人物的活动都离不开一定的时代和社会环境。人，最终是社会中的人、时代中的人。社会环境可以是庞大的决定力量，它可以被视为某种物质的或社会的因素，左右着人物的命运。从《祝福》中，可以看出，当美好的人性与罪恶的社会环境发生冲突时，决定人生命运的究竟是性格还是环境？显然，社会环境的影响是终极致命的。小说正是从这里出发，开始由对人生和社会的观察走向对问题社会和人性的批判，从而获得理性认知，最终实现小说的艺术目的。

（七）学习测评

在本单元中，无论是最终死亡的祥林嫂或别里科夫，还是"变形"的格里高尔、成名之子，以及林冲，每个人都有自己的选择，也有自己的畏惧，但人物的死亡或"变形"无一不带有命运的悲剧性。请任选一人，在分析人物选择和其畏惧情绪的基础上，阐述人物死亡或"变形"之谜。

（八）教学反思与改进

◆主要亮点：本课时大概念为"社会环境支配人物命运"，在引导学生的学习过程中，在进行情境创设时，既有学科知识的认知情境创设，也有活动参与的真实情境的创设，特别是利用小说文本设计情境引出问题任务，能让学生在自主探究与合作探究中顺利达成知能目标。

◆存在不足：本课时大概念的教学容量相对偏大，以致有些知识内容的落实未能深入展开；从课堂效果上看，学生的前置学习也略显不充分，不同层级的班级学生在相应情境中思考问题和解决问题所达到的深度差异较大。

◆再教设计：根据不同层级的班级学生调整好课堂容量，满足不同能力层次学生需求，注重培养学生的高阶思维，强化对学生在阅读上思维过程和思维品质的培养。在前置学习中，根据教学班级的具体学情适当增补相关的学习内容。

诗歌是情感的艺术

—— 高考古代诗歌阅读

教学设计：段志双

（一）教学内容分析

古代诗歌阅读是在高考阅读考查中指向培育民族审美追求的一种体悟式阅读。从选文上来看，古诗阅读以唐诗、宋词为主，偶有选取词作，在选诗体裁上，所选古诗又以律诗为主流。

从近几年的命题上来看，对古诗阅读的考查，一方面，注重从诗歌内部深度和精度上的"微"处开掘，立足于古诗阅读的本位进行纵深考查；另一方面，在新高考背景下，命题往往融入相关情境，有意将对所选诗篇的阅读考查与相关的文艺理论进行结合，将教材中出现的诗篇与考试中所选诗篇进行结合，在这种以情境为载体的阅读考查中，诗歌阅读与鉴赏不断向外延伸、拓展再延伸，反套路化命题趋势明显。从语文素养上来看，古诗阅读不仅要求学生能够阐释作品的语言、形象、表达技巧、思想情感等，也要求学生能够通过阅读树立正确的人生价值观，构建高尚的审美情趣。在新高考的备考教学过程中，需要引导学生形成诗歌阅读的思维品质，认知诗歌阅读的内在规律，精准读懂诗句，理解诗人的创作意图。

（二）大概念析读

本课时大概念为"诗歌是情感的艺术"。从普通高中语文课程设置上来看，这一大概念的设立依据直接源于"文学阅读与写作"学习任务群的内在要求，其中关于诗歌阅读与写作的要求集中体现在统编高中语文教材选择性必修（下册）第一单元中，该单元人文主题为"诗的国度"，在该单元的研习过程中，不仅要求学生能认知中国诗歌发展的大致脉络，而且还要在诗歌阅读中体会诗歌中所表现的"喜怒哀乐"，即对诗歌情感内容的把握。

综合衡量课程标准的设置以及学科核心素养的要求，在当前新高考古代诗歌阅读的专题备考中，本专题的备考教学拟设定"文学阅读与写作"为学科大概念，在学科大概念的统领下，本专题复习的专题大概念为"中国古代诗歌阅读"，围绕着专题大概念，本专题复习拟设定"Ⅰ.诗歌是情感的艺术""Ⅱ.诗歌创作诉诸形象""Ⅲ.诗歌中的语言修辞""Ⅳ.诗歌鉴赏与短评"四个课时大概念。本课对应课时大概念"Ⅰ.诗歌是情感的艺术"，意在引导学生在备考复习中，认知诗歌在"抒情"上的本质属性，以及情感在诗歌创作和表现艺术上的呈现方式，使学生认知诗歌阅读的规律，掌握诗歌阅读的基本路径。

学科大概念	专题大概念	课时大概念
文学阅读与写作	中国古代诗歌阅读	Ⅰ.诗歌是情感的艺术 Ⅱ.诗歌创作诉诸形象 Ⅲ.诗歌中的语言修辞 Ⅳ.诗歌鉴赏与短评

（三）学情分析

◆知能基础：学生在高一、高二学段中学习过不少诗歌名篇，对中国古代诗歌的必备知识以及阅读与鉴赏具备一定的知识能力基础。

◆素养基础：在探究性学习方面，学生能够有效地开展小组合作探究，也掌握了高考诗歌阅读中需要注意的一些基本要点。

◆不足条件：学生对多篇诗歌整合式阅读和鉴赏能力仍然存在一定的薄弱，对教材之外的诗歌的独立阅读也存在一定的不足。

（四）学习目标

◆（学生）通过对文本的自主阅读以及小组合作探究阅读，认知中国古代诗歌的语言形式和语言风格。（语言建构与运用）

◆（学生）通过对诗歌情感艺术的研习活动，理解诗歌基于诗人个性情感的创作意图，以及情感在诗歌中的艺术化呈现。（思维发展与提升）

◆（学生）通过对诗歌情感艺术化表现的探究，感受中国古代诗歌在抒情上的美学风貌和审美取向。（审美鉴赏与提升）

◆（学生）通过品味诗歌中的情感内容，体会并传承中国古代诗歌中诗人高尚的关注现实以及坚守理想的崇高精神。（文化传承与发展）

（五）学习重难点

◆学习重点：古代诗歌阅读中的情感解读。

◆学习难点：古代诗歌阅读中的情感艺术化表现。

(六)教学过程设计

(1) 导语设计

叶圣陶先生在《语文教学二十韵》中说道:"作者思有路,遵路识斯真。作者胸有境,入境始与亲。一字未宜忽,语语悟其神,惟文通彼此,譬如梁与津。"当我们阅读一首诗歌,应该注重遵循诗人表达思想感情的路径,进而观识探寻诗人作品中的"真",如果放在诗歌的阅读之中,这里的"真"实际上就是诗歌中诗人抒写的"真情"或者体验到的"真理"。

诗歌是情感的艺术。今天,就让我们一起在古代诗歌阅读的备考中一起研读诗歌之"真"。

(创设意图:引用叶圣陶关于阅读路径的论述,切入本课时对诗歌阅读路径的概述,指向课时大概念。)

(2) 研习活动一:炼字即是炼"情"

在《红楼梦》第四十八回"滥情人情误思游艺,慕雅女雅集苦吟诗"中有一段关于香菱学诗的叙事,请同学们细细品读,从诗歌抒"真情"的角度赏读王维《辋川闲居赠裴秀才迪》一诗中的"馀"和"上"。

香菱笑道:"……还有'渡头馀落日,墟里上孤烟':这'馀'字和'上'字,难为他怎么想来!我们那年上京来,那日下晚便湾住船,岸上又没有人,只有几棵树,远远的几家人家作晚饭,那个烟竟是碧青,连云直上。谁知我昨日晚上读了这两句,倒像我又到了那个地方去了。"

黛玉笑道:"你说他这'上孤烟'好,你还不知他这一句还是套了前人的来。我给你这一句瞧瞧,更比这个淡而现成。"说着便把陶渊明的"暧暧远人村,依依墟里烟"翻了出来,递与香菱。香菱瞧了,点头叹赏,笑道:"原来'上'字是从'依依'两个字上化出来的。"

附:

辋川闲居赠裴秀才迪
王维
寒山转苍翠,秋水日潺湲。
倚杖柴门外,临风听暮蝉。
渡头馀落日,墟里上孤烟。
复值接舆醉,狂歌五柳前。

明确:"上"本为方位名词,但在本诗的情境中却可理解为依依上升,袅袅浮生之意,用词较为灵活,体现出诗歌创作中陌生化的艺术创作方式,"馀"本意为剩余之意，但在此处却解读为冉冉沉落，徐徐下沉之意，从诗歌的格律上面来看，"徐"平"上"仄，音韵和谐，在音韵品读上也能增添画面的"中和""平和""宁静"之美。本诗为王维闲居辋川时所作，从诗人表现思想感情的路径上来看，"徐"和"上"字字关情，不仅赋予眼前画面的动态之美，更是传达出诗人平静闲居辋川时的闲适之情。

（创设意图：创设现实生活语文阅读情境，从对诗歌语言的解读出发，引导学生以"炼字"的方式认知诗歌语言与诗歌情感之间的内在关系。）

（3）研习活动二："情"诉诸形象

阅读杜甫《赠别郑炼赴襄阳》一诗，诗的颈联写到峨眉、岘首两座山，对表达离情有何作用？请简要分析。（2020·新高考全国卷Ⅰ）

赠别郑炼赴襄阳
杜 甫

戎马交驰际，柴门老病身。
把①君诗过日，念此别惊神。
地阔峨眉晚，天高岘首②春。
为于耆旧③内，试觅姓庞人④。

[注]①把：握，执。②岘首：指岘首山，在襄阳。③耆旧：年高望重的人。④姓庞人：指庞德公，汉末襄阳高士。

明确：本诗为诗人杜甫赠别友人郑炼前赴襄阳的一首送别诗，诗中满含离愁别绪，这种郁结的愁绪正是通过峨眉山和岘首山的形象委婉含蓄地传达出来的。峨眉山地处四川，为杜甫所居之地，岘首山位于湖北襄阳，为友人郑炼前赴之地，两山之间，地阔天高，相距遥遥，喻指友情深厚的二人在遥远的空间距离上的分离。诗歌在描绘生动的景物形象的背后是诗人思想感情的微妙倾诉。

（创设意图：创设学科知识认知情境，引导学生在对诗歌形象的分析中，认知诗歌情感诉诸形象的艺术逻辑。）

（4）研习活动三："情"在起承转合

阅读刘沧《深愁喜友人至》一诗，有人评此诗后四句，称其与前之数句似断实连，寓意深微。请结合诗歌内容，从律诗创作中起承转合的结构上进行分析。

深愁喜友人至
刘 沧①

不避驱羸道路长，青山同喜惜年光。
灯前话旧阶草夜，月下醉吟溪树霜。

落叶已经寒烧尽，衡门②犹对古城荒。

此身未遂归休③计，一半生涯寄岳阳

[注]①刘沧：山东人，生逢晚唐乱世，四处漂泊。②衡门：简陋的屋舍。③归休：归家，归隐。

明确：诗歌题为"深愁喜友人至"，愁与喜兼融，首联"起"写友人不避路途遥远前来相聚，以青山同喜来写诗人心中之喜。颔联"承"与友相聚，叙写二人"灯下话旧"和"月下醉吟"，欣喜之至。颈联"转"写诗人困窘的处境，悲从中来，尾联"合"抒人生理想失落，人生落魄，无奈归隐之痛。与友相聚本为至喜，却仍然难掩对个人命运艰难的感喟，寓意深微。结构上的"起承转合"实际上是"情"之表现的脉络。

（创设意图：创设学科知识认知情境，引导学生在对诗歌"起承转合"的结构分析中，认知诗歌结构上的"起承转合"是诗歌情感抒写的具体创作形式。）

（5）课堂小结

诗歌是情感的艺术，无论是诗歌语言的精练、诗歌形象的描绘，还是诗歌结构上的"起承转合"，无不指向艺术化的情感的表现，把握诗人的情感，深入体验诗人的情感世界既是诗歌阅读的起点，也是诗歌阅读的终点。只有遵循这一阅读路径，才能真正观识诗歌之"真"。

（七）学习测评

阅读陆游《苦笋》，诗人由苦笋联想到了魏征，这两者有何相似之处？诗中苦笋形象和魏征形象蕴含着诗人怎样的思想感情？请简要分析。

苦笋

陆游

藜藿盘中忽眼明，骈头脱襁白玉婴。

极知耿介种性别，苦节乃与生俱生。

我见魏征殊媚妩，约束儿童勿多取。

人才自古要养成，放使干霄战风雨。

（八）教学反思与改进

◆主要亮点：本课时大概念为"诗歌是情感的艺术"，在这一大概念的统领下，引导学生在备考复习中，实现对诗歌本质特征的认识，以对诗歌之"情"的研读为中心，贯穿于对诗歌语言、诗歌形象和诗歌艺术结构的解读之中。

◆存在不足：本课时的学习以认知诗歌之"情"为活动中心，广泛涉及语言、形象、结构等方面的学科知识，对学生掌握的必备知识要求比较高，部分学生在学习活动中效果欠佳。

◆再教设计：在本课时的学习完成之后，补充相关的诗歌阅读必备知识，在接下来的课时大概念的学习活动中融入对本课时大概念的理解。

参考文献

[1]普通高中语文课程标准修订组.普通高中语文课程标准（2017年版2020年修订）解读[M].北京：高等教育出版社，2020.

[2]课程教材研究所.普通高中语文教师教学用书[M].北京：人民教育出版社，2020.

[3]徐洁.基于大概念的教学设计优化[M].上海：华东师范大学出版社，2021.

[4]邵然.于质疑中究至理——《登泰山记》教学案例[J].语文教学通讯，2023（16）.

[5]程翔.为了心中的太阳——我教《登泰山记》[J].语文学习，2020（04）.

[7]王志.《子路、曾皙、冉有、公西华侍坐》《齐桓晋文之事》《庖丁解牛》（第二课时）教学设计[J].中学语文教学，2022（05）.

[8]刘笑敢.庄子哲学及其演变[M].北京：中国人民大学出版社，2010.

[9]孙乘乘.在质疑中培养学生史传文思辨性阅读能力——从《烛之武退秦师》的争论谈起[J].语文天地，2022（09）.

[10]赵晓霞.经典选文的多维度理解与教学设计——以统编高中语文教科书必修（下）第一单元为例[J].中学语文教学，2020（05）.

[11]毕本弓，寿婷尔.于思辨中传承中华文明之光——高中语文统编教材必修下册第一单元学习任务设计[J].教学月刊·中学版（教学参考），2021（03）.

[12]高建华.雄辩启迪思想——统编高中语文教材必修上册第六单元教学设计[J].语文教学通讯，2020（12）.

[13]王荣生.文言文教学教什么[M].上海：华东师范大学出版社，2017.

[14]蔡毅.文学感染力特性描述[J].云南社会科学，2004（06）.

[15][俄]康斯坦丁·帕乌斯托夫斯基.金蔷薇[M].戴骢，译.上海：上海译文出版社，2013.

[16] 王意如，叶丽新，郑桂华，等.普通高中课程标准教师指导：语文[M].上海：上海教育出版社，2020.

[17] 郑金洲.体验教学[M].福州：福建教育出版社，2005.

[18] 王小明.教学论——心理学取向[M].上海：上海教育出版社，2005.

[19] [美]亚伯拉罕·马斯洛.动机与人格[M].林萱素，译.北京：民主与建设出版社，2023.

[20] 鲁迅.鲁迅全集（全十八卷）[M].北京：人民文学出版社，2015.

[21] 翁德森.中国古代诗文讲析[M].上海：上海古籍出版社，1992.

[22] 周先慎.古诗文的艺术世界[M].北京：北京大学出版社，2002.

[23] 郭预衡.历代散文丛谈.[M].太原：山西人民出版社，1986.

[24] 鲍鹏山.中国人的心灵——三千年理智与情感[M].上海：复旦大学出版社，2013.

后 记

  癸卯年霜降,《基于学科大概念的高中语文单元整体教学实践案例》一书的编写接近尾声。当我合上笔盖,掷笔于旁的那一刻,脑海里浮现出庖丁的那一把刀,继而是庖丁在完成解牛时的那一种难以捕捉的妙不可言的神情,"提刀而立,为之四顾,为之踌躇满志,善刀而藏之"。是的,这份神情里是庖丁的踌躇满志,也是庖丁对自己绝世作品的心得意满。而当我看着我们的这部作品,虽然它也灌注着我们在教学实践中的呕心沥血,但心底却诚惶诚恐,有一种"不敢高声语"的心悸。

  《大学》有云:"苟日新,日日新,又日新。"无论是自我的修身自省,还是事物的延续发展,都是一个不断革新的过程。在全书编写过程的背后,其实也是教学实践不断更新深入的过程,不断更新,却永存遗憾,心怀遗憾,于是不断更新。此时的我们也深深地知道,在自然的时间里,我们固然完成了本书的编写,但我们对新教育教学理念下的教学案例的编写其实还远远没有结束,我们的教学实践也仍然还在征途之中。

  本书中的案例都是老师们在反复研读并经教学实践磨砺而确立下来的典型教学案例,意在探索并践行《普通高中课程方案(2017年版2020年修订)》中提出的以学科大概念为核心,最终促进学科核心素养落实的教育教学理念。自2021年暑假至今,两载有余,在我们倔强而无畏的探索和实践中,经历过遍地荆棘,也观览过一路生花。遍地荆棘,是因为我们对当前新课改背景下的这种以学科大概念为核心而展开的单元整体教学理念基本上没有任何的经验可言,无论是在教学理论上,还是在教学实践上,我们都将从零出发,穿越重重迷雾。一路生花,是因为在我们的一路探索前进中,我们并不是独自前行,而是集体的共同研讨和交流。犹记得,当初和黎俊老师、韩玉珏老师、王菽梅老师谈起我那不够成熟的构想时,她们都极力肯定,对于参与编写的邀请也都欣然应允,于是很快便成立了一支积极研讨教学理论,并投身教学实践的青年教师队伍。此外,在本书的编写过程中,范向东老师一直高度关注，既有作为前辈的高屋建瓴的点拨和引领，也有作为兄长的无微不至的关怀和激励。这些都是盛放在我们探索前行之路上的一路鲜花。孟子说"得天下之英才而教育之"是人生之至乐，而我想说，对于一个从事教育事业的人来说，身旁能够拥有这样一群志同道合的同行者以及胸怀有容的引领者，实在是人生之至乐。

我们将继续革新前行！

段志双
2023年11月
于贵州师范大学附属中学宝山校区